생활지도와 상담

권재환

KNOWLEDGE COMMUNITY 공동체

머리말

교육의 장(場)은 가르치는 사람과 배우려는 사람이 만나서 서로 소통하고 함께 성장을 이루어 가는 곳이다. 교육이 이루어지는 곳은 줄탁동시(啐啄同時)의 장이 되어야 한다. 교육은 알을 깨고 나오려는 자와 이를 도와주는 자의 노력이 함께 이루어져야 한다. 또한 교육의 장은 교학상장(教學相長)의 장이어야 한다. 이 말은 가르치는 자와 배우는 자가 함께 성장하기 위해서는 소통을 통한 상호작용이 중요하다는 의미를 담고 있다. 교육의 진정한 보람은 청출어람(青出於藍)에 있다. 이 또한 교육의 장에서는 사제간의 인간적 만남과 진실한 소통의 중요성을 말하고 있다. 교육이 꽃을 피우기 위해서는 배움에 대한 겸손한 마음과 자세, 꾸준한 노력과 도전, 그리고 가르침과 배움에 대한 선의의 동기부여가 필요하다. 진정한 교육은 단순 지식만을 전달하는 일이 아닌 가르침과 배움의 의미를 더 깊이 이해하고 깨우침을 얻으며, 올바른 인격 형성을 조력하는 활동이어야 한다.

학교에서 이루어지는 모든 활동은 교육적이어야 한다. 수업 시간의 교과교육 활동은 물론, 등하교 시간, 쉬는 시간, 점심시간, 그리고 방과후 활동도 전인적 성장을 위한 활동이 되어야 한다. 그러나 오늘날의 교육현장은 대단히 혼란스럽다. 모두가 전인교육(全人教育)의 중요성을 이해하면서도 현실에서는 지육(智育)만을 강조하는 모순 속에서 학교는 지나친 교육 경쟁, 학교폭력, 따돌림, 각종 부적응 현상 등 학생들의 정신건강을 위협하는 요소들이 빈번하게 발생하고 있다. 가정에서 부모와 자녀가 함께 보내는 시간도 과거에 비해 많이 줄었다. 이러한 현상들은 교육현장에서 생활지도를 더욱 필요하게 만들고, 이에 따른 교사의 생활지도 역량도 과거보다 강조되고 있다.

생활지도는 교과지도와 함께 교육의 두 축을 이루는 활동으로, 학생의 바람직한 성장을 위하여 체계적이고 종합적으로 제공하는 모든 교육적 활동을 포함한다. 생활지도가 학생에게 필요한 정보와 지식 및 기술을 제공하고 적절한 조언을 통하여 그들이 효과적인 의사결정을 할 수 있도록 도와주는 활동이라면, 상담은 개인의 구체적인 생활문제의 해결에 초점을 두는 활동이다. 생활지도와 상담은 기본철학과 목적 및 접근방법이 다르지만, 두 영역은 서로 유기적이고 보완적인 불가분의 관계에 있다. 이제 생활지도와 상담은 현직 교사나 교직을 준비하는 예비교사가 실제 학생을 지도하는 과정에서 갖추어야 할 기본자질이 되었다.

생활지도와 상담은 이론과 원리를 이해하는 것도 중요하지만 이를 적용하기 위해서는 현장경험이 더욱 중요하다. 이에 본 저자는 대학에서 오랫동안 생활지도와 상담을 강의한 경험, 관련 학술연구, 그리고 교육기관과 교육행정기관에서 자문이나 컨설팅했던 경험 등을 바탕으로 실제 교육현장에서 활용할 수 있는 교재가 되기를 바라는 마음으로 이 책을 집필하였다. 현직 교사와 예비교사들이 생활지도와 상담을 쉽게 이해하고 이를 현장에 적용하는 과정에서 유용하도록 책의 구성을 크게 생활지도의 이해, 상담의 이해, 상담의 이론과 실제로 구분하고, 대학의 한 학기 수업 주기에 맞춰서 총 13개의 장으로 구성하였다.

제1장에서는 생활지도의 개념, 필요성과 목적, 생활지도의 역사, 생활지도의 원리와 영역을 살펴보았다. 제2장에서는 오늘날 교육현장에서 특히 강조되고 있는 인성교육의 이론과 실제에 대하여 살펴보았다. 제3장은 심리평가의 목적과 방법, 그리고 현장에서 많이 활용되고 있는 심리검사들을 소개하였다. 제4장에서는 생활지도 활동의 핵심 영역인 상담의 기초적인 내용을 다루고, 제5장은 교육현장에서 이루어지는 상담의 영역을 학업상담, 진로상담, 대인관계 상담, 비행 상담, 다문화 상담으로 구분하여 소개하였다. 제6장은 상담의 진행 과정과 상담의 기본조건 및 기본기법들을 소개하였다. 제7장부터 제13장은 교육현장과 전문상담 분야에서 많이 사용되고 있는 상담이론과 기법들을 다루었다. 각 장에서는 각 상담이론의 인간에 대한 관점을 살펴보고, 주요 개념, 그리고 상담의 목표와 과정 및 상담기법을 소개하였다. 각 장마다 실제 생활지도와 상

담 장면에서 필요한 이론과 방법들을 간결하면서도 이해하기 쉽게 기술하도록 노력하였다.

이 책은 기본적으로 교육현장에서 학생을 지도하는 현직 교사와 교직을 준비하는 예비교사가 실제 생활지도와 상담을 하는 과정에 필요한 이론과 실제를 담았다. 교사에게는 학생을 지도하는 과정에서 생활지도와 상담의 필요성과 중요성을 다시 가다듬는 데 도움이 되고, 교사가 되기 위한 꿈을 가지고 수련하는 예비교사에게는 미래에 가르칠 학생을 잘 이해하고 지혜롭게 생활지도를 할 수 있는 길잡이가 될 수 있도록 집필하였다. 또한 교육행정가나 교육기관 종사자, 그리고 생활지도와 상담에 관심이 있는 모든 사람에게도 도움이 되는 책이 되도록 노력하였다. 끝으로 이 책이 발간될 수 있도록 도움을 주신 도서출판 공동체 김동훈 대표님 이하 관계자 분들께 감사드리며, 이 책이 교육의 장에서 학생을 더 잘 이해하고 생활지도와 상담을 하는 데 유용한 길잡이가 되는 안내서가 되기를 소망한다.

2025년 1월

저자 권재환

CONTENTS

차 례

CONTENTS

01

PART

생활지도의 이해

CHAPTER 01 생활지도의 의미

1. 생활지도의 개념

1) 생활지도의 정의

인간의 삶이 추구하는 궁극적인 목적은 행복이라고 해도 과언이 아니다. 고대 서양철학 3인방의 한 사람인 아리스토텔레스(Aristoteles)는 『니코마코스 윤리학』을 통해 인생의 목표는 행복이라고 하였다. 동양 자연철학의 기본이 되는 음양사상에서는 행복만 있거나 불행만 있는 삶이란 있을 수 없으며, 행복의 추구보다 불행을 어떻게 극복할 것인가에 대해 더 많은 관심을 두었다. 이처럼 행복은 인간의 삶에서 중요한 가치이자 목적이라고 할 수 있다.

인간의 성장과 발달을 돕는 역할을 하는 교육의 장에서도 행복은 중요한 가치를 가진다. 교육의 본질은 학생의 인간적 성숙을 촉진하고 자기실현을 돕는 것에 있다. 교육의 장에서 학생을 교육하고 이들과 함께 생활하는 교직자들은 어떻게 하면 자신이 지도하는 학생을 잘 가르칠 수 있을지, 어떻게 하면 이들을 바람직한 방향으로 이끌 것인지, 그리고 어떻게 하면 이들과 함께 즐겁고 행복하게 생활할 것인지 등을 고민한다. 따라서 교직자는 생활지도의 내용과 방법들을 이해하고 이를 효과적으로 적용할 수 있는 자질을 갖춰서 교육 장면에서 당면하는 생활지도의 주요 문제에 효과적으로 대처할 수 있어야 한다.

생활지도의 시작은 1908년 미국의 파슨스(Frank Parsons)가 보스턴에 직업보도국(Boston Vocational Bureau)을 설립하고 조직적인 직업지도 운동을 펼친 것에서 유래를 찾을 수 있다. 생활지도 활동은 직업지도에서 출발하였지만, 차츰 그 영역이 확대되어 오늘날에는 거의 모든 교육활동 영역을 포괄하게 되었다. 그러나 교육현장에서 생활지도가 어느 정도 정착된 오늘날에도 생활지도에 대한 잘못된 개념들이 남아있다. 첫째, 생활지도를 문제학생의 지도라고 보는 관점이 있다. 이 관점은 생활지도의 대상을 문제를 가지고 있는 소수의 학생으로만 제한하게 만들어버리는 오류가 있다. 그러나 생활지도는 정상적이고 성공적인 학생들이 더 합리적이고 창조적인 생활을 할 수 있도록 지원하는 활동을 포함하기 때문에 모든 학생을 대상으로 한다. 둘째, 생활지도를 훈육 지도로 보는 관점이 있다. 훈육은 규칙이나 규율을 지키도록 지도하는 것으로, 지도의 방법도 권위적인 처벌을 많이 사용한다. 훈육은 과거 군국주의나 권위주의 사회에서의 그릇된 인습과 전통에 뿌리를 박고 있는 것이므로 하루속히 극복하여야 할 관점이다. 셋째, 생활지도를 학생운동 지도라고 보는 관점이다. 이것은 과거 교육과 생활지도가 정치적 과정에 이용되어 생활지도가 가지고 있는 영속적이고 인도주의적인 기능을 훼손시킬 염려가 있다. 넷째, 생활지도를 도의 교육이라고 보는 관점이다. 그러나 생활지도는 도덕적인 생활에만 관심이 있는 것이 아니라 학생의 삶에 대한 모든 문제에 관심을 둔다.

교육현장에서 이루어지는 활동은 크게 교과지도와 생활지도로 구분된다. 교과지도 활동이 학습자의 인지적·기능적 성장과 발달을 도모하는 것이라면, 생활지도는 학생의 올바른 인격 형성을 조력하는 활동이다. 생활지도를 의미하는 'guidance'라는 영어 단어는 'guide'의 명사형으로, '안내하다(guide)', '이끌다(lead)', '지도하다(direct)', '영향을 미치다(influence)' 등의 의미를 담고 있다. 이는 생활지도가 한 개인이 자기 자신과 자기를 둘러싸고 있는 환경을 잘 이해할 수 있도록 도와주는 활동이라는 의미이다.

생활지도는 인간의 바람직한 성장을 돕기 위하여 발달단계에 따라 체계적이고 종합적으로 제공되는 교육활동으로, 독립된 인간으로서 자질을 갖추도록 돕는 일련의 활동이라고 할 수 있다. 생활지도는 인간의 인지적·정서적·행동적 발달과 적응을 돕고, 살면서 직면하게 되는 당면문제들을 효과적으로 해결하는 데 도움을 주는 활동이다. 따라서 생활지도는 교육현장에서 학생이 자기 자신을 합리적으로 이해하고, 이를 바탕으로 개인의 능력을 최대한 개발하여 바람직한 방향으로 성장을 이루어 갈 수 있도록 도움을 주는 종합적인 활동이라고 정의할 수 있다(이순덕 외, 2023).

2) 상담 및 심리치료와의 관계

생활지도와 상담 및 심리치료의 영역은 서로 유기적이고 보완적인 불가분의 관계가 있다. 그러나 세 영역은 각각 기본철학과 학문적인 기반이 다르다. 따라서 기본목적과 대상 및 접근방법도 다르다. 생활지도, 상담, 그리고 심리치료의 주요 특징을 살펴보면 다음과 같다.

생활지도(guidance)는 학교를 포함하는 교육기관에서 학생들에게 필요한 정보와 지식 및 기술을 제공하고 적절한 조언을 통하여 그들이 효과적인 의사결정을 할 수 있도록 도와주는 활동이다. 생활지도는 현실 적응을 기본철학으로 하여 개인의 삶에 대한 방향을 정립하게 하는 데 주요 목적을 둔다. 생활지도 활동은 교직자가 지도하는 모든 학생을 대상으로 정보제공, 지도 및 조언에 중점을 둔다.

상담(counseling)은 주로 개인의 일상적인 스트레스나 사고・감정・행동과 관련한 심리적 문제, 대인관계 문제 등 구체적인 생활문제의 해결에 초점을 두는 활동이다. 상담은 자아 발달을 기본철학으로 하여 내담자의 힘을 북돋는 데 목적을 둔다. 상담은 전문적 훈련을 받는 상담가와 내담자와의 촉진적 관계에서 촉진적 면접을 통해 문제를 해결해 나간다.

심리치료(psychotherapy)는 주로 정신장애의 치료에 초점을 둔 전문적인 활동이다. 심리치료의 기본철학은 정신건강이며, 내담자 또는 환자의 정신적 질병을 치료하는 데 목적을 둔다. 심리치료는 정신과 의사나 임상전문가가 정신의학에 바탕을 두고 내담자 또는 환자와의 협력적 관계에서 치료면접의 방법을 통해 정신건강 관련 문제를 평가하고, 진단 및 처방을 통해 심리적 증상이나 질병을 완화하거나 치료하여 정신건강을 증진하는 과정이다.

〈표 1-1〉 생활지도, 상담, 심리치료의 비교

구 분	생활지도	상 담	심리치료
기본철학	적응 (현실 적응)	구체적 생활문제 해결 (사고・감정・행동의 변화)	정신건강 (정서적 문제의 해소)
학문기반	교육학	행동과학, 인간과학 (심리학, 사회학, 문화인류학, 교육학 등의 융합)	정신의학
기본목적	삶의 방향 정립	힘을 북돋움 (잠재능력 발휘하도록)	정신질병 치료
주요 관심	생활환경	개인의 내면세계	정신병리 이상심리
주요 대상	학생 전체	내담자	내담자 환자
주요 방법	정보제공 지도 및 조언	촉진적 관계 촉진적 면접	치료면접 진단 및 처방
책임자	교사 교직자	전문상담교사 상담전문가	정신과 의사 임상전문가

이상에서 살펴본 바와 같이 생활지도, 상담, 심리치료는 각각 다른 목적과 방법을 가지고 있다. 그러나 실제 생활지도 과정에서 이를 별도로 구분하기는 어렵다. 생활지도 활동은 개인의 심리적・정서적・신체적・사회적 영역 등 삶의 모든 측면에서 잘 적응할 수 있도록 조력하는 봉사활동이기 때문이다. 예컨대, 효과적인 생활지도를 위해서는 촉진적 관계를 통한 상담이 필요하다. 생활지도나 상담의 과정에서 때로는 임상적 개입을 통한 치료가 필요한 학생이나 내담자가 발견되기도 한다. 또한 내담자를 상담하는 과정에서 정보제공이나 지도 및 조언이 필요한 일도 있으며, 심리치료 과정에서 생활지도나 상담이 필요한 경우도 있다. 따라서 교육현장에서 생활지도가 성공적으로 이루어지기 위해서는 교직자의 전문적인 생활지도 역량이 전제되어야 한다. 교직자는 학생 개개인이 가지고 있는 능력과 흥미 및 잠재력을 조기에 발견하고, 이를 개발할 수 있는 자기지도 역량과 자기관리 태도를 기르도록 지도하는 전문기술을 발휘해야 한다.

2. 생활지도의 필요성과 목적

1) 생활지도의 필요성

인간은 성장과 성숙, 그리고 경험과 학습을 통해 끊임없이 변화하는 존재이다. 이러한 변화는 개인의 심리적 특성이나 사회적 환경에 따라 다른 양상으로 나타난다. 오늘날 사회의 빠른 변화로 인해 교육현장에서 생활지도의 필요성이 급격하게 증가하고 있다. 교육현장에서 생활지도의 필요성을 살펴보면 다음과 같다.

(1) 현대사회의 변화

현대사회의 급격한 변화는 생활지도의 필요성을 증가시키고 있다. 1990년대부터 시작된 이른바 정보화, 세계화, 도시화 현상들은 우리에게 과거에는 상상할 수 없었던 변화를 가져왔다. 먼저 가족구성이 전통적 대가족에서 핵가족 형태로 급격하게 변화되고, 그 형태도 부모-자녀 가정, 한부모가정, 조손가정, 재혼가정, 다문화가정 등 매우 다양해졌다. 또한 맞벌이 부부의 증가, 인구절벽 현상, 가족해체 등으로 가정 내에서 자녀에 대한 지나친 과잉보호, 무관심과 방임, 가정교육의 부재 등이 나타나면서, 과거 가정이 가지고 있던 교육의 기능이 점점 약해지는 현상을 가져왔다.

산업화로 인한 도시집중 현상도 다양한 문제를 유발하고 있다. 급속한 도시화로 인한 환경 파괴, 인구과밀로 인한 지역적 불평등, 교통체증과 혼잡뿐만 아니라 빈곤과 실업, 빈부격차의 심화, 각종 범죄 등의 문제에서 기인하는 부적응과 정신건강 문제가 발생하고 있다. 이제 생활지도는 이러한 급격한 변화 속에서 학생들이 시대의 변화에 잘 대처하고 적응하는 인간이 되도록 교육하는 과업을 담당해야 한다.

(2) 교육에 대한 관점의 변화

오늘날 변화된 교육관도 생활지도의 필요성을 증가하게 하였다. 과거에는 학교 중심, 교육자 중심 교육관을 기반으로 엄격한 훈육 중심의 교육이 이루어졌다. 20

세기 후반부터 민주주의가 사회 전반으로 확대되면서 교육관도 학생 중심 교육으로 변화하게 되었다. 물론 교육현장에서 훈육이 완전히 사라진 것은 아니지만 전통적인 훈육방식이던 체벌에 대한 인식은 크게 변화하였다. 민주화의 영향으로 교육현장에서도 1990년대 후반부터 학생의 인권문제가 제기되기 시작하였고, 체벌의 교육적 효과에 대한 찬반 논쟁으로 이어졌다. 2010년 서울특별시교육청이 최초로 체벌 전면 금지를 선포하면서 이 정책이 전국으로 확산하게 되었다.

학교에서 체벌이 금지되면서 교육현장은 학생의 태도 불량, 교사의 권위 하락, 교사의 학생지도에 대한 방관 등의 문제가 발생하게 되었다. 이러한 문제로 교육을 위한 새로운 훈육의 방법이 필요하게 되었다. 이에 체벌에 대한 대안으로 교사-학생 간 상호작용을 강조하는 쌍방향적 교육관이 등장하게 되었으며, 이를 위해 학생의 인권을 존중하고 교육수요자가 동의하고 참여할 수 있는 생활지도의 필요성이 제기되었다.

(3) 아동 · 청소년 문제의 증가

물질문화의 급속한 발전으로 인해 과거보다 생존경쟁이 치열해졌다. 이러한 경향은 교육현장에도 영향을 미쳐서 과거보다 더욱 치열해진 교육경쟁으로 아동 · 청소년 문제가 급격히 증가하였다. 학력 지상주의의 팽배로 학생들은 무한경쟁으로 내몰리고, 이로 인한 개인차의 심화, 가치관의 혼란, 개성의 상실 등으로 갈등과 방황을 하는 아동 · 청소년들이 증가하고 있다. 또한 과거에 비해 직업이 전문화되고 세분화하고 있다. 직업세계의 급격한 변화로 개성과 창의성이 요구되는 사회적 추세와 평준화와 획일화로 표현되는 입시 위주의 주입식 교육이 공존하고 있는 현실에서 오늘날의 아동 · 청소년들은 학업에 대한 압박과 직업 및 진로에 대한 스트레스에 시달리고 있다.

정보통신기술의 발전도 아동 · 청소년 문제를 증가시키고 있다. 오늘날에는 인터넷과 스마트폰이 아동 · 청소년의 생활 속에 깊숙이 자리 잡고 있다. 인터넷을 기반으로 한 정보통신기술의 발전은 인류에게 많은 편리함과 다양한 순기능을 가져왔지만, 인터넷과 스마트폰의 과다 사용으로 인한 위험성과 역기능도 함께 가져왔다. 인터넷과 스마트폰의 과다 사용은 점점 사용 시간이 증가하게 되고, 여러 유형의 인터넷 중독으로 이어져서 아동·청소년의 발달과 정신건강에 중대한 영향을 미치게 되었다. 최근에는 청소년 사이에서 온라인을 통한 불법 도박도 확산하고 있다. 일부 학생들은 도박 자금 마련을 위해 고금리의 사채까지 쓰게 되어, 이 때문에 범죄를 저지르거나 극단적인 선택을 하는 등 사회적 문제로 확산되고 있다.

최근 교육현장에서 가장 빈번하게 대두되는 학교폭력 문제도 생활지도의 필요성을 증가시키고 있다. 국가에서 「학교폭력예방 및 대책에 관한 법률」을 제정하고, 학교폭력의 대처와 사전 예방을 위한 다양한 정책들을 시행하고 있지만, 학교폭력 문제는 점점 보편화, 저연령화되고 있다. 이러한 현실에서 생활지도와 적절한 개입은 아동·청소년의 건강한 발달과 성장을 위해 필수적이라고 할 수 있다.

2) 생활지도의 목적

생활지도는 인간의 존엄성과 가치에 기반을 두고 자신에 대한 올바른 이해를 바탕으로 건전한 발달과 잠재능력을 계발하는 것을 돕는 것에 목적이 있다. 더 나아가 교육대상자의 자율적인 문제해결능력 신장과 현명한 선택, 환경에의 적응, 전인적 성장과 자기실현, 그리고 사회에 봉사하는 민주시민 육성에 목적을 두고 있다. 생활지도는 교육의 대상인 학생의 성장과 발달의 도모에만 목적이 있는 것이 아니라 생활지도를 수행하는 교직자나 교육행정가가 학생을 정확히 이해하고 지도할 수 있는 역량을 갖추도록 하는 것에도 목적이 있다. 따라서 생활지도의 목적은 직접적 목적과 간접적 목적으로 구분된다.

(1) 생활지도의 직접적 목적

생활지도의 직접적 목적은 생활지도의 대상인 학생이 자신의 잠재능력을 최대한 발휘하고, 건강한 사회 구성원으로 성장할 수 있도록 돕는 것에 있다. 생활지도의 직접적 목적을 구체적으로 살펴보면 다음과 같다.

① 자신에 대한 올바른 이해

생활지도는 자신의 성격, 가치관, 흥미, 능력 등을 객관적으로 이해하고, 이를 바탕으로 자신의 강점과 약점을 파악하여 자신의 사고・감정・행동을 객관적으로 평가할 수 있는 능력을 키울 수 있도록 한다. 이는 자기성찰과 자기개선 및 발전의 기회를 제공해 준다.

② 잠재력 발견과 계발

생활지도는 학생에게 다양한 경험과 활동을 제공하여 자기 잠재력을 발견하고 이를 계발할 수 있도록 돕는다. 여기에는 학업, 예술, 체육 등 다양한 분야에서 성장과 발전하는 기회를 제공하는 것을 포함한다.

③ 문제해결능력 증진

생활지도는 자신의 당면문제를 정확히 인식하고 이해하여 문제의 원인을 파악하고 해결책을 모색할 수 있도록 돕는다. 여기에는 정보의 수집・분석・선택의 과정을 통해 올바른 결정을 내리는 능력을 포함한다.

④ 전인적 성장과 발달

생활지도는 신체적・인지적・정서적・사회적 측면에서 균형 잡힌 전인적 성장을 이루도록 돕는다. 이를 통해 정서적으로 안정되고 건강하게 성장할 수 있도록 지원한다.

⑤ 환경적응능력 향상

생활지도는 가정과 학교 등 자신이 속한 환경에 대한 적응능력의 향상을 돕는다. 여기에는 바람직한 인간관계의 형성, 다양한 환경과 사회적 변화에 유연하게 적응할 수 있도록 지원하는 것을 포함한다.

⑥ 민주시민으로서 자질 함양

생활지도는 민주사회의 기본적 가치를 이해하고, 이를 바탕으로 민주시민의 권리와 책임을 인식하고 존중하는 태도를 함양하며, 민주시민의 자질을 실천할 수 있도록 돕는다.

(2) 생활지도의 간접적 목적

생활지도의 간접적인 목적은 교직자나 교육행정가가 생활지도 대상인 학생을 정확히 이해하고 지도할 수 있는 역량을 기르고, 더 나아가 생활지도 연구활동의 촉진과 생활지도를 위한 지역사회와의 협력을 강화하는 데 있다. 생활지도의 간접적 목적을 구체적으로 살펴보면 다음과 같다.

① 생활지도에 대한 이해 증진

교직자와 교육행정가들에게 생활지도의 필요성과 목적을 인식할 수 있도록 돕는다. 이를 바탕으로 생활지도 대상인 학생의 특성과 요구사항을 명확히 이해하고, 학습 및 일상생활에서의 문제를 적절히 해결하는 데 필요한 지도방법과 역량을 기르도록 해준다.

② 생활지도 역량 강화

생활지도는 교직자와 교육행정가들의 생활지도 역량을 제고할 수 있게 한다. 교직자들은 생활지도를 위한 각종 연수 및 교육 프로그램들을 통해 생활지도에 필요한 전문지식과 기술을 습득하여 생활지도 역량을 강화할 수 있다. 나아가 학교 행정가들이 생활지도에 대한 이해를 높이고, 효과적인 정책과 프로그램을 개발할 수 있도록 돕는다.

③ 생활지도 연구활동 촉진

생활지도 활동은 생활지도와 관련된 연구활동을 촉진하게 하여 새로운 지도방법과 프로그램을 개발하는 데 기여한다. 그리고 세미나와 워크숍 등을 통해 생활지도 관련 연구결과를 학교와 교직자들이 활용할 수 있도록 지식 공유를 촉진하게 한다.

④ 지역사회와의 협력 강화

생활지도 활동은 학교와 지역사회 간의 협력관계를 강화하여 학생들에게 더 나은 교육환경과 기회를 제공하는 데 기여한다. 이를 바탕으로 지역 전문가나 기관과의 협력, 지역사회의 다양한 자원들을 활용하여 생활지도 활동을 지원하게 한다.

3. 생활지도의 역사

1) 생활지도의 발전과정

생활지도(guidance)의 탄생은 19세기 후반에서 20세기 초반의 사회적 · 경제적 변화와 밀접한 관련이 있다. 이 시기에는 산업혁명과 함께 사회구조와 직업환경에 큰 변화가 일어났다. 18세기에 일어난 산업혁명은 수공업에서 기계화된 대량생산 체제로의 전환을 이룩하였다. 사람들이 도시로 이동하여 공장과 사무직에 종사하게 되었고, 전통적인 직업 이외에 다양한 새로운 직업들이 생기게 되었다. 교육 분야에서도 19세기 후반부터 의무교육이 확산하게 되면서 학생 수가 증가하게 되었고, 교육목표도 단순한 기초학습에서 전인적 발달과 사회적 적응을 돕는 방향으로 변화되었다. 산업화와 도시화로 인한 사회적 변화는 청소년 범죄, 학교 중도탈락 등 청소년 문제를 증가시켰고, 다양한 직업들이 생겨나면서 학생들이 자신의 흥미와 적성에 맞는 직업을 선택할 수 있도록 지도할 필요성이 커지게 되었다.

19세기 말에 분과학문으로 탄생한 심리학은 과학적 학문으로 자리 잡게 되면서 생활지도의 탄생에 많은 영향을 미쳤다. 현대 심리학의 태동으로 인간의 심리적 · 정서적 · 행동적 문제를 이해하고 해결하기 위한 다양한 이론과 기법이 개발되기 시작하였다. 이러한 배경을 통해 생활지도는 개인의 전인적 발달과 사회적 적응을 돕는 중요한 교육적 활동으로 자리 잡게 되었다. 이와 같이 생활지도는 산업화와 현대 심리학의 발전과 함께 점진적으로 확장되고 발전하여 오늘날에 이르고 있다. 생활지도의 발전과정을 초기단계, 성장단계, 발전단계로 구분하여 살펴보면 다음과 같다.

(1) 초기단계

19세기 후반, 산업화가 급속도로 진행되면서 농촌문제, 도시문제, 이민문제, 정치부패 등 여러 영역에서 사회문제가 발생하기 시작하였다. 20세기 초, 세계적인 경제공황과 직업분화 현상으로 인하여 많은 직장인이 실업자가 되었고, 빈곤과 범죄가 사회문제로 등장하면서 생활지도의 필요성이 대두되었다. 이에 빈곤과 범죄를 퇴치하고 아동과 청소년을 보호하기 위한 사회단체가 생겨났고, 이를 계기로 아동과 청소년들을 노동착취 현장에서 해방시키기 위한 사회운동이 시작되었다.

1908년 파슨스(Frank Parsons)는 당시 미국의 경제공황과 직업분화 현상으로 실업문제에 대응하지 못하는 사람들을 돕기 위해 보스턴에 직업보도국(Boston Vocational Bureau)을 설립하고 체계적인 직업지도 운동을 시작하였다. 그는 체계적인 직업 선택을 돕기 위해 진로지도의 중요성을 강조하였으며, 1909년 『직업의 선택(Choosing a Vocation)』을 출판하고 직업 및 진로 선택의 과정이 개인 이해, 직업세계의 이해, 합리적인 추론과정의 3단계를 통해 이루어진다는 이론을 제시하였다. 즉, 한 개인이 직업을 선택할 때, 먼저 개인 이해(적성, 능력, 흥미, 성격 등 개인의 특성에 대한 평가)를 해야 하고, 둘째, 직업세계의 이해(직업의 요구 조건, 장단점, 기회 및 보상, 성공 조건, 미래 전망 등)를 해야 하며, 셋째, 개인과 직업세계의 이해를 바탕으로 합리적인 추론과정을 통한 최적의 직업 및 진로를 선택해야 한다는 것이다.

파슨스의 영향으로 1910년 보스턴에서 직업지도를 위한 최초의 회의가 개최되었다. 이를 계기로 1912년 뉴욕에서 제2차 회의가 개최되었고, 1913년 미시간에서 열린 제3차 회의에서 전미직업지도협회(NVGA : National Vocational Guidance Association)가 창립되었다. 한편 제시 데이비스(Jesse B. Davis)는 학생들의 학업, 진로, 생활지도를 위한 체계적인 프로그램을 개발하였다. 그는 미국에서 학교상담 프로그램을 처음으로 도입한 인물 중 하나로 알려져 있다. 1930년대 전후로는 직업지도 및 상담을 위한 검사도구가 개발되었고, 1939년에는 직업정보를 정리한 『직업사전(Dictionary of Occupational Titles)』이 출판되었다.

(2) 성장단계

20세기 초 직업지도에서 시작된 생활지도는 제2차 세계대전이 끝나면서 1960년대 들어서 급속한 성장을 하기 시작하였다. 이 시기에는 생활지도의 범위가 단순히 직업 선택을 위한 지도를 넘어서 개인의 전반적인 발달과 적응을 돕는 방향으로 확장되고 전문화되었다. 생활지도가 급성장하게 된 배경은 다음과 같은 두 가지 역사적 요인의 영향이었다.

첫 번째 요인은 20세기 중반에 등장했던 인본주의 심리학의 영향이다. 인본주의 심리학에서는 인간을 무의식적 욕망의 산물이나 단순한 행동의 결과로 보지 않고 자기실현의 가능성을 지닌 존재로 본다. 철학적 인본주의와 실존주의 철학에 기반을 두고 발전한 인본주의 심리학은 교육현장에서 학생들의 자율성과 창의성을 존중하는 교육철학을 기반으로 하여 인간의 본성과 잠재력을 강조하는 교육을 강조하였다. 인본주의 교육은 학생의 흥미와 능력에 맞춰 학습할 수 있는 환경을 조성하고, 이들이 자기 잠재력을 최대한 발휘할 수 있도록 돕는 데 목적을 둔다. 또한 인본주의 교육은 학생들의 정서발달과 사회적 기술의 향상에도 긍정적 영향을 미쳤다. 이러한 배경은 그 당시 사회를 지배했던 인간의 개성을 무시하는 풍조에서 벗어나, 인간 개개인의 정체성에 관심을 가지게 하는 계기가 되었다.

생활지도가 급성장하게 된 두 번째 역사적 배경은 1957년 옛 소련(蘇聯)이 인류 최초의 인공위성인 스푸트니크 1호 발사에 성공한 사건이었다. 일명 '스푸트니크 쇼크'라고 불리는 이 사건은 당시 미국에 큰 충격을 주었고, 특히 교육 분야에 직접적인 영향을 미쳤다. 당시 미국의 교육은 존 듀이(John Dewey)가 제창한 경험중심 교육을 기반으로 하고 있었다. 이 사건으로 미국이 소련과의 우주 경쟁에서 뒤지지 않기 위해서는 우수한 과학 인재를 양성해야 했고, 그러기 위해서는 교육을 변화시켜야 한다는 분위기가 들풀처럼 번져나갔다. 이러한 인식은 경험중심 교육을 학문중심 교육으로 변화시키는 데 영향을 미쳤다. 학습자의 흥미나 관심보다는 수학이나 과학 분야의 기초학문을 중요시하는 본질주의 교육이 강조되고, 교육을 국방으로 간주하고 사회의 발전을 위한 도구로서의 교육을 인식하게 되었다. 이에 따라 교사의 권위가 높아지고 훈육을 강조하게 되었다.

이 시기에는 생활지도의 영역이 진로지도에서 개인상담, 학업지도, 사회적응지도 등으로 확대되었다. 인본주의 심리학의 영향으로 인간의 심리적·정서적 발달을 이해하고 지원하는 것이 중요해졌다. 특히 칼 로저스(Carl Rogers)는 상담의 인간중심 접근을 통해 생활지도의 발전에 기여하였다. 그는 상담의 과정에서 내담자의 자기실현에 중점을 두고, 내담자 중심의 비지시적 상담을 강조하였다. 또한 지능검사, 적성검사, 학력검사, 성격검사, 흥미검사 등 다양한 심리검사가 개발되어 개인의 특성을 더 정확하게 파악하고, 그에 맞는 지도를 제공하는 데 사용되었다.

(3) 발전단계

생활지도는 1960년대 급성장기를 지난 20세기 후반부터는 통합적이고 포괄적으로 발전하였다. 1970년대 들어 미국이 교육부에 생활지도 및 상담 관련 기구를 설치하였고, 국가 차원에서 진로지도와 상담 프로그램을 지원하고 장려하는 정책을 펼치기 시작하였다. 그리고 학교와 가정 및 지역사회가 협력하여 학생들의 학업성취, 정서적 안정, 사회적 기술, 진로발달 등을 종합적으로 돕기 위한 생활지도의 통합적 접근을 하게 되었다. 학교에서는 전문상담사를 배치하고 학생들의 다양한 문제를 해결하는 데 도움을 주게 되었다.

1980년대부터는 상담자의 자격이나 면허 등에도 관심을 가지게 되어 자격 기준이 마련되고 상담가 양성과정도 생겨났다. 1990년대 들어서는 인터넷과 정보통신기술의 발달로 인해 물리적 거리에 구애받지 않고 사람들에게 상담 서비스를 제공하는 온라인 상담과 같은 새로운 형태의 생활지도가 도입되었다. 이러한 배경을 통해 오늘날의 생활지도는 초기의 단순한 직업지도를 넘어 개인의 전인적 발달과 사회적 적응을 돕는 교육적 활동으로 자리 잡게 되었다.

2) 우리나라 생활지도의 역사

우리나라의 생활지도는 시대에 따라 다양한 변화를 겪으며 발전해 왔다. 과거의 전통적 교육에서부터 첨단기술을 활용한 맞춤형 지도로 발전하기까지 생활지도의 목적은 학생들이 자기 잠재력을 최대한 발휘하고, 행복한 삶을 영위할 수 있도록 돕는 데 두었다. 현재 한국의 생활지도는 학생들의 전인적 성장을 지원하는 데 중요한 역할을 하고 있다. 정부와 교육기관들은 생활지도의 질을 향상시키기 위해 지속적인 노력을 하고 있고, 앞으로도 학생들의 다양한 요구에 맞추어 생활지도의 방법과 내용은 계속해서 발전해 나갈 것으로 예상된다. 우리나라 생활지도의 역사를 살펴보면 다음과 같다.

(1) 근대화 이전

조선시대부터 일제강점기까지의 교육은 오늘날 한국 교육의 근간을 형성하는 중요한 시기였다. 이 시기의 생활지도는 교육의 목적, 사회적 변화, 외부의 영향에 따라 다양한 변화를 겪었다. 조선시대(1392~1910년)의 생활지도는 서당과 향교 등에서 학문과 도덕교육을 중심으로 한 교육이 이루어졌다. 이 시기의 교육은 유교사상을 기반으로 하였으며, 생활지도는 주로 인격 형성과 학문적 성취에 중점을 두었다. 조선시대에는 성리학을 국가의 이념으로 삼고, 교육은 주로 유교적 인재 양성에 초점을 맞추었다. 마을 단위의 서당에서는 천자문(千字文), 소학(小學), 동몽선습(童蒙先習) 등의 유교 경전과 기초적인 한문 교육이 이루어졌다. 오늘날의 중등 교육기관에 해당하는 향교와 고등 교육기관인 성균관에서는 유교 경전과 과거시험 준비를 위한 학문적 교육이 이루어졌다. 조선 후기에는 서구 문물이 유입되기 시작하면서 교육에 많은 변화가 일어났다. 이 시기에는 근대적 교육제도의 도입과 함께 학생지도의 형태도 변화를 겪었다. 1876년 강화도 조약 이후, 서구 문물과 학문의 유입으로 배재학당(1885년), 이화학당(1886년), 경신학교(1886년) 등 근대 학교가 설립되면서, 영어, 수학, 과학 등의 서양식 교과목과 함께 전통적인 유교 교육이 병행되었다.

일제강점기(1910~1945년)의 우리나라 교육은 일본화 정책의 일환이 되었다. 교육의 목적은 일본의 충성스러운 신민으로 만드는 것이었고, 우리나라의 역사와 문화에 대한 교육은 억압되었다. 일본식 교육제도에 따라 초등학교, 중학교, 고등학교가 설립되었고, 일본인 교사가 다수 배치되었다. 일본인 교사와 일부 한국인 교사들이 학생지도를 담당하였고, 학생들은 일본식 교육을 받았다. 한편 비밀 학교와 독립운동가들이 설립한 학교에서는 민족의식을 고취하고 독립운동을 위하여 우리나라의 역사와 문화를 가르쳤다.

(2) 생활지도의 태동단계

1945년 광복 직후, 한국은 일본의 식민지 지배에서 벗어나 교육 시스템을 재건해야 하는 과제를 안고 있었다. 이 시기에는 교육의 주요 목표가 기초교육의 보급과 교사 양성에 있었고, 생활지도는 교사 개개인의 경험과 주관에 의존하는 경향이 있었다. 체계적이고 조직적인 생활지도 프로그램은 거의 존재하지 않았으며, 학생들의 생활지도는 주로 교실에서 교사들이 학습과 관련된 문제를 해결하는 형태로 이루어졌다. 1950년대에는 미국의 민주주의 교육이념과 아동 중심 교육사상의 영향을 받아 생활지도가 새로운 교육방법으로 받아들여지고, 지능검사를 비롯한 심리검사가 학생을 이해하는 도구로 활용되기 시작하였다.

1957년 서울특별시교육위원회가 제1차 교도교사 강습회를 실시하여 47명의 교도교사(敎導敎師)를 양성하였다. 이 강습회는 우리나라 최초의 교사를 대상으로 한 생활지도 전문가 교육이라고 할 수 있다. 이 강습회는 1961년까지 5회 실시하여 170명의 교도교사를 양성하였다. 또한 1958년에는 당시 문교부와 중앙교육연구소 공동주관으로 제1기 고등학교 생활지도 담당자 연수회를 개최하여 1961년까지 260명의 교도교사를 배출하였다. 이를 계기로 1964년 교도교사 자격증 제도가 법제화되었다. 한편 1962년 서울대학교와 이화여자대학교에 학생지도연구소가 설치되어 대학생을 대상으로 상담, 정보제공, 심리검사 등을 실시하였고, 상담전문가 양성을 위한 인턴십 제도를 시행하여 생활지도 발전의 기반을 마련하였다.

(3) 생활지도의 발전단계

1970년대에 들어서면서 교육의 질을 향상하기 위해 국가 차원에서 생활지도를 제도화하려는 노력을 시작하였다. 1973년 교육법 개정을 통해 생활지도에 대한 법적 근거가 마련되었고, 이에 따라 학교 현장에서 생활지도 활동이 공식화되었다. 교육법 시행령으로 18학급 이상의 중등학교에 교도주임을 두도록 하는 교도주임교사 제도를 시행하고 전국의 대학에서 180~240시간의 연수를 통해 교도교사를 양성하였다. 교도교사는 학교에서 학생 지도 및 상담, 개인기록 관리, 정보제공의 세 가지 역할을 하였다. 교도교사 제도의 도입으로 학교에서는 학생들의 심리적·사회적 문제를 다루기 위한 다양한 생활지도 프로그램을 시행하였고, 교육청 차원에서도 생활지도에 대한 지원과 관리를 강화하여 학생들의 전인적 성장을 지원하는 체계가 자리 잡기 시작하였다. 또한 진로지도 프로그램이 도입되어 학생들이 자기 적성과 흥미를 발견하고, 미래의 진로를 계획하는 데 도움을 주기 시작하였다.

(4) 생활지도의 전문화 단계

1990년대 들어서 컴퓨터와 인터넷의 보급으로 교육현장에 많은 변화가 시작되었다. 학교에서는 정보통신기술을 활용하여 학생들에게 풍부한 교육정보와 자료를 제공할 수 있게 되었다. 또한 학생 개개인의 성취와 발전을 도울 수 있는 맞춤형 교육 프로그램이 개발되었다. 이 시기에는 특히 진로지도가 활성화되었고, 대학 입시와 취업을 위한 정보제공이 중요하게 여겨졌다. 당시 높아진 진로지도에 대한 관심의 영향으로 1990년 교육청에 진로상담부가 신설되었고, 교도교사의 명칭도 진로상담교사로 바뀌게 되었다.

이 시기에 생활지도의 전문화도 본격적으로 이루어졌다. 1995년 교육개혁위원회의 권고에 따라 학생 생활지도 및 상담 시스템이 더욱 체계화되었고, 1999년에는 전문상담교사 제도가 도입되었다. 전문상담교사는 종전의 교도교사나 진로상담교사 양성과정과 달리 교육대학원에서 1년 동안 18학점을 이수하고 40시간의 실습을 해야만 자격을 받을 수 있도록 기준이 강화되었다. 2005년 308명의 전문상담교사가 지역교육청에 전문상담순회교사라는 명칭으로 배치되었고, 2007년부터는 각급 학교에 배치되기 시작하였다.

교육현장에서 생활지도와 상담이 전문화되면서 학교 내에서 발생하는 다양한 심리적·정서적 문제를 해결하고, 학생들이 건강한 사회 구성원으로 성장할 수 있도록 돕기 위한 종합적인 시스템 구축이 필요하게 되었다. 이에 따라 교육부에서는 2008년 다양한 위기상황에 놓인 학생을 대상으로 진단-상담-치유 지원을 위한 위(Wee) 프로젝트를 추진하였다. 위(Wee)란 우리들(We), 교육(education), 감성

(emotion)의 합성어로, 학생들의 정서적 안정과 전인적 성장을 지원하기 위해 시행한 학생 위기상담 지원 사업이다. 이 사업의 구체적인 목적은 다음과 같다. 첫째, 학생들이 학교생활에서 겪는 스트레스, 불안, 우울 등의 정서적 문제를 조기에 발견하고 지원한다. 둘째, 학생들이 학업에 집중할 수 있도록 돕고, 학교생활 적응을 위한 다양한 지원을 제공한다. 셋째, 학교폭력, 가정문제, 자살 예방 등 위기상황에 대한 신속한 개입과 지원을 통해 학생들을 보호한다. 넷째, 학생들의 인성교육을 강화하고, 긍정적인 자기존중감을 형성할 수 있도록 지원한다. 다섯째, 전문상담교사를 통해 학생들에게 상담 서비스를 제공하고, 심리적 지원을 한다.

위(Wee) 프로젝트는 학교와 교육청 및 지역사회가 연계하여 학생들의 건강하고 즐거운 학교생활을 지원하는 3단계의 다중 통합지원 서비스망이다. 단위학교에는 위(Wee) 클래스, 지역의 교육지원청에는 위(Wee) 센터, 광역 단위의 시·도 교육청에는 위(Wee) 스쿨을 두고 있다. 1차 안전망인 위(Wee) 클래스는 학교 내 상담실 역할을 하며, 2차 안전망인 위(Wee) 센터는 지역 단위로 운영되어 다양한 심리·정서적 지원을 제공한다. 3차 안전망인 위(Wee) 스쿨은 대안학교 형태로 운영되어 학교 부적응 학생들을 지원한다. 각 안전망은 지역사회 관련 기관들과의 유기적 협력을 통하여 학생들에게 원스톱 도움 서비스를 제공한다.

(5) 생활지도의 다양화 단계

2010년대 이후에는 스마트폰과 태블릿 PC의 보급으로 생활지도가 더욱 개인화되고 실시간으로 이루어지게 되었다. 온라인 학습 플랫폼과 앱(App)을 통해 학생들은 언제 어디서나 학습자료를 접할 수 있게 되었고, AI와 빅데이터를 활용한 맞춤형 학습지도가 가능해졌다. 생활지도 방법도 다양해져서 온라인 상담 및 심리검사, 멀티미디어 자료를 활용한 생활지도 프로그램이 도입되었다. 또한 학생들의 다양한 요구에 맞춰 맞춤형 상담 및 지도가 제공되기 시작하였다. 이 시기에는 학교폭력, 인터넷 중독, 정신건강 문제 등 새로운 사회문제들이 대두되면서 이를 해결하기 위한 전문적인 지원이 필요하게 되었다. 정부와 교육기관들은 이러한 문제들을 해결하기 위해 다양한 프로그램과 정책을 추진하였다.

2008년부터 시작된 3단계의 다중 통합지원 서비스망인 위(Wee) 프로젝트는 전국적으로 확산되었고, 이를 통해 학생들의 다양한 문제를 체계적으로 지원할 수 있는 기반이 마련되었다. 위(Wee) 클래스, 위(Wee) 센터, 위(Wee) 스쿨 이외에 2010년부터는 가정문제로 인해 학업을 유지하기 어려운 학생들을 위한 가정형 위(Wee) 센터, 고위기 학생의 심층적인 지원을 위한 병원형 위(Wee) 센터를 운영하고 있다. 그 밖에 학교폭력 피해학생 전담 지원기관, 학교폭력 가해학생 특별교육 이수기관, 117 신고센터 등을 개설하였다. 최근에는 정보통신기술을 활용한 온라인 상담 서비스, 비대면 심리지원 프로그램 등이 도입되어 학생들에게 지속적인 정서적 지지를 제공하고 있다.

4. 생활지도의 원리와 영역

1) 생활지도의 원리

생활지도는 학생 개개인의 바람직한 성장과 발달을 위한 종합적인 활동으로, 다양한 상황이나 환경에 따라 고려해야 할 사항이 달라진다. 따라서 모든 상황에 적용할 수 있는 생활지도의 원리를 수립하는 것은 쉽지 않은 일이다. 생활지도를 할 때 기본적으로 준수해야 할 기본원리와 실제 생활지도를 실천하는 과정에서 준수해야 할 실천원리는 다음과 같다.

(1) 생활지도의 기본원리

생활지도가 잘 이루어지기 위해서는 생활지도의 필요성에 대한 인식과 생활지도의 목적에 대한 이해가 선행되어야 한다. 그리고 실제 생활지도 과정에서 적용해야 하는 기본방향이 수립되어야 한다. 생활지도를 할 때 기본적으로 준수해야 할 원리는 다음과 같다(이순덕 외, 2023).

첫째, 생활지도는 모든 학생을 대상으로 한다. 생활지도는 문제가 있거나 특수한 학생들만을 대상으로 하는 상담이나 심리치료와는 구별된다. 생활지도는 문제가 있는 학생이나 부적응을 겪는 일부 학생에게만 한정된 것이 아니라 정상적이고 건강한 학생을 포함하는 모든 학생을 대상으로 해야 한다.

둘째, 생활지도는 모든 연령층의 학생을 대상으로 한다. 즉, 생활지도는 유치원부터 초등학교, 중학교, 고등학교, 대학 및 대학원에 이르기까지 모든 학교급에 재학하는 모든 연령대의 학생을 대상으로 해야 한다.

셋째, 생활지도는 개인의 존엄성, 개성 발달, 그리고 자율성 존중에 두어야 한다. 생활지도는 학생 개개인이 인간으로서의 존재가치를 인정받고, 각자 가지고 있는 고유한 특성을 잘 인식하며, 이를 개발하여 독특한 개성을 가진 인간으로 기능할 수 있도록 조력하는 활동이어야 한다.

넷째, 생활지도는 처벌보다는 선도를 통해 건전한 성장을 도와주어야 한다. 즉, 생활지도는 문제학생을 처벌하는 식의 소극적 활동이 아니라 개인의 성장과 발달을 촉진하는 적극적 활동이 되어야 한다.

다섯째, 생활지도는 치료나 교정보다는 예방에 초점을 두어야 한다. 즉, 생활지도는 이미 발생한 문제의 해결이나 치료보다는 앞으로 발생 가능성이 있는 문제를 사전에 방지하는 데 역점을 두어야 한다.

여섯째, 생활지도는 과학적인 근거를 바탕으로 하는 활동이어야 한다. 생활지도는 객관적 자료의 활용과 전문적인 기술을 활용한 과학적인 활동이 되어야 한다.

일곱째, 생활지도는 학교교육의 일부로 통합되어야 한다. 교육활동에서 교과지도와 생활지도는 서로 보완적 관계이므로 두 영역의 조화로운 교육이 필요하다. 생활지도는 교과지도에 여유가 생겼을 때 실시하는 선택적 영역이 아닌 학교교육의 필수적인 영역이어야 한다.

(2) 생활지도의 실천원리

생활지도의 기본원리는 생활지도를 하는 데 있어서 기본적으로 준수해야 할 원리이다. 생활지도의 기본원리를 바탕으로 실제 생활지도를 실천하는 과정에서 준수해야 할 원리는 다음과 같이 일곱 가지로 정리할 수 있다.

첫째, 계속성의 원리 : 생활지도는 한두 번의 지도로 끝나는 것이 아닌 계속적 과정이어야 한다. 생활지도는 단기간으로 끝나는 것이 아니라, 장기적이고 체계적으로 이어져야 한다. 지속적인 피드백과 지도는 학생의 바람직한 태도와 행동 형성에 필수적이다. 따라서 생활지도는 종합적 계획을 세우고, 이를 토대로 생활지도 대상에게 지속적인 관심을 가지고 이루어져야 한다.

둘째, 통합성의 원리 : 생활지도는 개인의 특정 영역이나 일부 문제만을 다루는 것이 아니라 개인의 인지 · 정서 · 사회적 발달을 포함한 모든 영역을 통합적으로 지도해야 한다. 교육과정 내의 학습활동뿐만 아니라 가정과 사회의 경험이 서로 조화를 이루며 통합될 때 학생의 전인적 성장이 가능하다. 즉, 생활지도는 전인적 성장과 발달을 통한 조화로운 인성을 갖추도록 지도해야 한다.

셋째, 균등성의 원리 : 생활지도는 모든 학생을 대상으로 균등하게 이루어져야 한다. 즉, 문제학생이나 부적응을 겪는 학생만 지도하는 것이 아니라 모든 학생이 자신의 잠재적 가능성을 최대한 실현할 수 있도록 지도해야 한다. 생활지도는 학생 개개인의 특성과 차이를 고려하되, 모든 학생을 차별하지 않고 소외되지 않도록 균등하게 이루어져야 한다.

넷째, 과학적 기초의 원리 : 생활지도는 과학적인 방법을 통해 이루어져야 한다. 생활지도는 학생을 올바르게 이해하고 지도하기 위해 구체적이고 객관적인 자료를 수집하고, 이를 바탕으로 과학적으로 접근해야 한다. 생활지도는 학생의 발달 특성에 맞는 자료와 심리검사, 상담기법 등을 활용하여 체계적으로 접근하는 것이 중요하다.

다섯째, 적극성의 원리 : 생활지도는 문제의 예방에 적극적으로 주력해야 한다. 생활지도는 문제 발생 후 처벌이나 해결보다 문제가 근본적으로 일어나지 않도록 예방적 지도에 더 중점을 두어야 한다. 즉, 문제가 발생하기 전에 학생 스스로 올바른 방향을 선택하도록 사전 예방에 초점을 두고 적극적인 지도가 필요하다.

여섯째, 협동성의 원리 : 생활지도는 담임교사나 상담교사만의 임무가 아니라 구성원 전체의 협동을 통해 의해 이루어져야 한다. 즉, 생활지도는 학생, 전체 교사, 가정, 지역사회, 관련 전문가 등 다양한 구성원들의 유기적인 협동적 체제에 의한 공동체적 접근이 요구된다.

일곱째, 조직의 원리 : 생활지도는 구체적 조직을 통해 이루어져야 한다. 생활지도를 효과적으로 수행하기 위해서는 체계적인 조직과 계획이 필요하다. 따라서 생활지도는 전문상담교사를 중심으로 하는 구체적 전담조직을 두고 체계적이고 종합적으로 접근해야 한다.

2) 생활지도의 영역

(1) 생활지도의 문제별 영역

생활지도는 학생의 바람직한 성장을 돕는 전인적 인간의 형성에 목적을 두기 때문에 학생의 생활과 관련한 모든 영역과 관련되어야 한다. 생활지도의 영역을 생활지도 활동에 반드시 포함되어야 할 문제를 중심으로 구분하면 교육지도, 진로지도, 인성지도, 건강지도, 사회성지도, 여가지도, 가정생활지도, 성교육 등 여덟 가지 영역이 있다(권재환 외, 2010).

① 교육지도

교육지도(educational guidance)는 학업 및 면학지도로서, 학생들의 개성・흥미・능력에 따라 교육함으로써 자기의 가능성을 최대한 발전시키기 위한 활동을 말한다. 교육지도의 목표는 학생의 학업능력 향상과 자기주도적 학습습관의 형성이다. 교육지도는 효과적인 학습방법, 시간 관리법, 학습동기 향상 등 학습내용이 아닌 학습방법의 지도에 중점을 둔다. 예컨대, 과목별 효과적인 공부법, 시험 준비 전략, 학습 관련 문제 상담 등이다.

학업 및 면학은 학교 교육활동의 핵심이라고 할 수 있다. 교육지도를 교과지도의 영역이 아닌 생활지도의 영역에서 다루어야 하는 이유는 학업상의 문제를 일으키는 원인에는 개인의 지적 특성 이외에도 심리적 특성과 환경적 요인들이 관여하기 때문이다. 또한 학업의 실패는 단지 개인의 지식 부진에 그치는 것이 아니라 자기효능감의 상실, 자기존중감의 저하, 우울증, 부모와의 관계 악화 등 다양한 문제를 수반하기 때문이다.

② 진로지도

진로지도(career guidance)는 진학지도와 직업지도를 포함한다. 진로지도의 목표는 학생이 자기 적성과 흥미에 맞는 진로를 설계하도록 도움을 주는 것에 있다. 구체적인 목표는 다음과 같다. 첫째, 자신의 진로에 대한 의식을 갖도록 하며, 자신의 현실에 대한 이해를 바탕으로 자신의 직업적 적합성을 파악하도록 한다. 둘째, 직업세계에 대한 이해를 바탕으로 자신의 진학과 직업의 선택을 위한 방향을 탐색하도록 한다. 셋째, 자신의 환경에 대한 이해를 기초로 하여 자신의 생애를 설계하도록 한다.

진로지도의 내용은 진로 및 직업세계 탐색, 진로 및 진학 상담, 적성검사 및 진로 및 진학 계획의 수립 등이다. 진로지도는 학생들의 진로 및 직업 선택을 위한 적성 및 흥미 탐색, 상급학교 진학정보 제공, 진로 및 직업정보 제공, 직업 체험 지도, 직업이 요구하는 태도·지식·기능 개발, 올바른 직업관 형성 등 학생의 진학·진로·직업과 관련한 모든 활동을 포함한다.

③ 인성지도

인성지도(character guidance)는 개인의 건전한 인성의 발전과 인간으로서의 완전한 조화와 발전을 위한 활동이다. 인성지도를 성격지도(personality guidance)라고도 하지만, 인성(character)은 도덕적·윤리적 관점에서의 인격, 즉 인간으로서의 품성과 덕성을 포함하는 의미가 있고, 성격(personality)은 개인의 내면적 특성과 다른 사람들에게 주는 외면적 인상이 합쳐진 의미를 담고 있으므로 교육 장면에서는 인성지도라는 표현이 더 적절하다.

인성지도는 개인의 정서적 문제, 대인관계 문제, 가족관계 문제, 가치관의 문제 등을 포함한다. 또한 최근에는 심리교육 차원에서 개개인이 긍정적 성격의 소유자가 되도록 지도한다. 인성지도의 목표는 개인이 자신의 성격을 올바르게 인식하고, 원만한 인격적 소질을 육성하도록 지도하고 조언하는 것이다. 그러므로 원만한 인격 형성에 장애가 되는 인간의 기본적 욕구불만, 우월감, 열등감, 노이로제에 대한 공포, 정서적 불안감, 이성문제로 인한 갈등, 기존 질서에 대한 불안 등의 문제를 해결하고 제거해 줌으로써 조화로운 인성발달을 형성하여 원만한 사회생활을 할 수 있도록 하는 것이다.

④ 건강지도

건강지도(health guidance)는 건강한 생활습관을 형성하고, 건강관리 및 증진, 공중위생을 지도하는 활동이다. 건강지도에는 신체적 건강뿐만 아니라 정신적 건강을 위한 지도도 포함된다. 즉, 개인의 신체적 발달 유지와 증진을 위한 적절한 조언과 조력하는 활동, 정신위생 및 정신건강 교육, 흡연, 음주, 약물 복용에 대한 지도 등의 활동을 말한다.

아동·청소년 시기는 신체적으로 가장 빠른 변화를 하는 시기이기 때문에 신체 각 부분의 성장 불균형에서 오는 피로나 무기력 등의 부적응이 일어나기도 한다. 그러므로 가정생활에 있어서는 올바른 식습관, 의복, 수면 등의 생활습관과 위생 관념에 대한 지도와 조언이 있어야 하고, 학교생활에 있어서는 건강에 대한 일반적인 지식, 간단한 구급법, 전염병 예방 방법, 공중위생에 대한 관념 등에 대한 지도가 필요하다. 또한 건강지도는 스트레스 관리, 정신건강 교육 등 예방적 정신건강 지도로 함께 이루어져야 한다.

⑤ 사회성지도

사회성지도(sociality guidance)는 사회인으로서 충실한 사회생활을 영위할 수 있는 사회적 생활태도, 사회적 기술 및 자질 배양을 위해 조력하는 활동을 말한다. 사회성지도의 목표는 원만한 대인관계 형성과 사회적 의사소통능력 계발에 있다. 따라서 대인관계에서의 소통과 협력, 갈등 해결, 팀워크 능력 배양 등에 중점을 둔다.

사회성지도의 궁극적인 목적은 개인의 사회에 대한 바람직한 적응을 통하여 사회적 가치를 높이는 것에 있다. 오늘날 인간이 직면하고 있는 문제들은 대부분 생물학적인 존재로서 인간의 문제가 아니라 사회적 존재로서의 문제들이다. 사회성지도는 민주시민으로서의 준법정신, 책임과 의무를 수행하는 인성의 함양, 원만한 대인관계 형성, 예의범절의 준수, 친구의 선택과 교제, 협동심의 함양, 봉사정신의 발휘 등을 포함한다.

⑥ 여가지도

여가지도(leisure-time guidance)는 개인이 여가를 보람 있게 보내도록 조력하는 활동을 말한다. 여가지도의 목표는 건전한 여가 활용 능력을 기르고 자기 계발의 기회를 제공하는 것이다. 여가지도는 취미, 오락, 감상, 창작활동 등 개인의 교양을 향상하는 활동뿐 아니라, 더 나은 인생을 즐기고 다른 사람을 돕는 생활을 할 수 있도록 지도하는 활동도 포함된다.

여가란 단순한 휴식을 하는 것이 아닌 자기 발견 및 창조를 통한 자기실현의 기회라고 할 수 있다. 여가지도는 개인이 여가를 가치 있게 활용할 수 있도록 자신에게 맞는 활동을 선택하고, 선택한 활동을 통하여 건전한 취미와 심신의 조화로운 발달을 도모하게 하는 것이다. 여가활동에는 건전한 놀이, 취미활동, 예술감상, 독서, 특기 신장, 특별활동 등이 포함된다. 이러한 활동 중에서 개인의 흥미, 요구, 능력, 성격 등에 따라 가장 적합한 것을 선택하여 여가를 선용하도록 지도한다. 이를 위해 취미활동 장려, 여가 시간의 효과적 사용 지도, 동아리 활동 참여, 여행 및 체육 활동 장려, 특기·적성 교육 등을 실시한다.

⑦ 가정생활지도

가정생활지도(family-living guidance)는 학생이 가족 구성원으로서 원만한 가정생활을 영위해 나갈 수 있도록 지도하는 활동을 말한다. 가정은 개인의 인성 형성과 사회생활의 기반이 되므로 매우 중요한 생활지도 영역이다. 가정생활지도는 가정생활 적응이나 가정 내의 문제와 갈등을 해결하는 것에 그치지 않고, 학교와 사회에서 원만한 대인관계를 형성하는 기반이 되는 활동이다.

가정생활지도는 학생이 가정에서의 올바른 역할과 책임을 이해하고, 가족과의 화목한 관계를 형성하며, 가정의 규칙과 질서를 이해하고 실천하여 건강한 가족관계를 형성하는 것에 중점을 둔다. 이를 바탕으로 건강한 사회 구성원으로서 성장하고 발달할 수 있도록 돕는다.

⑧ 성교육

성교육(gender education)이란 남성과 여성의 신체적·심리적 특성 및 역할에 대한 이해를 바탕으로, 건전한 이성 관계를 형성・유지・발전시켜 나가도록 지도하는 활동을 말한다. 성교육의 목표는 성에 대한 올바른 가치관과 윤리를 형성하여 건강한 성에 대한 이해를 증진하는 것에 있다. 성교육은 성에 대한 올바른 이해, 성에 대한 건전한 태도와 행동 형성, 건전한 이성관계 및 이성교제, 성적 자기 결정권, 성매매 및 성폭력 예방교육 등을 포함한다.

성교육은 성에 대한 인지적・정의적・실천적 측면을 모두 고려하여 지도해야 한다. 첫째, 성에 대한 인지적 측면, 즉 자기 몸과 성에 대한 올바른 지식과 태도를 습득하도록 지도해야 한다. 둘째, 성에 대한 정의적 측면, 즉 성과 성적 현상 및 문화에 대한 건전한 태도를 형성하도록 지도해야 한다. 셋째, 성에 대한 실천적 측면, 즉 남녀 간의 예의범절을 포함한 올바른 성역할 행동의 실천에 대하여 지도해야 한다.

(2) 생활지도의 기능별 영역

생활지도는 학생들이 학교생활과 일상에서 겪는 다양한 문제를 해결하고, 건강한 성장을 이루도록 돕기 위한 활동이다. 생활지도 활동은 학생조사 활동, 정보제공 활동, 상담 활동, 정치 활동, 추후지도 활동으로 구분할 수 있으며, 생활지도 활동이 효과적으로 이루어지기 위해서는 이 다섯 가지의 활동이 체계적으로 실천되어야 한다(권재환 외, 2010).

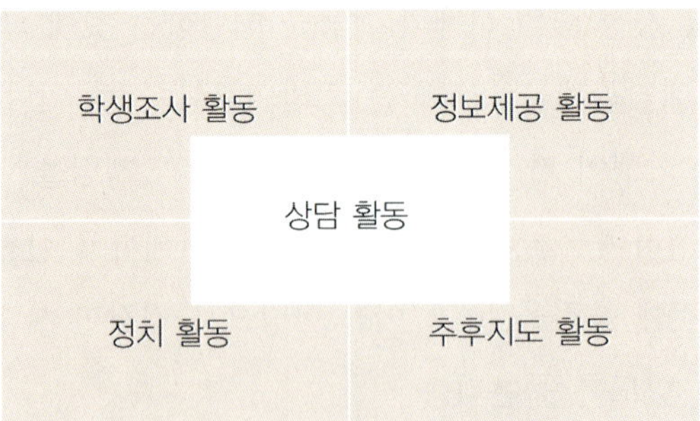

▌그림 1-1 ▌ 생활지도 실천활동

① 학생조사 활동

학생조사 활동(inventory service)은 학생들을 정확하게 이해하고 지도하는 데 필요한 각종 자료를 수집하는 활동을 말한다. 가정환경, 출신학교의 성적, 학업성적 및 지적 능력, 신체 및 정신건강, 학교 밖 생활, 학습 및 직업 흥미, 특수 능력, 성격 및 장래 계획 등을 포함한다. 생활지도 활동이 효과적으로 진행되기 위해서는 학생조사 활동을 통하여 학생에 대한 구체적인 이해가 선행되어야 한다. 학생조사 활동을 통해 얻은 정보는 학생의 인지적·정의적 발달을 촉진시키기 위한 교육적 경험을 형성하는 기초자료가 된다.

② 정보제공 활동

정보제공 활동(information service)은 학생들이 필요로 하는 각종 정보 및 자료를 제공하여 그들의 개인적 성장과 사회적 적응을 돕기 위한 활동을 말한다. 이 활동은 학생에게 필요한 정보를 제공하여 학생 스스로 자기 미래를 계획하도록 돕는 것에 목적을 두고 있다. 학생들에게 제공되는 정보는 크게 교육정보, 직업정보, 개인적·사회적 정보로 분류된다. 정보제공 활동은 학생들이 자기 문제를 스스로 해결할 수 있는 기본 지식을 가지게 하고, 자기지도력을 향상시켜 올바른 의사결정을 할 수 있도록 돕는다.

③ 상담 활동

상담(counseling)이란 도움을 필요로 하는 내담자(client)가 전문적인 훈련을 받은 상담자(counselor)와의 관계를 통해 당면문제를 해결하고, 정신건강을 증진시켜 능동적으로 적응할 수 있도록 돕는 활동을 말한다. 상담 활동(counseling service)은 생활지도의 활동 가운데 가장 중심이 되는 활동으로, 상담을 통하여 학생들의 자율성과 문제해결력을 신장시키고, 정신건강을 향상시키며, 적응을 돕는 활동을 말한다. 학교에서의 상담 활동은 병원이나 전문상담기관에서 이루어지는 상담 활동과는 차이가 있다. 학교상담은 전문상담과는 달리 교사가 담당하며, 내담자도 문제행동을 가진 학생들만이 아니라 모든 학생이 대상이다. 그러므로 학교상담은 예방과 발달에 초점을 두어야 하며 교육활동 일부가 되어야 한다. 교사는 학생과의 상담

활동을 위해 대화 및 기본적 상담기술을 익힐 필요가 있다.

④ 정치 활동

정치 활동(placement service)은 학생들의 능력이나 적성에 맞게 적절하게 배치하는 활동을 말한다. 정치활동은 학교·학과·과목의 선택, 특별활동의 선택, 학급 활동이나 동아리 활동의 선택 등과 같은 교육적 정치(educational placement)와 직장의 알선, 진로 및 직업의 선택, 부직 알선 등과 같은 직업적 정치(vocational placement)로 구분된다. 정치활동은 적재적소의 배치를 지향하며, 교육효과의 극대화를 위해서도 매우 중요하다.

⑤ 추후지도 활동

추후지도 활동(follow-up service)은 생활지도를 받은 학생들의 추후의 적응상태를 보살피고, 보다 나은 적응을 하도록 돕는 활동을 말한다. 그러므로 추후지도의 대상은 재학생뿐 아니라 졸업생, 휴학생, 전학생, 퇴학생을 포함한다. 좁은 의미에서 추후지도는 상담 활동이 종료된 후에도 내담자가 잘 적응하고 있는지를 알아보고 지도하는 것을 의미한다. 넓은 의미에서 추후지도는 교육이나 생활지도의 전체적인 성과를 체계적으로 계속 확인하는 것을 말한다.

CHAPTER 02

생활지도와 인성교육

1. 인성교육의 의미

1) 인성교육의 배경

오늘날 사회 전반에 퍼져있는 부정부패와 비도덕적이고 비윤리적인 행위, 학교 안팎에서 빈번하게 발생하는 학교폭력, 따돌림, 학교 부적응 등 여러 가지 부정적 현상들은 교육현장에서 인성교육의 필요성을 증가시키고 있다. 이에 따라 학생들의 건전한 발달과 긍정적 자아의 형성을 위한 역량, 공동체적 생활에 필요한 태도와 행동을 길러주기 위한 학교의 역할이 더욱 요구되고 있다. 이러한 점에서, 학생들의 교육을 직접 담당하는 교직자들의 인성교육 역량에 대한 필요성이 요구되고 있다(현주 외, 2014). 인성 및 인성교육에 대한 명료한 개념 정립은 인성교육의 지향과 정책 방향을 선도하고, 실천적 적용에 통일성과 일관성을 부여하는 역할을 한다. 인성의 의미와 인성교육의 필요성에 대한 논의는 주로 철학과 심리학을 배경으로 이루어져 왔다(정창우, 2015).

(1) 철학적 배경

철학은 인간의 삶과 세계를 이해하고 해석하는 데 있어 가치 있는 통찰력을 제공한다. 철학은 주제나 초점 영역에 따라 여러 가지 범주로 구분될 수 있지만, 특히 동양철학과 서양철학은 각자의 역사와 문화적 배경에 따라 서로 다른 관점과 접근방식을 가지고 있다. 동양철학은 주로 삶의 의미, 내면의 성장, 균형과 조화, 우주의 자연법칙 등의 주제를 탐구한다. 이에 반해 서양철학은 이성, 논리, 인간의 자유와 도덕, 정의와 공평 등의 주제를 중심으로 탐구한다. 인간에 대한 관점도 차이가 있다. 동양철학은 가족, 사회, 국가 안에서 인간의 삶을 이해하고, 인간은 자연과 조화를 이루어야 한다고 본다. 반면 서양철학은 인간을 이성과 인간의 특별한 능력으로 이해한다.

동양철학과 서양철학은 인성과 인성교육에 대해서도 다른 관점을 가지고 있다. 동양의 문화를 형성하는 데 지대한 영향을 미친 3대 철학인 유(儒)·불(佛)·도(道) 사상에서는 인성을 인간의 타고난 본성으로 보았다. 먼저 유가(儒家)에서는 심(心), 성(性), 정(情), 의(義)가 모두 인성에 포함된다고 보고, 인성이란 지적 능력과 정의적 능력, 그리고 도덕성을 아우르는 개념으로 보았다. 불교(佛敎)적 관점에서 인성은 모든 생명의 근원으로서 텅 비고 고요하되 또렷또렷하여 일체를 밝게 아는 능력, 즉 불성(佛性)을 포함하는 개념이다. 따라서 불교적 관점의 인성교육이란 인간 존재의 본원적 바탕인 불성을 실현하여 아집(我執)과 법집(法執 : 대상에 대한 집착)에서 벗어남으로써 대자유인이 되도록 이끌어 주는 교육을 의미한다. 한편 도가(道家)에서는 인성이란 정(精), 기(氣), 신(神)을 포함하는 개념으로, 인위(人爲)를 가지지 않은 인간의 본원적 자연성을 의미한다. 이를 종합하면, 유·불·도 사상 모두 인간의 본성은 외부에서 주어지는 것이 아니라 인간의 타고난 본성, 즉 내재된 본성이라는 점에 공통점이 있다.

서양철학적 관점에서 인성 및 인성교육의 의미는 다음과 같다. 플라톤(Platon)은 인간의 본질을 비물질적이고 불멸하는 영혼으로 보았다. 따라서 인성교육은 감각과 육체적인 것으로부터 영혼의 해방, 순수화를 의미한다. 순수한 영혼은 참된 인식, 즉 진리 또는 이데아(idea)와 상응하며, 이데아에 따라 인간의 세계를 형성시키고자 하는 것이 파이데이아(paideia)의 요체이다. 아리스토텔레스(Aristoteles)는 플라톤의 영향을 받아 영혼의 불멸은 인정하였지만, 관심의 초점을 육체와 결합한 '현세적 인간'에 두었다. 따라서 인성교육은 인간의 정신적 본성과 인간 삶의 사실적 조건을 함께 고려해야 한다고 보았다. 그에 따르면, 인간은 식물적 영혼, 감각적 영혼, 정신적 영혼을 동시에 지닌 존재이며, 타고난 자연, 교육적 노력에 의한 습관, 인간의 고유한 기능으로서 이성의 3자가 조화를 이룰 때 인성교육이 성공할 수 있다고 하였다. 한편 칸트(Kant)는 인간을 예지적 차원에서 깃들어 있는 존재로 보고, 인성교육이란 성장세대로 하여금 감성에 의한 속박에서 벗어나 이성의 자발성을 실현하도록 하는 것, 즉 인격을 실현하는 것이라고 하였다. 인성의 의미에 대한 서양철학적 관점은 플라톤, 아리스토텔레스, 칸트의 다른 시각과 강조점에도 불구하고, 인간의 심원한 내면성을 계발하고 형성해 나가려는 입장으로 수렴된다.

(2) 심리학적 배경

심리학에서는 인성을 성격(personality)과 비슷한 의미로 사용하는 경우가 많다. 인간의 성격에 대한 논의는 인류의 오랜 관심사이자 주제였으나 체계적이고 과학적인 이론으로 정립되기 시작한 것은 1879년 독일의 분트(Wilhelm Wundt)가 라이프치히 대학에 심리학 실험실을 만들고 현대 심리학을 탄생시킨 것을 기점으로 보고 있다. 이를 계기로 심리학이 과학적인 학문으로 성장하면서 인간의 성격에 관한 연구는 심리학의 중요한 주제 중의 하나가 되어 왔다. 그러나 성격을 주제로 하는 심리학의 연구에서는 인간에 대해 어떤 가정을 설정하느냐에 따라 그 의미가 달라지기 때문에 성격을 하나의 개념으로 정의하기는 매우 어려운 일이다.

성격의 사전적 의미는 '각 개인이 지닌 특유한 성질이나 품성'이고, 한자(漢字)로는 '성품 성(性)'과 '격식 격(格)'으로 표기한다. 이는 인간의 내적인 성품이 밖으로 격식을 차리고 있음을 의미하는 것이다. 성격이라고 번역하는 영어 단어인 'personality'는 라틴어 '통하여(through)'의 뜻을 지닌 'per'와 '말하다(speak)' 혹은 '소리내다(sound)'의 뜻을 지닌 'sonare'가 합해져서 만들어진 단어이다. 'personality'의 어원인 'persona'는 고대 그리스의 극장에서 배우들이 무대에서 자기가 맡았던 배역을 위해 썼던 가면(mask)을 뜻한다. 이 가면에는 배역의 내적·개인적 성질의 집합체라는 의미가 포함되어 있어서 그 배역이 지닌 특성을 집약적으로 표현해 주었다. 이처럼 가면이라는 뜻에서 유래한 'personality'의 의미는 개인이 다른 사람에게 주는 전체적인 인상이라고 할 수 있다.

성격에 대한 심리학적 정의는 현대 심리학을 이루는 정신역동, 행동주의 및 사회학습이론, 인본주의, 인지주의, 신경과학 등 다양한 관점에 따라 다르게 정의되어 왔다. 또한 성격은 유전이나 환경적 요인, 상황, 후천적인 학습 등 다양한 조건에 따라 변화될 수 있으므로 성격이라는 용어를 한 개인의 태도, 기질, 흥미, 동기(욕구), 인간성, 재능 등 다양한 상황에서도 사용한다. 영어의 'personality'와 'character'는 우리말로 둘 다 '성격'이라고 번역되기도 하지만, 본래 두 용어가 지닌 의미는 약간 다르다. 인격 또는 인성이라는 의미의 'character'라는 단어는 인간의 내적 특성을 나타내기 때문에 'personality'와 동의어로 사용될 수 있지만, 오히려 성격보다는 더 전체적인 인간적 특성을 나타내는 것이라고 볼 수 있다. 'personality'는 그 속에 가치개념을 내포하고 있지 않은 단어이고, 'character'는 '바람직하다-바람직하지 못하다' 혹은 '좋다-나쁘다'라는 가치개념을 내포하고 있는 단어이다. 성격심리학자 올포트(Gordon W. Allport)는 이 두 용어의 차이에 대해 character는 가치개념이 부여된 personality이고, personality는 가치개념을 빼 버린 character라고 표현하였다. 다시 말해서 성격을 인격의 의미로 사용할 때는 그 사람의 인격이 '높다-낮다', '인격자다-인격자가 아니다', 혹은 인성이 '좋다-나쁘다'라고 하듯이 어떤 가치적이거나 윤리적인 것이 포함되어 있다. 인격자라고 하면 윤리적 가치평가에 의한 높은 도덕성을 가진 사람을 의미하듯이 인격의 내용에는 도덕성의 기초가 되는 사상, 특히 사회적 배경과 결합한 사회사상의 문제가 내포된다.

2) 인성교육의 개념

인성(人性)이라는 용어는 포괄적이고 추상적인 의미로 사용되어 왔기 때문에 이를 한마디로 정의하기는 매우 어렵다. 인성의 사전적 의미는 '사람의 성품', '각 개인이 가지는 사고와 태도 및 행동 특성'이다. 인성과 유사한 의미로 사용되는 단어로는 인품, 성품, 기질, 인간의 본성 등이 있다. 이처럼 인성은 추상적이고 포괄적인 의미를 지니고 있어서 일상생활이나 여러 학문 분야에서 상황에 따라 다양하게 사용되고 있다.

일반적으로 심리학자들은 인성과 관련하여 'personality'라는 용어를, 윤리학자들은 'character'라는 용어를 선호한다. 심리학에서는 인성에 대한 논의를 인간의 건전한 성격을 다루는 성장심리학을 중심으로 연구한다. 윤리학에서는 인성을 한 개인의 실천적인 선택과 행동과 관련하여 상대적으로 안정된 도덕적 특성으로 간주한다(추병완, 2004). 인성교육에서 의미하는 인성은 한 개인의 성격(personality)이라는 가치중립적인 의미보다는 개인적・사회적으로 바람직한 삶을 위해 필요한 개인의 특성들이 통합된 상태로 본다. 이러한 점에서 인성교육에서의 인성은 지덕체(智德體)와 지정의(知情意)가 고루 발달한 전인성(全人性)이나 바람직한 인격(人格) 등과 같은 가치지향적인 의미가 있다.

우리나라는 국민의 인성교육을 진흥하기 위하여 세계 최초로 「인성교육진흥법」을 제정하고 2015년 7월부터 시행하고 있다. 「인성교육진흥법」 제1조(목적)에 "이 법은 「대한민국헌법」에 따른 인간으로서의 존엄과 가치를 보장하고 「교육기본법」에 따른 교육이념을 바탕으로 건전하고 올바른 인성(人性)을 갖춘 국민을 육성하여 국가사회의 발전에 이바지함을 목적으로 한다."라고 규정하고 있다. 동법 제2조(정의)의 제1항에 "인성교육이란 자신의 내면을 바르고 건전하게 가꾸고 타인・공동체・자연과 더불어 살아가는 데 필요한 인간다운 성품과 역량을 기르는 것을 목적으로 하는 교육을 말한다."라고 규정하여 인성교육이 무엇을 하는 교육인지 구체적으로 제시하고 있다.

교육현장에서의 인성교육은 '학생들의 바람직한 인성을 함양하려는 교육'이라고 정의할 수 있다. 그리고 교육현장에서 인성교육의 목적은 건전하고 올바른 인성을 갖춘 민주시민을 육성하여 개인의 행복을 증진시키고, 개개인의 존엄과 가치가 존중되는 사회를 이루는 데 이바지할 수 있는 인간을 육성하는 것에 있다.

2. 인성교육을 위한 인성의 덕목과 역량

좋은 인성은 인간이 가진 덕(德; virtue)과 인성 역량(competency)으로 구성되어 있다. 인간이 덕과 인성 역량을 가지고 이것을 내면에서 조화롭게 발달시킬수록 개인의 인성은 강력한 힘을 발휘할 수 있게 된다. 바람직한 인성의 토대로서 덕에 대한 철학적·윤리학적 논의는 전통적으로 매우 중요한 학문적 탐구 주제나 대상으로 간주해 왔으며, 심리학적 연구도 활발하게 이루어지고 있다. 오늘날의 인성교육은 과거의 윤리나 도덕교육에서 중시해 왔던 덕목들뿐 아니라, 그 덕목들을 실제 실천하는 데 필요한 인성 역량도 인성교육을 통해 길러야 한다는 점이 강조되고 있다.

1) 인성의 덕목과 인성교육

덕(德; virtue)은 인성의 기본적인 토대를 이룬다. 전통적으로 덕의 철학적 탐구는 주로 도덕적 품성과 행위의 본질을 논의한다. 반면 심리학은 덕과 인성이 어떻게 발달하고 개인의 삶에 어떤 영향을 미치는지를 연구한다. 두 관점은 서로 보완적으로 작용하여 인간 행동과 도덕성에 대한 이해를 제공한다. 여기서는 덕에 대한 철학적 관점과 심리학적 관점, 그리고 우리나라 인성교육진흥법에서 제시하고 있는 인성교육의 핵심 덕목을 살펴보고자 한다.

(1) 덕의 철학적 관점

공자가 창시한 유가사상은 동양의 윤리사상과 정치사상에 많은 영향을 미쳤다. 오늘날에도 공자 사상은 인류 역사상 가장 중요한 철학의 체계로 평가받을 정도로 동양의 정치·경제·사회·문화의 발전에 근본을 이루고 있다. 공자 사상은 덕(德)과 예(禮)라는 두 축으로 구성된다. 여기서 예는 문화적이고 형식적인 표준을 의미하고, 덕은 인격적 탁월성을 의미한다. 이 두 축은 인간의 완성에 작용한다. 즉, 인간이 덕성을 함양할 때 객관적인 표준으로서 예에 합치되어야 한다는 것이다. 또한 백성을 상대로 정치를 펼 때도 덕을 기반으로 하고 여기에 예가 문화적 표준에 부합하는 틀이 필요하다는 것이다. 유교에서의 덕목은 오상(五常)이 가장 대표적이다. 오상은 유교에서의 인의예지신(仁義禮智信)의 다섯 덕목을 말한다. 공자는 그의 가르침에서 인간의 덕으로서 인(仁)을 중시하여 지(智)·용(勇)과 아울러 그 소중함을 설명했으나, 맹자는 인(仁)에 의(義)를 더하고 또 예(禮)·지(智)를 넣어 인의예지(仁義禮智)를 인간의 네 덕목이라 하였다. 그리고 한나라의 사상가이자 정치가였던 동중서(董仲舒)는 오행설(五行說)에 바탕을 두고 여기에 신(信)을 더해 오상설(五常說)을 확립하였다.

서양철학에서 덕은 주로 아리스토텔레스의 덕 윤리(virtue ethics)에 뿌리를 두고 있다. 덕 윤리는 행위의 도덕성을 평가할 때 행위 자체보다는 행위자의 성품과 덕목을 중시한다. 아리스토텔레스는 인간을 선하게 만드는 성품의 상태를 덕이라고 규정하고, 『니코마코스 윤리학』을 통해 행복(happiness) 혹은 복지(welfare)를 의미하는 그리스어인 에우다이모니아(eudaimonia)를 구성하는 12개의 도덕적 덕 혹은 성격적 탁월성을 제시하였다. 에우다이모니아에는 '용기, 절제, 온화, 자유인다움, 통이 큼, (이름이 없는) 명예의 중용, 포부의 큼, 진실성, 재치, 친애, 부끄러워할 줄 앎, 의분'이 있으며, 이것은 인간 최고의 선(善)이자 삶의 궁극적 목표를 뜻한다. 에우다이모니아는 과도함과 부족함이라는 2개의 악덕과 함께 제시되었으며, 유덕한 사람은 2개의 악덕을 피하면서 중용(中庸)을 추구한다고 보았다. 즉, 중용의 덕이란 '과도함'과 '부족함' 사이의 적절한 균형을 뜻한다. 예를 들어, 용기는 '무모함'과 '비겁함' 사이의 중용이고, 절제는 '무절제함'과 '목석같음' 사이의 중용이며, 온화는 '성마름'과 '화낼 줄 모름' 사이의 중용이다. 이처럼 덕이 있다는 것은 어떤 상황에서 적절한 방식으로 행동하는 것과 관계가 있다. 아리스토텔레스는 덕이 궁극적으로 인간의 행복을 이루기 위한 수단이며, 행복은 단순한 쾌락이 아닌, 악덕을 피하면서 중용을 추구하는 삶을 통해 얻어진다고 하였다.

(2) 덕의 심리학적 관점

심리학에서는 인간의 덕을 행동의 심리적 기제와 발달과정을 통해 탐구한다. 현대 심리학에서 가장 널리 인정받고 있는 성격특성이론인 성격의 5요인 이론에서는 성격을 개방성, 성실성, 외향성, 친화성, 신경증의 다섯 가지 요인(Big Five)으로 나눈다(Goldberg, 1981). 많은 연구에서 성격의 다섯 가지 요인은 개인의 행복, 신체적·정신적 건강, 영성, 그리고 개인의 정체성과 관련이 있는 것으로 나타났다. 대인관계에서는 가족, 친구, 연인관계의 질뿐만 아니라 직업 선택, 직무만족도, 수행, 사회참여, 범죄행동, 정치적 신념 등을 잘 예측하는 것이 밝혀졌다(Ozer & Benet-Martinez, 2006). 이 요인들은 개인의 덕과 관련된 성격특성을 평가하는 데 사용될 수 있다. 예를 들어, 성실성은 책임감과 규범 준수와 관련되어 덕과 연결될 수 있고, 친화성은 대인관계에서 지나친 무례함이나 협동심과 연결시킬 수 있다.

도덕심리학에 기반을 두고 있는 블라지(Blasi)의 도덕적 인성이론은 도덕적 행동의 심리학적 이해를 하는 데 기여하고 있다. 블라지는 도덕적 인성이 도덕적 정체성(moral identity)에 의해 형성된다고 보았다. 도덕적 정체성은 개인이 자신을 도덕적 행위자(moral agent)로 인식하여 도덕적 행동을 촉진하는 핵심적인 요소로 작용한다. 도덕적 행동은 옳고 그름을 구분하고 도덕적 갈등 상황에서 적절한 결정을 내리는 능력인 도덕적 이해에서 출발하여 도덕적 정체성을 통해 도덕적 행동으로 이어진다. 사람들은 자신의 도덕적 정체성과 일치하는 방식으로 행동하려는 경향이 있으므로, 도덕적 정체성이 강할수록 도덕적 행동을 더 자주 하게 된다는 것이다.

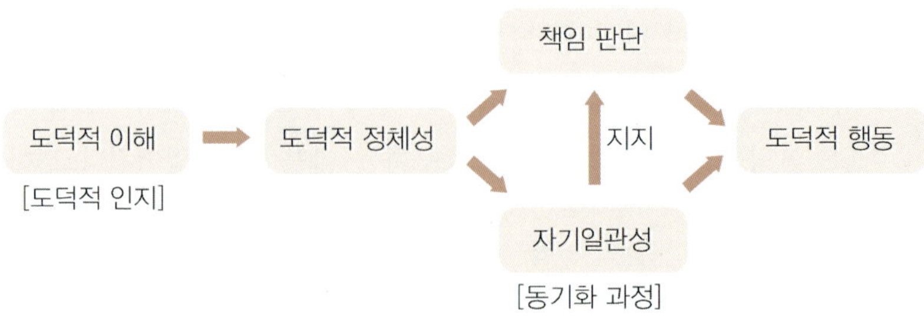

▌그림 2-1▌ 블라지의 도덕적 자아 모형

블라지는 덕을 개인의 도덕적 정체성에 따라 낮은 수준과 높은 수준으로 구분하였다(Blasi, 2005). 낮은 수준의 덕(lower-order virtues)은 주로 외적 요인에 의해 형성되었거나 개인의 자아정체성과 연결성이 낮은 덕으로, 대표적인 것으로 정직(honesty)과 진실성(truthfulness)이 있다. 정직은 다른 사람에게 거짓말하지 않거나 속이지 않는 기본적인 도덕적 행동으로, 사회적 기대나 외적 처벌 등에 의해 달라질 수 있다. 약속을 지키고 의무를 다하는 덕목인 진실성도 외부의 기대나 평판을 의식하여 행동할 수 있다. 낮은 수준의 덕은 일상적인 도덕적 행동에 기여할 수 있지만, 도덕적 갈등 상황에서는 일관성이 부족할 수 있다. 높은 수준의 덕(higher-order virtues)은 주로 내적 동기에 의해 비롯되거나 개인의 자아정체성과 연결성이 높은 덕으로, 자기통제(self-control)와 자기일관성(self-consistency)이 대표적이다. 자기통제는 충동을 억제하고 자제하는 능력이고, 자기일관성은 어려움이나 위험에 직면했을 때 도덕적 원칙을 지키는 능력으로 도덕적 정체성과 일치된 판단을 통해 일관된 행동을 할 수 있다. 높은 수준의 덕은 도덕적 판단과 행동의 일관성을 유지하며 도덕적 갈등 상황에서도 흔들리지 않고 자발적이고 지속적인 도덕적 행동으로 이어지게 한다. 블라지의 도덕적 인성이론은 도덕적 판단과 행동을 개인의 자아정체성과 연결시켜서 도덕적 행동이 단순한 규범의 준수뿐 아니라 개인의 자아정체성 및 내적 동기와 관계가 있다는 것을 잘 보여주고 있다.

한편 긍정심리학의 창시자인 셀리그만(M. Seligman)과 피터슨(C. Peterson)은 전통적인 인성의 덕목에 감성지능(EQ)과 사회지능(SQ)을 포함한 인성 강점(character strengths)이라는 개념을 제시하였다. 그들은 인성 강점을 덕과 같은 의미로 사용하면서, 인성 덕목을 지혜와 지식, 용기, 인간애, 정의, 절제, 초월이라는 6개 덕목으로 구분하고, 이를 바탕으로 24개의 인성 강점을 제시하였다(Peterson & Seligman, 2004).

〈표 2-1〉 긍정심리학에서의 '인성 강점' 목록

인성 덕목	인성 강점과 세부요소
지혜와 지식 (wisdom and knowledge)	창의성(독창성, 창의력), 호기심(흥미, 모험심), 개방성(판단력, 비판적 사고력), 학구열, 지혜(통찰, 안목)
용기(courage)	용감성(용맹), 끈기(근면, 인내), 진실성(진정성, 정직), 활력(열정)
인간애(humanity)	사랑, 이타성(친절, 배려, 동정심), 사회지능(정서지능, 사회성)
정의(justice)	시민성(책임감, 협동심, 충성심), 공정성, 리더십(지도력)
절제(temperance)	용서(관대, 자비), 겸손(겸양), 신중함(조심성), 자기조절(자기통제)
초월(transcendence)	심미안(감상력), 감사, 낙관성(미래지향성, 희망), 유머(쾌활성), 영성(종교성, 신앙심)

출처 : 정창우(2015).

(3) 인성교육의 핵심 가치 · 덕목

우리나라 「인성교육진흥법」 제6조(인성교육종합계획의 수립 등) 제1항에 "교육부장관은 인성교육의 효율적인 추진을 위하여 대통령령으로 정하는 관계 중앙행정기관의 장과의 협의와 제9조에 따른 인성교육진흥위원회의 심의를 거쳐 인성교육종합계획(이하 "종합계획"이라 한다)을 5년마다 수립하여야 한다."라고 규정하고 있다. 그리고 제2항 제4호에 인성교육종합계획에는 인성교육 핵심 가치 · 덕목 및 핵심역량 선정에 관한 사항이 포함되어야 한다고 규정하고 있다.

인성교육의 핵심 가치 · 덕목이 무엇인지에 대해서는 제2조(정의)의 제2항에 "핵심 가치 · 덕목이란 인성교육의 목표가 되는 것으로, 예(禮), 효(孝), 정직, 책임, 존중, 배려, 소통, 협동 등의 마음가짐이나 사람됨과 관련되는 핵심적인 가치 또는 덕목을 말한다."라고 여덟 가지로 제시하고 있다. 인성교육에서 추구해야 할 여덟 가지 덕목은 인성교육이 추구해야 하는 구체적인 목표라고 할 수 있다. 인성교육진흥법에서 제시한 여덟 가지 핵심 덕목의 의미는 〈표 2-2〉와 같다.

〈표 2-2〉 인성교육의 핵심 가치 · 덕목의 의미

핵심 가치 · 덕목	의 미
예(禮)	예의에 관한 모든 절차 및 질서를 지키려는 마음가짐과 태도, 친절, 겸손
효(孝)	부모님과 웃어른을 공경하고, 형제간에 사랑으로 지내려는 마음가짐과 태도, 우애, 경애
정직	마음이나 행동에 거짓이나 꾸밈이 없이 바르고 곧음, 성실
책임	맡아서 해야 할 임무나 의무, 사회적 규약에 따라 행동해야 하며, 이러한 사회적 약속을 이행하지 않은 데 대한 불이익을 기꺼이 받아들여야 한다는 것에 대한 지각, 역할 책임, 행위 책임
존중	높이어 귀중하게 대함, 자신에 대한 자긍심을 가지고 타인의 개성과 다양성을 인정하며 그 가치에 대하여 소중히 여기는 것, 자기존중, 타인존중, 인권의식, 생명존중
배려	타인의 입장을 고려하여 도와주거나 보살펴주려고 마음을 씀, 도덕적 민감성, 온정성, 타인에 대한 배려, 역지사지(易地思之)
소통	막히지 아니하고 잘 통함, 뜻이 서로 통하여 오해가 없음, 개방성, 공유성, 피드백, 경청, 대화를 통한 문제해결
협동	힘을 합하여 서로 도움, 협업, 조정, 협력, 참여, 공동체 의식

2) 인성 역량과 인성교육

(1) 인성의 역량

역량(competency)이라는 개념은 사용되는 맥락이나 목적에 따라 다양한 의미를 내포하고 있다. 즉, 역량의 초점을 과업의 수행자에 두느냐 과업의 특성에 두느냐에 따라 차이가 있지만, 대부분의 연구에서는 어떤 과제나 역할을 수행하는 데 필요한 능력으로 규정하고 있다(윤정일 외, 2007). 2000년대 들어 국제기구인 OECD가 교육의 성과지표로 핵심역량(key competencies)이라는 개념을 강조하게 되면서 전 세계적으로 관심이 높아지고 있다. 경제협력개발기구(OECD)에서는 역량을 "특정 맥락의 복잡한 요구를 태도, 감정, 가치, 동기 등과 같은 사회적 · 행동적 요소들뿐만 아니라 인지적 · 실천적 기술을 가동함으로써 성공적으로 충족시키는 능력"이라고 정의하였다. 그리고 역량이라는 능력은 기술이나 인지적 측면뿐 아니라 동기, 태도, 판단, 의지와 같은 다양한 인간 특성들이 서로 구조적으로 연결되어 있는 총체적인 능력, 실제 수행 상황에서 이러한 총체적인 인간 능력의 자원들을 적절하게 가동할 수 있고 구사할 수 있는 능력, 특정 맥락의 구체적인 요구와 관련된 수행 능력, 유전적으로 타고난 능력의 측면보다는 경험과 학습을 통해 습득되고 변화할 수 있는 능력을 의미한다(Rychen & Salganik, 2003). 즉, 역량은 총체성, 수행 및 가동성, 맥락성, 학습 가능성이라는 특성이 있다. 이것은 역량이 타고난 것이라기보다는 학습된 것이라는 점을 강조하는 것이다.

OECD가 현대사회의 급속한 변화에 대응하여 범국가적 수준에서 교육목표를 재정립하려는 목적으로 수행한 DeSeCo(Definition and Selection of Competency) 프로젝트에서 핵심역량을 제시한 이후, 무엇을 학교 교육과정을 통해 길러져야 할 학생들의 핵심역량으로 규정할 것인지, 그리고 그러한 핵심역량을 어떤 방식으로 학교 교육과정과 각 교과의 교육과정에 적용할 것인지에 관한 논의가 국내외적으로 진행되고 있다. 2000년대 들어 뉴질랜드, 캐나다(퀘벡주), 대만 등 여러 나라들은 DeSeCo 프로젝트의 결과를 바탕으로, 각 국가의 사회적 요구와 교육목표를 고려하여 국가 교육과정의 틀을 역량중심 학습체제로 전환하고 각 교과의 구성도 역량중심으로 재편하였다. 우리나라에서도 국가 교육정책이나 국가 교육과정 개편을 논의하는 과정에서 역량 개념에 주목하고, 한국교육과정평가원을 중심으로 미래 한국사회의 특징을 진단하였으며, 이에 대응하는 핵심역량을 설정하는 연구를 수행한 바 있다. 이를 바탕으로 2015 개정 교육과정에서는 핵심역량으로 자기관리능력, 공동체 의식, 의사소통능력, 창의·융합적 사고능력, 정보처리능력, 심미적 감성능력을 선정하였다(정창우, 2015).

(2) 인성교육을 위한 핵심 인성 역량

핵심 인성 역량은 다양한 능력 중에서 '바람직한 인성'의 측면에 부합하면서도 인성 함양을 위해 기본적이고 보편적이며 필수적인 능력이라는 의미이다. 이러한 핵심 인성 역량은 앎과 행위 실천을 연계하여 도덕적인 문제해결력과 실천지향성에 중점을 두기 때문에, 도덕적인 문제해결과 행위 실천을 위해 필요한 지식, 기능, 판단, 탐구, 성찰, 가치·태도, 실천 등을 포함한 총체적인 특성을 지닌다.

정창우(2015)는 인성교육을 위한 핵심 인성 역량을 '개인적 차원'과 '관계 차원(타인·공동체·자연과의 관계 영역)'으로 구분하여 제시하였다. 개인적 차원의 핵심 인성 역량은 윤리적 관점에서 올바른 판단과 실천, 바람직한 자아상, 행복하고 성공적인 삶 등을 추구하는 것과 관련된 역량들이다. 타인과의 관계 영역에서의 핵심 인성 역량은 타인과의 원만한 인간관계뿐 아니라 관계 속에서의 문제해결이나 갈등의 조정, 그리고 도덕적 인간관계를 적극적으로 형성할 수 있는 역량들이다. 공동체와의 관계 영역의 핵심 인성 역량은 세계화·다문화·다원화·민주화된 사회에서 공동의 선(善)을 실현하고 좋은 사회를 구현하는 데 요구되는 역량들이다. 자연과의 관계 영역에서의 핵심 인성 역량은 바람직한 환경의식을 통해 인간과 자연의 건강한 미래를 설계하는 능력과 관련한 역량이다.

〈표 2-3〉 인성교육을 위한 핵심 인성 역량

차 원		덕 목
개인적 차원		도덕적 문제해결능력, 긍정적 태도, 도덕적 자기관리능력, 도덕적 자기성찰능력
관계 차원	타인과의 관계 영역	도덕적 의사소통능력, 도덕적 대인관계능력
	공동체와의 관계 영역	공동체 의식, 다문화·세계시민의식
	자연과의 관계 영역	환경윤리의식

출처 : 정창우(2015).

학교 인성교육에서는 기존의 인격교육에서 강조하는 덕목들(virtues)만이 아니라, 미래사회에서의 성공적인 삶을 영위하는 데 필요한 핵심역량을 기르도록 지도해야 한다. 「인성교육진흥법」에서는 인성교육의 핵심역량을 제2조(정의)의 제3항에 "핵심역량이란 핵심 가치·덕목을 적극적이고 능동적으로 실천 또는 실행하는 데 필요한 지식과 공감·소통하는 의사소통능력이나 갈등해결능력 등이 통합된 능력을 말한다."라고 정의하고 있다. 인성교육법에서 정의하고 있는 핵심역량은 학교 인성교육을 통해 길러야 하는 구체적인 역량이라고 할 수 있다.

교육부에서는 2015년에 「인성교육진흥법」이 제정됨에 따라 교육현장의 체계적 인성교육 인프라 구축을 위해 '인성교육 5개년 종합계획'을 수립하였다. 이 계획에서는 인성교육의 방향을 '바람직한 성품과 인성 역량을 갖춘 시민 육성'으로 설정하고, 인성교육의 여덟 가지 핵심 가치·덕목을 구체적으로 실천하는 행위의 지향성 제공을 위해 자기관리역량, 심미적 감성역량, 의사소통역량, 갈등관리역량, 공동체역량을 학교 인성교육의 핵심역량으로 제시하였다(교육부, 2015).

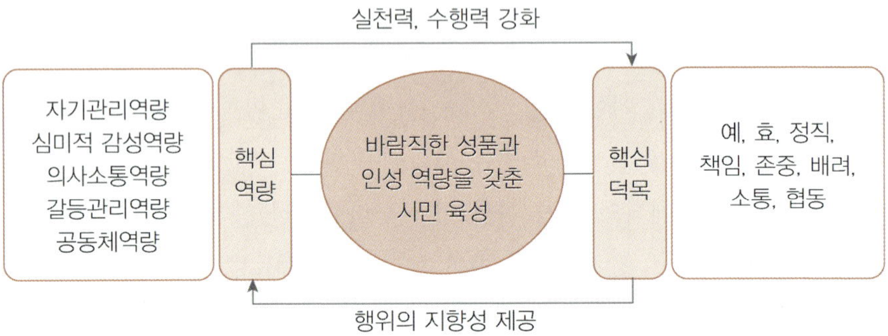

▌그림 2-2▌ 인성교육의 방향

출처 : 교육부(2016).

다섯 가지 핵심 인성 역량의 구체적 의미는 다음과 같다. 첫째, 자기관리역량은 자신의 생활과 삶에 대하여 자기 스스로 계획을 세우고, 그 계획이 이루어질 수 있도록 올바른 방향으로 나아가기 위해 바람직한 방법을 찾아내며, 그 방법을 꾸준히 실천하는 역량을 말한다. 둘째, 심미적 감성역량은 자연 속의 질서 및 인간의 삶과 문화 속에 존재하는 내면적 아름다움을 살펴서 찾아내고, 그것이 인성에 바람직한 방향으로 기여하는 방향을 찾아내어 풍부하게 누리는 역량을 말한다. 이 역량은 자신과 타인의 감정을 이해하고 공감하며, 자신의 삶을 아름답게 가꾸어 갈 수 있는 역량이다. 셋째, 의사소통역량은 각자 가지고 있는 생각이나 뜻이 막히지 않고 원만하게 통하도록 서로에 대한 존중을 바탕으로 다른 사람의 의견을 귀 기울여 들으며, 자신의 상황과 입장을 적극적이고 논리적으로 설명하는 역량이다. 넷째, 갈등관리역량은 개인 혹은 집단 간의 의견이나 목표의 차이로 인한 대립 상황을 올바로 이해하고, 대화와 타협을 통해 조화를 이루도록 하여 능동적이고 평화적인 방법으로 갈등 상황을 완화시키는 역량이다. 다섯째, 공동체역량은 자신이 속한 공동체(가정, 학교, 지역사회 등) 속에서 자신이 가지고 있는 삶의 의미와 변하지 않는 존재로서 도덕적 본질을 깨닫고 사람들과 협력하며 더불어 살아가는 데 필요한 역량을 말한다.

교육부(2020) '제2차 인성교육 종합계획'에서는 인성교육의 핵심 가치・덕목과 민주시민교육을 통해 함양하고자 하는 역량들은 서로 중점은 다르더라도 하나의 교육활동이 인성교육이면서 민주시민교육이 될 수 있다고 보았다. 인성교육과 민주시민교육 모두 교육기본법의 민주시민 양성이라는 교육이념을 목적으로 하므로, 가치와 목표 역량이 밀접한 관련이 있다. 또한 인성교육을 위한 핵심 인성 역량은 인권교육에서 강조하고 있는 인권, 환경, 인문, 미디어 리터러시 교육 등의 지식・역량과도 관련된다. 이에 교육부 '제2차 인성교육 종합계획'에서는, 첫째, 인성교육의 목표를 책임 있는 사회참여를 위한 시민적 인성의 함양, 둘째, 타인, 공동체, 자연을 존중・배려하는 도덕적 인성의 함양이라는 두 가지 목표를 설정하였다.

3. 인성교육의 목표와 방법

1) 인성교육의 목표

교육현장에서 인성교육에 포함시켜야 할 핵심 가치가 무엇이어야 하는지에 대해서는 매우 다양한 의견들이 있으나, 대체로 인성의 덕목, 도덕적 원리, 마음의 습관, 보살핌의 윤리 등이 인성교육의 중요한 요소로 대두되고 있다(현주 외, 2013). 인성교육의 목표는 지적 인성, 도덕적 인성, 시민적 인성을 통합적으로 발달시키는 것이며, 각 인성의 요소별로 인간다운 성품에 해당하는 핵심 덕목을 함양하고, 좋은 인간성 및 훌륭한 시민성을 갖춘 사람이 되기 위해 보편적으로 요구되는 핵심 인성 역량을 길러주는 것이다. 인성교육을 통해 길러야 할 인성의 요소에는 지적 인성, 도덕적 인성, 시민적 인성이 포함되며, 이러한 인성의 요소들은 핵심덕목과 핵심역량으로 구성된다.

분할 수 있다. 비대면 면접에는 전화, 우편, 온라인 등의 방법을 활용한다. 비대면 면접을 통한 자료수집은 공간적 제약을 극복하고 비용 절감의 효과가 있지만, 면접의 환경을 통제하기 어렵기 때문에 대리응답을 방지하거나 예상치 못한 상황에 대한 대처가 어렵다.

면접법은 피면접자의 수에 따라 개인 면접법과 집단 면접법으로 구분할 수 있다. 개인 면접법은 면접자와 피면접자가 일대일로 면접을 진행하는 방법이다. 흔히 심층면접(in-depth interview)을 할 때 사용하며, 면접자가 상황을 통제하기 수월하고, 추가 질문이나 설명하기가 쉬우며, 피면접자가 타인의 눈치를 보지 않아도 되는 장점이 있지만, 시간과 비용이 많이 드는 단점이 있다. 반면 집단 면접법은 다수의 피면접자가 면접자와 다대일 또는 다대다로 만나서 면접을 진행하는 방법이다. 집단 면접법은 시간과 비용을 절감할 수 있고, 개인 면접법에 비해 피면접자의 불안수준을 줄일 수 있는 장점이 있다. 그러나 개개인에게 맞춤형 추가 질문이나 설명하기 어렵고, 피면접자가 다른 사람의 눈치를 볼 가능성이 있는 단점이 있다. 최근에는 일정한 기준에 따라 초청된 동질적인 여러 명의 피면접자를 대상으로 진행하는 집단 면접법인 초점집단 면접법(FGI : Focus Group Interview)이 많이 활용되고 있다.

(3) 질문지법

질문지법(questionnaire)은 구체적인 질문을 구성하고 많은 사람에게 질문한 후 그 답변을 수치화하여 자료를 수집하는 방법이다. 우리가 흔히 말하는 설문조사가 여기에 해당한다. 질문지법은 대개 고정된 질문지를 구성하고 많은 사람을 대상으로 조사하기 때문에 경제적이고 익명성이 보장되므로 응답 결과를 체계적으로 분석할 수 있는 장점이 있다. 그러나 질문지법은 문해력이 부족한 취학 전 아동에게는 사용할 수 없는 단점이 있다. 질문지법에 사용하는 질문은 개방형 질문과 폐쇄형 질문으로 구분할 수 있다.

개방형 질문(open-ended question)은 응답자가 자기 생각을 자유롭게 기술할 수 있도록 질문하는 방법이다. 개방형 질문은 질문에 대해 나올 수 있는 응답의 범주가 어느 정도일 것인지 사전에 예측하기 힘들거나 예상하지 못한 응답을 수집할 필요가 있을 때 효과적이며, 응답자에게 응답의 자유를 최대한 보장한다는 장점이 있다. 반면 개방형 질문의 응답 결과는 계량적 비교와 분석이 어렵고, 응답 결과를 정리하는 과정에서 평가자의 주관이 개입할 가능성이 있으며, 무응답이나 불필요하게 길거나 짧은 응답으로 그칠 가능성이 있는 단점이 있다.

폐쇄형 질문(closed-ended question)은 응답의 범주를 지정하여 그중 하나 또는 여러 개를 응답자가 선택할 수 있도록 질문하는 방법이다. 폐쇄형 질문은 개방형 질문보다 응답하기 쉽고 분석도 수월하다는 장점이 있다. 반면 응답의 범위가 정해져 있어서 응답자 개인에게 해당하는 응답 항목이 없을 가능성이 있고, 응답자에게 응답의 범주 내에서 응답할 것을 강요하게 되는 문제가 있다.

(4) 심리검사법

심리검사(psychological test)란 개인의 능력, 성격, 흥미, 태도 등과 같은 심리적 구성개념을 수량화하기 위해서 과학적으로 개발한 심리측정 도구를 말한다. 심리학에서는 인간의 물리적 속성과 심리적 속성을 구분하여 심리적 속성을 심리적 구성개념(psychological constructs)이라고 부른다. 키나 몸무게 같은 물리적 속성은 수량적으로 측정할 수 있지만, 심리적 속성들은 추상적이기 때문에 직접 측정할 수 없다. 따라서 지능, 적성, 성격 등과 같은 인간의 다양한 심리적 속성들을 정량적으로 파악하기 위해 사용하는 것이 심리검사이다. 심리검사는 인간의 심리적 상태를 추론하여 객관화하는 데 사용한다.

심리검사법은 개인의 내적인 심리적 특성을 객관적으로 파악하고 향후 행동을 예측하는 데 도움을 준다. 심리검사는 보통 임상 장면의 초기 단계에 실시되며, 이를 통해 피검자의 심리적 상태에 대한 객관적이고 포괄적인 정보를 얻을 수 있다. 심리검사는 전문적인 교육을 받은 검사자에 의해 실시된다. 심리검사법은 다음의 몇 가지 기준에 따라 구분할 수 있다. 측정 영역에 따라 적성검사(aptitude test)와 성취도 검사(achievement test), 시간제한 여부와 문항의 난이도에 따라 속도검사(speed test)와 능력검사(power test), 실시 방식에 따라 개인검사(individual test)와 집단검사(group test), 응답 방식에 따라 객관적 검사(objective test)와 투사적 검사(projective test)로 구분된다.

(5) 실험법

실험법(experimental method)은 실험 처치를 한 후 그에 따른 변화를 관찰하여 자료를 수집하는 방법으로, 심리평가 방법 중 가장 과학적인 방법이다. 실험법은 인위적으로 통제된 조건 아래서 연구하고자 하는 변인을 체계적으로 변화시킬 때 그 효과가 어떻게 나타나는지를 측정한다. 이때 연구를 위해 설정한 변인을 독립변인이라고 하고, 독립변인의 처치를 통해 그 영향이나 효과를 받는 변인을 종속변인이라고 한다.

실험법은 변수를 통제할 수 있으므로 인과관계를 밝힐 수 있는 가장 적합한 방법이다. 실험법은 실험집단(experimental group)과 통제집단(control group)을 두고 실험을 통해 종속변인에 대한 독립변인의 영향을 밝힌다. 실험법은 종속변인의 변화가 독립변인을 처치한 결과에 의해 나타나는 것이라는 점을 증명하기 위해 독립변인 이외에 종속변인에 영향을 줄 수 있는 변인들을 통제해야 하는데, 이 변인들을 과외변인 혹은 중개변인이라고 한다.

(6) 사례연구법

사례연구법(case study)은 특정 개인을 심층적으로 이해하기 위해 사용하는 방법이다. 사례연구는 한 개인을 연구하는 단일사례 연구(single-subject research)뿐만 아니라 여러 사람의 사례를 분석하기도 한다. 또는 특정 집단이나 특정 사건에 대해 심층적으로 분석하기도 한다. 사례연구법은 생활지도나 상담 장면에서 학생 또는 내담자의 적응문제, 행동의 변화와 과거사, 대인관계, 그리고 심리적 장애 등을 발견하는 데 유용하다. 사례사(case history)는 개인을 심층적으로 이해하는 데 중요한 자료를 제공해 준다. 그러나 특정 사례를 일반화하는 것이 불가능하고, 인과관계를 밝히는 것도 불가능하며, 사례연구자의 주관이나 편견이 반영될 위험도 존재한다.

(7) 비교문화 연구법

비교문화 연구법(cross cultural study)은 다른 문화나 하위문화 배경을 가진 사람들을 대상으로 자료를 수집하거나 관찰하고 검사하여 비교·분석하는 방법이다. 이 방법은 한 사회적 맥락에서 발견된 현상이 다른 문화 혹은 종족, 다른 사회계층에도 적용되는지 밝히는 방법이다. 예컨대, 비교문화 연구법을 통하여 대도시 중산층 아동들의 발달 양상이 소도시나 농촌 지역 아동들에게도 적용될 수 있을지를 결정할 수 있으며, 다른 나라나 다른 인종과의 비교를 통해 평가 결과의 과잉 일반화를 예방하고, 심리평가의 결과가 모든 문화권에서 나타나는 보편적인 발달과정인지 아닌지를 밝혀낼 수 있다.

비교문화 연구에서는 인간이 매우 다른 문화적 환경에서 살기 때문에 외부 세계에 대한 지각이나 정서적 표현 및 사고의 문제를 해결하는 방법이 다양하다고 본다. 그러므로 인간의 사고·감정·행동은 인간 심리의 보편성과 별개로 문화적 영향도 받는다고 본다. 즉, 비교문화 연구는 인간의 보편적 유사성보다는 문화 간의 차이점을 찾고자 한다.

2. 심리검사를 활용한 심리평가

생활지도 장면에서 학생 개개인의 사고·감정·행동을 객관적으로 파악하는 것도 쉽지 않은 일이다. 심리검사(psychological test)는 표준화된 척도를 사용하여 사람들의 사고·감정·행동을 측정하는 체계적 과정이다. 인간의 정신과정을 과학적 방법으로 측정하는 심리검사는 인간에 대한 객관적인 자료를 얻을 수 있는 토대가 된다. 나아가 사람들 개개인이 자신을 더 잘 이해하고 타인을 이해할 수 있는 길잡이가 될 수 있다. 또한 심리검사 결과를 통해 자신의 장점은 더 발전시키고 부족한 점은 보완하여 개선해 나갈 수 있으며, 더욱 유연한 사회생활을 할 수 있도록 도와줄 것이다.

오늘날에는 생활지도 장면에서 학생들을 과학적으로 이해하기 위해 다양한 검사도구들을 활용하는데, 이를 검사 총집(full battery)이라고 한다. 심리검사는 인터넷에서 쉽게 접할 수 있는 무료 심리검사도 있지만, 전문가가 아니면 구매 및 사용이 제한적인 전문적인 심리검사도 있다. 미국에서는 미국심리학회(APA)의 기준에 따라 심리검사들을 엄격하게 관리·감독하고 있을 정도로 어떤 심리검사는 법적 효용성을 가진다. 심리검사를 구분하는 기준은 다양하지만, 응답 방식에 따라 객관적 검사(objective test)와 투사적 검사(projective test)로 나누어진다.

1) 객관적 검사

객관적 검사(objective test)는 평가도구, 실시절차, 채점 및 해석방법이 표준화되어 있어서 표준화 검사(standardized test)라고도 한다. 객관적 검사는 평가자의 주관적인 해석이 배제될 수 있는 장점이 있어서 많이 활용되고 있다. 객관적 검사는 생활지도 활동뿐만 아니라 동질집단의 조직, 진단 및 교정학습, 성적 판정, 특수아의 발견과 지도, 학교와 지역사회의 개선, 교수자의 질 향상, 교육연구 등에 활용될 수 있다(오만록, 2017). 객관적 검사는 검사의 내용, 검사의 목적, 측정 및 실시방법에 따라 다양하지만, 여기에서는 지능검사, 적성검사, 진로 및 직업탐색 관련 심리검사, 성격검사로 구분하여 살펴보고자 한다.

(1) 지능검사

지능검사(intelligence test)는 일반적인 경험으로 형성되는 지적 능력을 측정하기 위한 검사로, 교육현장에서는 학습자의 광범위한 학업적 잠재능력을 측정하기 위한 용도로 사용된다. 그러나 지능(intelligence)이 무엇인지 정의를 내리기란 대단히 어렵다. 그 이유는 지능을 추상적 사고능력으로 보는 관점, 학습능력으로 보는 관점, 새로운 상황에 대한 적응능력으로 보는 관점, 그리고 개인의 종합적인 능력으로 보는 관점 등 다양한 관점이 있기 때문이다. 오늘날에는 지능을 지적 행동을 일으키는 여러 다양한 능력들의 종합으로 설명하고 있다. 그리고 이러한 능력들의 종합은 고정되지 않고 일생을 통해 끊임없이 변화한다고 본다.

지능검사 결과는 학생들의 학업적 성공 또는 실패를 예측하거나 진로지도 및 진로교육, 교육적 배치활동 등 다양한 분야에서 사용된다. 그리고 개인의 지적 수준과 잠재력을 같은 연령대의 집단과 비교할 수 있다. 또한 지적장애나 학습 부적응과 같은 특수교육이 요구되는 학생의 판별 및 진단, 교육계획 수립, 각종 정치활동 등을 할 때도 사용되며, 지적 능력의 확인이 필요한 의학적 상황에서도 활용된다. 지능검사는 지능지수(IQ : Intelligence Quotient)로 점수를 매기는데, 지능지수는 원래 사람의 신체연령에 대한 정신연령의 비율에 100을 곱한 수치이다. 예컨대, 10세 아동의 정신연령이 12세라면 이 아동의 지능지수는 (12/10)×100=120이다. 지능검사의 평균점수는 100으로 정해져 있고, 표준편차는 15 정도이다. 가장 널리 알려진 지능검사는 스탠퍼드-비네 지능검사(Stanford-Binet Intelligence Scales), 레이븐 지능검사(RPM : Raven's Progressive Matrices), 카우프만 아동용 지능검사(K-ABC : Kaufman Assessment Battery for Children), 웩슬러 지능검사(Wechsler scale of intelligence) 등이다.

현재 세계적으로 가장 많이 사용되는 지능검사는 웩슬러 지능검사이다. 이 검사는 11개의 검사를 통해 언어이해, 지각적 추리, 작업기억, 처리속도 등 다양한 인지능력의 차이를 확인할 수 있다. 웩슬러 지능검사는 대상연령에 따라 성인용(WAIS : Wechsler Adult Intelligence Scale), 아동용(WISC : Wechsler Intelligence Scale for Children), 유아용(WPPSI : Wechsler Preschool and Primary Scale of Intelligence)으로 구분되어 있다. 우리나라에서는 한국판 표준화 과정을 거친 성인용 웩슬러 검사 K-WAIS(16~64세), 아동용 웩슬러 검사 K-WISC(6~16세), 그리고 유아용 웩슬러 검사 K-WPPSI(만 2세 6개월~7세 7개월)가 사용되고 있다. 웩슬러 지능검사는 언어이해(VCI : Verbal Comprehension Index), 작업기억(WMI : Working Memory Index), 지각적 추리(POI : Perceptual Reasoning Index), 처리속도(PSI : Processing Speed Index)라는 네 가지 지표를 사용하여 지능을 측정한다. 언어이해 검사는 공통성, 어휘, 지식(상식), 작업기억 검사는 숫자 외우기와 산수문제 풀기, 지각적 추리 검사는 나무토막 짜기, 행렬추리, 퍼즐 맞추기, 처리속도 검사는 동형 찾기와 기호 쓰기를 산출한다.

(2) 적성검사

적성검사(aptitude test)는 특정한 영역이나 상황에서 주어진 과제에 어느 정도 재능이나 성공 가능성이 있는지 알아보는 검사이다. 적성(aptitude)은 어떤 일에 알맞은 성질이나 소질을 의미하는 용어로, 심리평가 영역에서는 지능과 엄격히 구분하기는 어려운 개념이다. 하지만 적성은 개인의 지적 능력뿐만 아니라 성격, 태도, 신체적 능력 등의 측면에서 한 개인의 재능이 어느 정도인지 예언해 주기 때문에 지능검사보다 구체적인 정보를 제공해 준다. 또한 적성검사는 개인의 잠재력을 판별하기 위한 검사이므로, 학업성취도를 알아보기 위한 학력고사나 각종 자격증 취득을 위한 시험과 다르다. 예컨대, 학생들의 학업성취도를 알아보는 시험은 남들보다 더 많은 시간과 노력을 통해 더 높은 결과를 얻을 수 있지만 그 결과 자체로 학업에 대한 능력과 잠재력이 높다고 결론지을 수는 없다. 이런 점에서 우리나라의 대학수학능력시험(CSAT : College Scholastic Ability Test)은 학업성취도와 적성검사를 절충하고 있는 구조의 검사라고 할 수 있다.

적성검사는 기본적으로 개인의 논리적 능력과 분석적 능력을 측정한다. 논리적 능력은 주어진 명제 간의 관계를 파악하고, 전제에서 결론을 도출해 내는 능력이다. 분석적 능력은 주어진 자료나 상황을 구성요소로 분해하고, 구성요소 간의 연관성과 핵심요인을 인지하는 능력을 말한다. 적성검사는 검사의 내용에 따라 종합적성검사와 특수적성검사로 구분할 수 있다. 종합적성검사는 적성의 요인을 종합적으로 측정하여, 한 개인이 어떤 영역이나 직무에 적합한지 알아보는 검사이고, 특수적성검사는 개인이 어떤 특정 직무를 수행하는 데 필요한 능력을 가지고 있는지 알아보는 검사이다. 검사의 목적에 따라서는 진학적성검사와 직업적성검사로 구분할 수 있다. 우리나라 학교 현장에서 활용되는 적성검사는 진학적성과 직업적성을 동시에 측정하는 종합적성검사가 대부분이다(김계현 외, 2020).

우리나라는 적성검사의 성격을 가진 국가 및 기업체에서 주관하는 다양한 시험이 있다. 가장 대표적인 시험은 공직적격성평가(PSAT : Public Service Aptitude Test)와 법학적성시험(LEET : Legal Education Eligibility Test)이다. 일명 피셋(PSAT)이라고 불리는 공직적격성평가는 관리자급 공무원 채용을 위해 공직자로서 지녀야 할 자질을 평가하고자 실시하는 적성평가이다. 피셋은 2004년 외무고시에 도입되기 시작하여, 2005년 행정고시, 2021년 국가직 7급 공무원 시험으로 확대되었다. 피셋은 언어논리, 자료해석, 상황판단의 세 가지 영역으로 구성되어 있으며, 공직자로서 수행 잠재력을 예상하는 평가이다. 로스쿨 시험으로 불리는 LEET는 법학전문대학원 교육에 필요한 기본능력과 소양을 측정하는 법학적성시험으로서, 미국 LSAT의 한국판이라고 할 수 있다. LEET는 언어이해 영역, 추리논증 영역, 논술 영역으로 구성되어 있으며, 특정 전공에 대한 세부적인 지식이 없더라도 대학 교육과정을 정상적으로 마친 사람이면 주어진 자료에 제공된 정보와 종합적 사고력을 활용하여 문제를 해결할 수 있도록 문항을 구성하고 있다. 그 밖에 공기업 채용시험인 국가직무능력표준(NCS : National Competency Standards), 의치의학교육입문검사(MDEET : Medical Dental Education Eligibility Test), 삼성 직무적성검사(GSAT : Global Samsung Aptitude Test) 등도 해당 분야의 직무수행 잠재력을 평가하는 적성검사의 성격을 가진 시험이다.

(3) 진로 및 직업탐색 관련 심리검사

진로 및 직업탐색과 관련한 심리검사들은 피검자에게 구체적인 진로나 관련 직업군을 추천해 준다. 학생들은 그 검사 결과에 근거하여 자신의 진로나 직업을 선택하기도 한다. 진로 및 직업탐색 관련 심리검사는 진로계획, 진로발달, 진로성숙도, 직업가치관, 진로 및 직업에 대한 흥미 등에 초점을 둔 다양한 심리검사들이 개발되어 있다. 이 검사들 중에는 진로나 직업에 대한 개인의 역량을 측정하는 적성검사의 성격을 가진 것도 있고, 개인이 그 진로나 직업과 관련된 활동을 얼마나 좋아하는지를 측정하는 선호도 검사(interest test)의 성격을 가진 것도 있다. 학생들의 진로나 직업탐색을 위해 가장 많이 사용되는 대표적인 검사에는 홀랜드(Holland) 검사와 스트롱(Strong) 검사가 있다.

미국 심리학자 홀랜드(J. Holland)가 개발한 직업선호도 검사(VPI : Vocation Preference Inventory)는 개인의 성격과 직업적 흥미를 파악하여 적합한 직업을 선택하는 데 도움을 주는 검사이다. 홀랜드는 개인의 직업에 대한 선호와 선택은 타고난 유전적 소인과 문화적 요인 간 상호작용의 산물이므로 개인의 특성과 직업 세계의 특성 간 최적의 조화를 이루는 것을 강조하였다. 그는 진로 및 직업 선택이 바로 성격의 표현이며, 어떤 직업의 구성원들은 유사한 성격적 특성과 발달과정을 가지고 있다고 보았다. 홀랜드는 사람들의 성격과 환경을 실재형(현실형, Realistic), 탐구형(Investigative), 예술형(Artistic), 사회형(Social), 설득형(진취형, Enterprising), 사무형(관습형, Conventional)으로 구분하고, RIASEC라는 육각형 모형을 통해 효과적인 진로 및 직업 선택의 방법을 제시하였다.

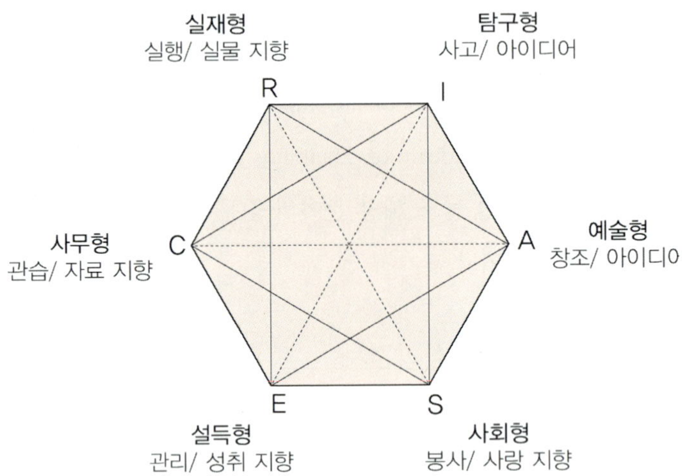

▌그림 3-1▐ 직업적 성격의 관계 모형

홀랜드의 직업적 성격의 관계 모형에서 실재형은 실제적이고 구체적인 사물을 다루는 것을 선호한다. 탐구형은 논리적이고 분석적인 사고를 바탕으로 문제를 해결하는 것을 선호한다. 예술형은 창의적이고 예술적인 활동을 좋아한다. 사회형은 타인과의 상호작용을 통해 문제를 해결하는 것을 좋아한다. 설득형은 모험심이 강하고 리더십을 발휘하여 타인을 이끄는 것을 선호한다. 사무형은 체계적이고 계획적인 사고를 바탕으로 규칙적인 업무를 수행하는 것을 선호한다. 육각형 모형에서 굵은 선은 서로 매우 높은 상관관계가 있다는 것을 의미한다. 가는 선은 어느 정도 상관관계가 있고, 점선은 매우 낮은 상관관계를 의미한다. 즉, 서로 인접해 있을수록 높은 상관관계를 보이고, 서로 마주 보고 있는 유형과 가장 낮은 상관관계를 보인다. 홀랜드의 육각형 모형을 해석하는 데 있어서 진로 및 직업지도에 적용해 볼 수 있는 주요 개념은 다음과 같다.

첫째, 모형에서 서로 가까운 위치에 있는 유형끼리는 유사한 점이 많고, 거리가 먼 유형끼리는 유사한 점이 거의 없다. 예컨대, 실재형(R)은 탐구형(I)과 사무형(C)과는 흥미 · 성격 · 직무 등에서 관련성 높고, 예술형(A)과 설득형(E)과는 중간 정도의 관련성 있으며, 사회형(S)과는 서로 대비되는 특성을 가진다. 그렇기 때문에 RI(실재적이면서 탐구적인 유형)나 RC(실재적이면서 관습적인 유형)처럼 서로 근접한 코드를 가진 사람은 행동의 일관성이 높고, RS(실재적이면서 사회적인 유형)나 AC(예술적이면서 사무적인 유형)처럼 서로 거리가 먼 코드를 가진 사람의 행동은 일관성이 매우 낮다.

둘째, 어떤 사람은 6개 유형 중 어느 하나의 유형과 매우 유사하고 다른 유형들과는 현저하게 그 유사성이 떨어질 수 있다. 예컨대, 실재형(R)에 흥미가 높게 나타나는 사람은 다른 유형에는 흥미가 별로 나타나지 않으며, 그중 사회형(S)의 흥미가 가장 낮게 나타난다. 반면 여러 유형에 비슷한 흥미를 나타내는 사람은 변별도가 낮아서 직업선호의 유형을 명확하게 예측하기 어렵다.

셋째, 개인적 정체성과 환경적 정체성이 명확할수록 직업선호 유형의 결과에 대한 예측력과 일관성이 높아진다. 개인의 정체성은 분명하고 안정된 인생의 목표, 흥미, 재능을 가짐으로써 얻어지고, 환경적 정체성은 환경이나 조직이 분명하고 통합된 목표, 일, 보상 등이 일관되게 주어질 때 생긴다. 즉, 자신이 목표로 하는 진로나 직업분야의 목적과 업무가 얼마나 명확하고 통합된 목적을 가지고 있는지, 얼마나 직업안정성이 있는지, 그리고 적절한 보상 체계를 가지고 있는지 여부가 직업 선택에 대한 예측력과 일관성을 높인다.

넷째, 개인의 직업에 대한 흥미와 실제 직업의 특성이 잘 조화를 이룰 때 직업만족도가 높아지고 만족스러운 직장생활을 한다. 즉, 개인의 성격유형과 환경유형 간의 일치성이 높을수록 능력을 잘 발휘하고 직업만족도가 높다. 예컨대, 탐구형(I)의 직업 흥미가 있는 사람이 과학자나 연구원 등과 같은 탐구형 직업에 종사하는 경우는 일치성이 높다고 할 수 있다. 반면 환경과 개인의 가장 좋지 않은 일치성은 육각형의 반대 지점에 있을 때 나타난다. 예컨대, 예술형(A)의 직업 흥미가 있는 사람이 공무원, 은행원, 사서 등과 같은 사무형 직업에 종사하는 경우는 일치성이 낮다.

다섯째, 육각형의 구조에서 각 영역 간 거리가 가까울수록 이들의 심리적인 특성도 매우 유사하다. 육각형 각 부분의 배열상태는 개인과 환경 간의 관계를 매우 간결하게 보여주기 때문에 진로교육 및 진로상담 장면에서 개인의 흥미들에 대한 일관성의 정도를 쉽게 이해할 수 있는 모형으로 활용될 수 있다.

〈표 3-1〉 홀랜드의 여섯 가지 성격유형

유 형	성격적 특징	직업적 행동	대표 직업	일 관계
실재형 (R)	(실제적, 실용적) 솔직하고 성실하며 말이 적고 고집이 세며 직선적이고 단순하다.	분명하고 질서정연한 것을 좋아하고, 기계·도구에 관한 체계적 조작활동을 좋아하지만, 사회적 기술이 부족하다.	기술자 정비사	사물 지향 (thing)
탐구형 (I)	(과학적, 추상적) 추상적이고 과학적이며 과제 지향적이다.	분석적이고 호기심이 많고 조직적이며 정확하지만, 리더십 기술이 부족하다.	과학자 연구원 의사	개념-사물 지향 (idea-thing)
예술형 (A)	(독창적, 독립적) 다양성과 변화를 좋아하고 자유롭고 독창적이다. 창의적 아이디어로 자신을 새로운 방식으로 표현한다.	표현이 풍부하고 독창적이며 자유분방하지만, 비순응적이고 규범적 기술이 부족하다.	예술가 작가 연예인 디자이너	개념-사람 지향 (idea-people)
사회형 (S)	(친절, 봉사적) 대인관계에 뛰어나고 외부활동을 선호하며 친절하고 이해심이 많다. 그러나 질서정연하고 조직적인 활동을 싫어한다.	다른 사람과 함께 일하거나 다른 사람을 돕는 것을 즐기지만, 기계적 능력이 부족하다.	상담사 사회복지사 교육자 종교지도자	사람 지향 (people)
설득형 (E)	(설득적, 활동적, 사교적) 조직의 목적 달성을 위해 타인을 선도·계획·통제·관리하는 일과 그 결과로 얻어지는 인정, 권위에 흥미를 보인다.	조직의 목표나 경제적 목표를 달성하기 위해 리더십을 발휘하는 활동을 좋아하지만, 과학적 능력이 부족하다.	정치가 경영인 영업사원 판매원	자료-사람 지향 (data-people)

사무형 (C)	(논리적, 체계적) 정해진 원칙과 계획에 따라 자료들을 기록·정리·조직하는 일을 좋아하고 체계적인 환경에서 사무적·계산적 능력을 발휘하는 활동들에 흥미를 보인다.	구조화되고 조직적인 환경을 선호하고 질서정연하고 체계적으로 자료를 정리하는 것을 좋아하지만, 예술적 능력이 부족하다.	공무원 은행원 사서	자료-사물 지향 (data-thing)

스트롱 검사(SII : Strong Interest Inventory)는 1927년 미국의 심리학자인 에드워드 스트롱(Edward K. Strong)이 처음 개발하여 여러 번 개정되어 1994년에 완성된 심리검사로, 개인의 성격, 흥미, 그리고 직업적 성향을 평가하기 위해 개발되었다. 이 검사는 일반직업분류, 기본흥미척도, 직업척도, 개인특성척도의 네 가지 영역으로 구성되어 있으며, 검사의 결과는 표와 그래프 형태로 제공된다. 일반직업분류(GOT)는 홀랜드 이론이 반영된 RIASEC의 6개 분류로 개인의 흥미에 대한 포괄적인 성향을 측정하여 이를 직업적으로 분류하여 제시한다. 기본흥미척도(BIS)는 GOT의 하위 척도로, 특정한 활동이나 특정 주제에 대한 흥미를 측정하여 더욱 세분화한 직업적 흥미를 제시한다. 직업척도(OS)는 100여 개의 직업에 종사하는 사람들의 흥미 성향과 피검자의 흥미 성향을 비교하여 특정 직업군에서의 성공 가능성을 평가한다. 개인특성척도(PSS)는 일상생활 및 일의 세계와 관련한 선호정보를 제공하며 업무, 학습, 리더십, 모험심 유형으로 구성되어 있다.

(4) 성격검사

성격(personality)이 무엇인지 과학적으로 정의하는 데는 어려움이 따른다. 그 이유는 성격은 직접 관찰할 수 없는 가설적 구성개념으로, 개인이 처한 환경, 상황, 후천적 학습 등 다양한 조건에 따라 변화될 수 있기 때문이다. 이러한 이유로 우리는 일상생활에서 개인의 태도, 기질, 흥미, 동기, 인격, 재능 등을 언급할 때도 성격이라는 용어를 쉽게 사용하기도 한다. 일찍이 성격심리학의 창시자인 올포트(Gordon W. Allport)는 '성격이란 개인의 특유한 행동과 사고를 결정하는 심리·신체적 체계로서 개인 내의 역동적 구조(Allport, 1961)'라고 정의한 바 있다. 최근의 성격에 대한 정의를 살펴보면, '개인의 사고·감정·행동의 특징적인 패턴과 그 패턴 속에 있는 심리적 메커니즘(Funder, 2010)', '인간의 행동·사고·감정의 특유한 패턴을 창조하는 심리·신체적 체계인 인간 내부의 역동적 조직(Carver & Scheier, 2016)' 등 성격을 개인의 사고·감정·행동에 영향을 미치는 개인 내부의 역동적 조직 내지는 메커니즘으로 설명하고 있다.

현대 심리학의 발전으로 인간의 성격이 어떻게 형성되고, 이것이 어떻게 행동을 형성하는지에 대해 일반적인 법칙을 규명하기 위한 노력이 있었지만, 성격이론 자체만으로는 특정 개인의 사고·감정·행동을 예언할 수 없다. 오늘날에는 개인의 성격을 체계적으로 파악하기 위한 다양한 검사들이 개발되었다. 그러나 성격이란 구체적으로 무엇을 의미하는 것인지에 대한 다양한 관점과 이론이 있어서 개인의 성격을 측정하고 평가하는 것도 쉽지 않은 일이다.

성격검사(personality test)는 개인의 성격을 구성하는 특성이나 성질을 측정하고 기술하기 위해 만든 심리적 평가도구이다. 성격을 측정하는 다양한 심리검사 중에 현재 우리나라에서 많이 활용되고 있는 도구 중의 하나인 MBTI(Myers-Briggs Type Indicator)는 스위스의 정신분석학자 칼 융(Carl Jung)의 심리유형론을 근거로 하여 일상생활에 좀 더 쉽게 이용할 수 있도록 고안된 성격유형지표이다. MBTI 성격유형은 융이 분류한 태도지표(외향-내향)와 기능지표(감각-직관, 사고-감정)에 브릭스(Briggs)와 마이어스(Myers) 모녀가 개인의 생활양식을 이해할 수 있는 판단(Judgement)과 인식(Perception)을 추가하여 총 네 가지의 차원을 구성하고 이를 조합하여 성격유형을 16가지로 구분하였다. MBTI 성격유형검사는 자기보고식 문항을 통해 자신이 선호하는 경향을 찾고, 이러한 선호경향들이 행동에 어떤 영향을 미치는지 파악하여 실생활에 응용할 수 있도록 제작된 심리검사이다. MBTI 성격유형검사는 에너지의 방향(외향-내향), 인식기능(감각-직관), 판단기능(사고-감정), 생활양식(판단-인식)에 대한 개인의 선호도를 밝혀서 4개로 구성된 문자로 개인의 성격유형을 구분한다(노안영·강영신, 2018).

〈표 3-2〉 MBTI의 선호지표

차 원	성격유형	기호	특 징
에너지의 방향	외향성 (Extraversion)	E	그 사람의 외부 세계에 존재하는 사람이나 행동, 사물 등과 같은 외부로부터 에너지를 끌어오는 것과 관련되는 선호경향
	내향성 (Introversion)	I	개인의 내부 세계에 존재하는 생각이나 정서, 인상과 같은 것으로부터 에너지를 끌어오는 것과 관련되는 선호경향
인식기능	감각형 (Sensing)	S	오감(五感)을 통해 직접적으로 인식되는 정보에 주의를 기울이는 것을 선호하고 실제로 존재하는 것에 관심을 두는 것
	직관형 (iNtuition)	N	육감(六感)을 통하여 얻은 정보에 관심을 기울이는 것과 실제 존재하는 것보다 있음직한 것 혹은 있을 법한 것을 알아차리는 것과 관련되는 선호경향
판단기능	사고형 (Thinking)	T	논리적이고 객관적인 방식으로 결정하기 위해 정보를 조직화하고 구조화하는 것과 관련되는 선호경향
	감정형 (Feeling)	F	개인적이고 가치지향적인 방식으로의 결정을 위해 정보를 조직화 · 구조화하는 것과 관련되는 선호경향
생활양식	판단형 (Judging)	J	사전에 예정되어 있고 조직화된 생활을 하는 것과 관련되는 선호경향
	인식형 (Perceiving)	P	보다 자율적이고 융통성 있는 방식으로 생활하기를 선호하는 것

출처 : 권재환 · 권성복(2022).

	감각(S)	감각(S)	직관(N)	직관(N)	
내향(I)	ISTJ	ISFJ	INFJ	INTJ	판단(J)
내향(I)	ISTP	ISFP	INFP	INTP	인식(P)
외향(E)	ESTP	ESFP	ENFP	ENTP	인식(P)
외향(E)	ESTJ	ESFJ	ENFJ	ENTJ	판단(J)
	사고(T)	감정(F)	감정(F)	사고(T)	

❙ 그림 3-2 ❙ 16가지 성격유형

MBTI와 더불어 많이 쓰이는 성격유형 측정도구로 에니어그램(Enneagram)이 있다. 에니어그램은 성격의 장점, 보완해야 할 부분, 더 개발해야 할 부분에 대해 이해하게 해주는 성격유형지표이다. 에니어그램이라는 용어는 그리스어 '9(아홉)'를 의미하는 ennea와 '기술된 것'이라는 뜻을 가진 gram의 합성어이다(윤운성, 2007). 에니어그램 도형은 원 안에 삼각형과 헥사드(hexad)를 합친 9개의 꼭짓점을 가진 도형으로 되어 있고, 이들 각 꼭짓점이 성격유형을 나타낸다. 에니어그램은 인간의 성격을 아홉 가지 유형으로 구분하는데, 힘(에너지)의 중심에 따라 감정중심(2번, 3번, 4번 유형), 사고중심(5번, 6번, 7번 유형), 본능중심(8번, 9번, 1번 유형)의 세 그룹으로 분류한다(Perry, 1996). 아홉 가지의 성격유형들은 각각 세 가지 중심에너지 중 하나에 뿌리를 둔다. 이 세 가지 중심에너지는 개인의 성격유형을 찾는 기반이 된다(원효진・박선향, 2018).

에니어그램 성격유형은 세 가지 중심에너지의 특성이 발달 또는 표현되는 정도에 따라 각각 세 가지 유형으로 분화되어 아홉 가지의 유형을 이룬다. 에니어그램 성격유형은 1번에서 9번까지 숫자로 부르는 것이 원칙인데, 그 이유는 어떤 성격유형이 좋거나 나쁜 성격이 아니고 모든 유형이 각각의 특징이나 장단점이 있으므로 가치중립적 언어인 숫자로 명명한다. 번호로 부여한 각 유형은 성격특성을 이해하기 쉽게 설명할 수 있도록 문화적 타당도와 건강 수준을 고려하여 별칭을 두고 있다. 별칭의 의미는 각 성격유형의 건강한 수준에서 보일 수 있는 대표적 특징을 나타낸다(윤운성, 2004). 에니어그램은 개인의 성격에 따라 어떻게 생각하고 느끼고 행동하는지를 제시하여 인간의 특성을 깊이 있게 이해하는 데 도움을 주고, 궁극적으로 성격특성을 파악하여 균형 있는 삶을 살 수 있는 통찰을 갖도록 해준다(박현경, 2018).

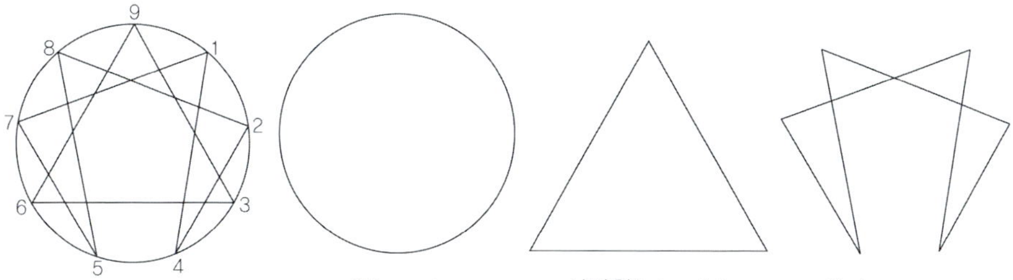

원(cricle) 통합 | 삼각형(triangle) 교형 | 헥사드(hexad) 변화

에니어그램 도형

❙ 그림 3-3 ❙ 에니어그램 도형의 구성

출처 : 윤운성(2007).

〈표 3-3〉 에니어그램 성격유형별 주요 특징

중심	유형	유형별칭	유형의 특징
감정 (가슴)	2	조력가	• 남을 위하고 대인관계를 존중하는 유형 • 보호적, 모성애적 유형 : 배려하는, 도움이 되는, 소유욕이 강한, 조종하는 성격
	3	성취자	• 융통성이 있고 성공지향적인 유형 • 성공지향적, 실용주의적 성격 : 자기확신이 있고, 야망이 있으며, 자기도취적, 적대적 성격
	4	예술가	• 내성적이고 낭만적인 유형 • 명상적이고 수줍은 유형 : 창조적, 개인주의적이며, 수줍어하고, 우울한 성격
사고 (머리)	5	사색가	• 지각력이 있고 사색적인 유형 • 지적이고 분석적인 유형 : 통찰적, 독창적, 괴짜, 병적 공포심이 많은 유형
	6	충성가	• 충성하고 안전을 중시하는 유형 • 의무적이고 전통적인 유형 : 호감적, 책임감이 있는, 의존적, 마조히즘적인 성격
	7	낙천가	• 바쁘고 생산적인 유형 • 활동적이고 개방적인 유형 : 정열적, 완전한, 과도한, 광적인 성격

본능 (장)	8	지도자	• 힘 있고 적극적인 유형 • 강력하고 지배하는 유형 : 자기신념이 강하고, 단호한, 독재적, 파괴적인 성격
	9	중재자	• 조화와 평화를 바라는 유형 • 태평하고 사양하는 유형 : 수용적, 믿음직한, 수동적, 억압적인 성격
	1	개혁가	• 원칙주의적이고 이상주의적인 유형 • 합리적이고 조직적인 유형 : 이성적, 원칙적, 규범적, 완벽주의적, 편협한 성격

출처 : 권재환 · 권성복(2022).

임상 장면에서 정신질환 측정과 성격특성을 측정하는 데 널리 사용되는 검사로 미네소타 다면적 인성검사(MMPI : Minnesota Multiphasic Personality Inventory)가 있다. 이 검사는 1943년 미네소타 대학의 임상심리학자 스타크 해서웨이(Starke Hathaway)와 정신과 의사인 맥킨리(Jovian McKinley) 박사가 군인들의 외상 후 스트레스 장애(PTSD : Post-Traumatic Stress Disorder)를 빠르게 측정하기 위해 개발한 자기보고식 검사이다. 1989년에는 새로운 성인 견본을 대상으로 표준화한 MMPI-2가 출시되었다. 총 567개 문항으로 구성되어 있고, 초등학교 고학년과 중학교 저학년 정도의 독해력과 지능지수 80 이상의 수준이 되어야만 검사 실시가 가능하도록 설계되어 있다. 14~18세의 청소년을 위한 MMPI-A는 1992년에 출시되었고, 문항 축소판인 MMPI-2-RF(MMPI-2 Restructured Form)는 2008년에 출간되었다. 2020년에는 MMPI-3가 출간되었다. MMPI는 성격특성의 측정보다는 정신과적 진단 및 분류를 위해 개발되었고, 지속적인 임상 사례연구를 통한 척도의 추가 개발이 이루어지고 있어서 정신과 병원이나 상담센터 등에서 많이 사용되고 있다.

MMPI-2는 기본척도인 타당도 척도(validity scales)와 임상 척도(clinical scales)로 구성되어 있으며, 4개의 부가 척도인 재구성 임상 척도(RC : Restructured Clinical scales), 성격병리 5요인 척도(PSY-5 scales), 내용 척도(content Scales), 보충 척도(supplemental scales)가 있다. 임상척도는 모두 10개로, 1번 건강염려증(Hs : Hypochondriasis), 2번 우울증(D : Depression), 3번 히스테리(Hy : Hysteria), 4번 정

신병리적 일탈 혹은 반사회성 성격(Pd : Psychopathic deviate), 5번 남성성-여성성(Mf : Masculinity-femininity), 6번 편집증(Pa : Paranoia), 7번 신경쇠약 혹은 강박증(Pt : Psychasthenia), 8번 조현병(Sc : Schizophrenia), 9번 경조증(Ma : hypomania), 0번 사회적 내향성(Si : Social introversion)이다. MMPI-2는 타당도가 높고 체계적인 해석 체계가 존재하기 때문에 전 세계적으로 가장 많이 사용하고 있는 객관적 검사이다.

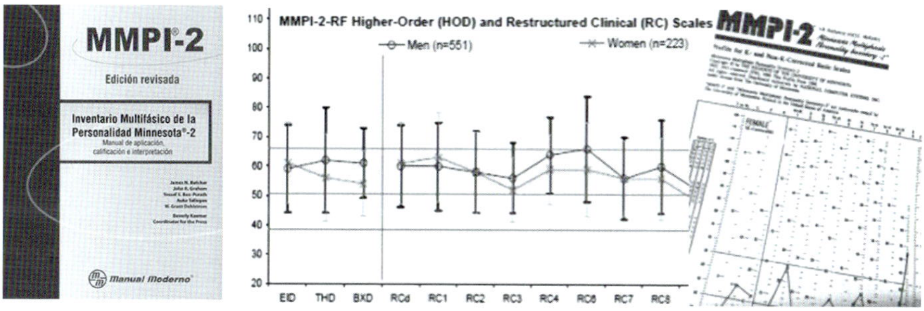

❙그림 3-4❙ MMPI-2

2) 투사적 검사

투사적 검사(projective test)는 피검자의 개인적인 심리적 반응을 끌어내기 위해 사용되는 방법으로, 비구조화되고 애매모호한 자극을 제시하여 개인의 심층에 내재해 있는 심리상태나 성격특성을 측정하기 위한 심리검사의 한 방법이다. 투사적 검사는 검사의 자극이 불분명하고 애매모호할수록 지각적 자극을 인지적으로 해석하는 과정에서 개인의 욕구, 관심, 심리적 구조가 더욱 강하게 반영될 것이라고 가정한다.

투사적 검사는 객관적 검사와는 달리 자극의 내용이 분명하지 않기 때문에 피검자가 자신의 반응 내용을 검토하고 자신의 의도에 맞추어 반응하지 못한다. 따라서 개인의 반응이 다양하고 풍부하게 표현되며, 이러한 반응의 다양성이 개인의 독특한 심리적 특성을 드러낸다. 또한 자극적 성질이 매우 강렬하여 평소에는 의식화되지 않던 사고나 감정이 자극됨으로써 전의식적이거나 무의식적인 심리적 특성이 나타나기도 한다. 그러나 객관적 검사보다 신뢰도와 타당도가 낮고, 검사자의 특성이나 태도가 검사반응에 많은 영향을 미친다. 대표적인 투사적 검사에는 로르샤흐 검사(Rorschach test), 주제통각검사(TAT), 그림검사(Drwawing Test), 문장완성검사(SCT) 등이 있다.

(1) 로르샤흐 검사

임상 및 상담 장면에서 가장 널리 사용되는 대표적인 투사적 검사는 1921년 스위스의 정신의학자인 헤르만 로르샤흐(Hermann Rorschach)가 고안한 로르샤흐 잉크반점 검사(Rorschach ink blot test)이다. 일명 '료샤 검사'라고도 불리며, 개인의 사고, 정서, 현실지각, 대인관계 방식 등 성격의 기본구조와 특성, 그리고 피검자의 원초적 욕구에 대한 정보를 제공하기 때문에 개인의 성격을 다차원적으로 이해하는 데 도움을 주는 검사이다.

이 검사는 종이 위에 잉크를 떨어뜨린 후 반으로 접어서 대칭적 무늬를 만드는 데칼코마니(decalcomanie) 기법을 이용하여 만들어진 10개의 카드로 구성되어 있다. 이 카드를 한 장씩 피검자에게 보여주고 그림이 무엇으로 보이는지 자유롭게 이야기하면서 피험자의 심리상태를 파악한다. 종이에 그려진 잉크반점은 모호한 자극이므로 피검자의 심리상태에 따라 자신의 심리적 내면을 그림에 투사하여 반응하게 된다. 검사자는 그 결과를 분석하여 피검자의 내면에 잠재해 있는 불안, 긴장, 갈등 등 심리적 요인을 밝혀낸다.

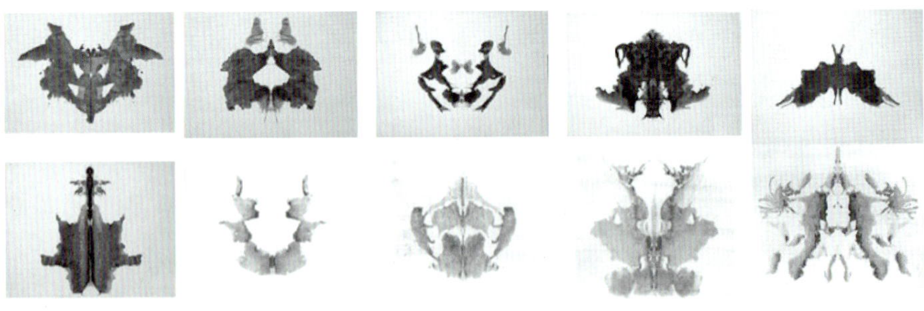

▌그림 3-5 ▌ 로르샤흐 잉크반점 검사

(2) 주제통각검사

주제통각검사(TAT : Thematic Apperception Test)는 1935년 머레이(Henry A. Murray)와 모건(Christiana D. Morgan)이 개발한 투사적 검사이다. 30장의 그림카드와 1장의 백지로 된 카드로 구성되어 있고, 개인의 내면적 성격, 동기, 감정, 갈등 등 성격의 역동성을 알아보는 데 활용되는 검사이다. 피검자의 성별과 연령에 따라 20장을 선택하여 10장씩 두 번 실시한다.

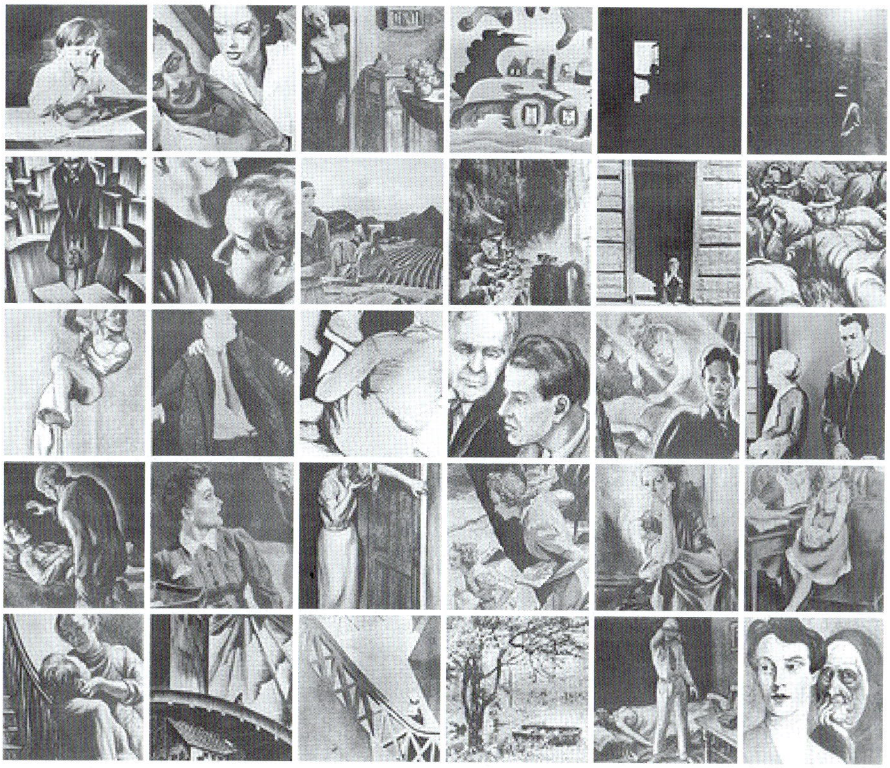

▌그림 3-6▌ 주제통각검사

검사의 진행은 피검자에게 모호한 그림을 보여주고, 이야기를 만드는 방식으로 진행한다. 피검자는 이 그림에 대해 누가 무엇을 왜 하고 있는지에 관한 이야기를 자유롭게 만들어야 한다. 검사자는 피검자가 만든 이야기 속 등장인물의 감정, 관계, 행동 등을 통해 무의식적 사고와 감정 및 욕구 등 피검자의 내면세계를 간접적으로 평가한다. 이 검사는 특히 피검자의 잠재의식 속에 있는 감정, 두려움, 소망 등을 파악하는 데 유용하기 때문에 주로 개인의 성격 평가, 정신건강 진단, 상담 및 심리치료의 기초자료 등 다양하게 활용된다. 그러나 이 검사는 피검자의 주관적 해석이 많이 반영되기 때문에 검사자의 전문성이 매우 중요하다.

(3) 그림검사

그림검사(Drwawing Test)는 피검자에게 그림을 그리게 하여 심리적 상태, 감정, 성격특성 등을 평가하는 투사적 검사이다. 이 검사는 아동뿐만 아니라 성인에게도 사용되며, 피검자의 그림을 통해 무의식적인 감정이나 심리적 갈등을 탐색한다. 그림검사는 직접적인 말이나 행동으로 드러나지 않는 피검자의 내면세계를 분석하는 데 유용하게 사용된다.

최초의 그림검사는 1926년 구디너프(Florence Goodenough)가 개발한 '사람 그리기 검사(DAT : Draw-A-Man Test)'이다. DAT는 주로 아동의 지능발달을 평가하는 도구로 유용하게 사용되었다. 이 검사를 1949년 정신분석학자 매코버(Karen Machover)가 '인물화 검사(DAP : Draw-A-Person Test)'로 발전시켰다. DAP는 피검자가 그린 한 사람의 모습을 분석하여 자아 이미지, 불안, 방어기제 등을 평가하는 데 중점을 두었다. 특히 이 검사는 신체의 크기, 비율, 강조된 부분과 생략된 부분 등을 통해 심리적 상태를 해석하려는 방식으로 발전하였다.

1950년대에는 버크(John Buck)가 DAP에 집과 나무를 추가로 그리게 하는 방식으로 발전시킨 집-나무-사람 검사(HTP : House-Tree-Person Test)가 등장하였다. 이 검사는 피검자에게 집, 나무, 사람을 그리게 하여 피검자의 가족관계, 사회적 상호작용, 자아상 등을 평가하는 데 사용되었다. HTP 검사에서 집 그림은 보통 가정이나 가족을 의미하며, 집을 어떻게 표현하느냐는 가족과의 관계를 반영한다고 할 수 있다. 나무와 사람은 개인 내적인 갈등에 관한 내용을 반영하는데, 나무는 무의식적인 측면을, 사람은 상대적으로 더 의식적인 측면을 나타낸다. HTP 검사는 그림을 통한 심리적 탐구를 체계화하고 구체적인 해석 지침을 제공한 첫 번째 검사 중 하나로, 실시하기가 간편해서 이후 다양한 투사적 검사의 기초가 되었다.

1960년대에는 번스(Robert Burns)와 카우프만(Sharon Kaufman)이 동작성 가족화 검사(KFD : Kinetic Family Drawing Test)를 개발하였다. 이 검사는 가족 구성원 간의 역동성과 감정적 상호작용을 그림을 통해 파악하려는 목적으로 개발되었다. KFD는 가족 내에서 피검자의 역할, 감정적 유대, 갈등 등을 분석할 수 있다.

1970년대 이후 그림검사는 특히 아동심리학과 임상심리학 분야에서 투사적 검사로서의 가치를 인정받았고, 상담 장면에서도 널리 사용되었다. 또한 그림을 해석하는 이론적 기반이 더욱 정교화되고, 문화적 차이나 개인적 배경을 고려한 해석방법들이 도입되었다. 그림검사는 투사적 성격이 강하기 때문에 피검자가 의도적으로 숨기거나 부인하려는 감정이나 생각이 그림에 자연스럽게 반영된다. 예컨대, 인물의 신체 일부를 생략했거나, 매우 작게 그렸다면 이는 자신감 부족이나 불안을 나타낼 수 있다. 그러나 해석은 반드시 전문가에 의해 이루어져야 하며, 그림검사만으로 진단을 내리기보다는 다른 심리검사와 함께 종합적으로 평가하는 것이 중요하다. 오늘날 그림검사는 아동 및 성인의 심리평가에 중요한 도구로 자리 잡았고, 개인의 무의식적 감정, 갈등, 그리고 성격특성을 탐구하는 데 사용되고 있다.

(4) 문장완성검사

문장완성검사(SCT : sentence completion test)는 피검자에게 불완전한 문장을 제시한 후 그 문장을 완성하게 하여 피검자의 무의식적 사고, 감정, 욕구, 가치관 등을 파악하는 검사이다. SCT는 투사적 검사로 분류되지만, 제시하는 내용이 일정한 형태를 띠고 있어서 반투사적 검사라고 할 수 있다. SCT는 구조화된 설문보다 덜 제한적이기 때문에 피검자의 자연스러운 반응을 끌어낼 수 있다는 장점이 있으며, 주로 임상 및 상담심리학 분야, 교육현장에서 많이 활용되고 있다.

SCT는 다양한 임상가들에 의해 개발되었는데, 가장 널리 사용되는 검사는 삭스와 레비(Sacks & Levy, 1950)가 개발한 SSCT(Sacks Sentence Completion Test)이다. 이 검사는 일상생활에서 사람들이 겪는 감정, 생각, 대인관계 등을 평가하기 위해 고안되었다. SSCT는 보통 50개의 미완성된 문장으로 구성되어 있고, 각 문장은 가족(부모, 형제자매, 가정생활 등), 성(이성관계, 성적 감정, 성역할 등), 대인관계(친구, 직장 동료 등), 자아(성격, 능력, 자아 이미지 등)에 대한 감정과 태도를 탐색할 수 있다.

다음 기술된 문장은 뒷부분이 빠져 있습니다. 각 문장을 읽으면서 맨 먼저 떠오르는 생각을 뒷부분에 기록하여 문장이 완성되도록 해주십시오. 시간제한은 없으나 될 수 있는 대로 빨리해 주십시오. 만약 문장을 완성할 수 없으면 표시를 해두었다가 나중에 완성하도록 하십시오.

1. 나에게 이상한 일이 생겼을 때 ______________________
2. 내 생각에 가끔 아버지는 ______________________
3. 우리 윗사람들은 ______________________
4. 나의 장래는 ______________________
5. 어리석게도 내가 두려워하는 것은 ______________________

...... 중략 ......

46. 무엇보다도 좋지 않게 여기는 것은 ______________________
47. 나의 성생활은 ______________________
48. 내가 어렸을 때 우리 가족은 ______________________
49. 나는 어머니를 좋아했지만 ______________________
50. 아버지와 나는 ______________________

▎그림 3-7 ▎문장완성검사(성인용) 일부

PART 02

상담의 이해

CHAPTER 04 상담의 기초

1. 상담의 이해

1) 상담의 의미

사람들은 살아가면서 다양한 문제에 직면하게 되고, 이런 문제들은 개인의 일상생활에서의 기능에 부정적인 영향을 미치게 된다. 상담은 이러한 문제에 잘 대처하여 효과적으로 해결하는 데 도움을 준다. 나아가 자기 자신을 더 잘 이해하여 직면한 문제들을 효과적으로 대처할 수 있는 능력을 키우는 데 도움을 주는 활동이다. 교육현장에서 상담활동은 생활지도의 주요 활동 중 하나로 발전해 왔지만, 오늘날에는 생활지도와 별도로 독자적이고 전문적인 영역을 확보하고 있다. 그 결과 상담은 하나의 독립적인 학문체계로 발전되어 생활지도의 핵심적 영역으로 인정받고 있다.

상담(counseling)이란 도움을 필요로 하는 내담자(client)가 전문적 훈련을 받은 상담자(counselor)와의 대면관계에서 생활과제의 해결과 사고, 감정 및 행동 측면의 인간적 성장을 위해 노력하는 협동적 학습활동이다. 상담은 내담자의 자발적인 참여를 전제로 하며, 내담자는 자신의 당면문제나 고민을 상담자에게 자유롭게 이야기할 수 있다. 상담자는 문제해결을 위한 조언이나 지시가 아닌 내담자가 자신의 삶을 더 잘 이해하고 내담자가 스스로 자신의 문제를 해결해 나가도록 안내하고 조력하는 역할을 한다. 상담자는 내담자의 말을 경청하고, 문제를 명확하게 이해하여 해결방안을 찾아나가도록 돕는다. 이 과정에서 상담자는 비판 없이 내담자의 사고와 감정을 수용하고, 긍정적인 변화를 도모한다. 이런 의미에서 상담은 개인이 직면한 문제를 해결하고, 더 나은 삶을 살 수 있도록 돕는 과정이라고 할 수 있다.

2) 상담의 목표

상담은 내담자의 정신건강 문제와 가정, 학업, 직장 등 다양한 삶의 영역에서 발생하는 문제를 다룬다. 상담은 상담자와 내담자 간의 촉진적 관계와 대화를 통한 상호작용을 통해 내담자의 사고・감정・행동을 탐구하고, 내담자 스스로 해결책을 찾을 수 있도록 지원하는 것이 핵심이다. 상담의 구체적인 목표는 다음과 같다.

(1) 행동 변화의 촉진

상담은 내담자의 부정적이거나 역기능적 행동 패턴을 바꾸고, 긍정적이고 생산적인 방식으로 삶을 변화시키는 것을 목표로 한다. 상담은 개인이 생산적이고 만족스러운 생활을 하는 데 방해가 되는 행동을 제거 또는 감소시키고 개인에게 도움이 되는 행동을 형성하는 데 도움을 주고자 한다. 이를 통해 내담자가 자기 삶에서 더 큰 만족감을 느끼고, 행복을 찾을 수 있도록 한다. 이는 내담자가 자신의 사고・감정을 더 깊이 이해하고, 이를 통해 행동 변화를 촉진하게 한다.

(2) 정신건강의 증진

상담은 내담자의 부적응적 행동 변화뿐만 아니라 정신건강의 증진을 촉진하는 것에도 역점을 둔다. 정신건강이 증진되면 개인은 성격적인 통합을 이루게 되고, 생활에 잘 적응하게 되며, 스트레스나 심리적 압박감을 효과적으로 해소하고 관리하는 방법을 배울 수 있다. 그리고 자신의 심리적 어려움을 이해하고, 이를 표현하는 방법을 배워서 불안을 완화하고 정서적 안정을 찾을 수 있다. 이를 통해 내담자는 자기 자신을 더 긍정적으로 바라보고, 건강한 정서적 상태를 유지할 수 있게 된다.

(3) 문제의 해결

상담은 내담자의 문제를 해결하는 데 목표를 둔다. 내담자가 상담을 필요로 하는 이유는 도움이 필요한 문제를 가지고 있기 때문이다. 상담은 내담자의 삶에서 직면하게 되는 다양한 문제에 대해 더 나은 대처방법을 찾도록 돕는다. 내담자는 상담을 통해 자신의 문제를 해결하는 방법을 배울 수 있다.

(4) 자기성장과 현실적응

건강한 사람은 생산적인 사고를 할 수 있고 적응적인 인간관계를 형성하며, 다양한 문제상황에 효과적으로 대처할 수 있는 능력을 가지고 문제를 정확하게 인지하고 주어진 역할을 일관성 있게 수행하며, 자기 자신을 적절히 통제할 수 있다. 상담은 내담자가 자기 자신을 잘 이해하고 긍정적인 변화를 통해 개인의 잠재력을 최대한 발휘하도록 돕는 것에도 목표를 둔다. 또한 상담은 대인관계에서 발생하는 갈등이나 문제들을 효과적으로 해결하는 데 도움이 되며, 상담을 통해 건강한 인간관계를 형성하는 방법을 배울 수 있다.

(5) 의사결정

상담의 목표는 내담자의 중요한 의사결정을 돕는 데 있다. 상담에서는 상담자가 어떤 결정을 내리는 것이 아니라 내담자가 결정을 내려야 한다는 것을 전제로 한다. 이 경우 왜 그러한 결정을 하는 것이며, 그러한 결정을 어떻게 수행할 수 있는지에 관해서도 내담자는 명백히 알고 있어야 한다.

3) 상담자의 자질과 상담의 윤리

(1) 상담자의 자질

상담은 상담자와 내담자 간의 촉진적 관계를 통하여 내담자의 문제를 해결하고 성장을 도모하는 과정이다. 상담은 일상적인 대화와는 달리 뚜렷한 목표가 있으며, 상담자는 학문적 소양, 상담의 기술, 각종 정보 활용능력 등 전문적 자질이 요구된다. 내담자는 상담자가 높은 수준의 전문성(expertness)이 있고, 친근감(attractiveness)과 신뢰감(trustworthiness)이 있는 존재로 인식할 때 상담에 대한 긍정적인 태도를 가지게 되고, 그 결과 상담의 효과도 높아진다(Strong, 1968). 이는 상담자가 갖추어야 할 가장 기본적인 자질로, 영문 표기 두문자를 따서 EAT라고 한다. 세 가지 자질은 상담자가 내담자와 긍정적인 관계를 구축하고, 효과적인 상담과정을 이끌어가는 데 핵심적인 역할을 한다.

① 상담자의 전문성

상담자는 전문성(expertness)이 있어야 한다. 상담의 전문성이란 상담자가 상담과정에서 내담자의 문제를 다룰 수 있는 지식, 기술, 능력을 의미한다. 상담자의 전문성은 내담자로 하여금 상담자가 자신의 문제를 해결할 수 있도록 돕는 데 필요한 충분한 경험과 자격을 갖추고 있다는 신뢰를 갖게 한다. 상담자는 상담이론에 대한 충분한 이해를 바탕으로 다양한 상담기술을 적용할 수 있어야 한다. 상담자의 전문성은 상담자의 교육수준, 자격증, 경험 등 객관적인 요소를 통해 확인할 수 있다. 상담의 전문성을 규정하는 데는 다음과 같은 몇 가지 기준이 있다.

첫째, 전문적인 자격을 갖춘 상담자인가 여부이다. 일반상담은 상담자의 개인적 경험이나 주관적 판단에 의존하는 반면, 전문상담은 상담의 이론과 방법에 대한 체계적인 지식을 바탕으로 실제적인 상담실습과 훈련과정을 거친 상담자가 진행하는 상담이다.

둘째, 내담자가 호소하는 문제에 대한 체계적인 평가가 이루어지는지에 대한 여부이다. 내담자의 문제는 표면적 문제와 기저의 문제가 다른 경우가 많다. 이때 기저의 문제가 해결되지 않으면 표면적인 문제는 해결되지 않는다. 이런 기저의 문제들은 표면적 문제의 아래에 숨어있어서 체계적인 평가 없이는 쉽게 파악하기 어렵다. 일반상담은 겉으로 드러나는 문제에만 관심을 기울임으로써 내담자의 문제를 제대로 이해하는 데 실패할 가능성이 높다. 반면 전문상담은 내담자가 호소하는 문제와 관련된 기저의 문제들을 체계적으로 평가하여 상담의 성공 가능성을 높일 수 있다.

셋째, 내담자의 변화를 유발하기 위한 구체적인 절차와 방법을 동원할 수 있는지에 대한 여부이다. 상담 장면에서 내담자가 호소하는 문제는 매우 다양하다. 따라서 상담자는 다양한 문제에 잘 맞는 적절한 상담의 방법들을 보유하고 있어야 한다. 물론 한 사람의 상담자가 상담의 기법들을 모두 섭렵하기는 현실적으로 어렵다. 신체의 질병을 치료하는 의료기관도 내과, 외과, 이비인후과, 피부과 등 다양한 전문 영역이 있듯이, 상담 분야도 내담자의 문제에 접근하는 다양한 이론과 기법이 존재한다. 상담자의 개인적 경험이나 주관적 판단에 의존하는 일반상담과 달리 전문상담은 내담자 변화시키는 데 필요한 구체적 방법들을 다양하게 보유하고 있어야 한다.

넷째, 상담에 규칙성이 있는지에 대한 여부이다. 상담에 규칙성이 필요한 이유는 심리적 문제의 해결은 단번에 되는 것이 아니고 시간을 두고 서서히 이루어지는 점진적 과정이기 때문이다. 일반상담은 상담이 일회적인 경우가 많고, 따라서 변화를 이루기에는 미흡할 수 있다. 상담을 통한 변화는 어느 정도 시간이 걸린다. 전문상담은 내담자의 변화가 이루어지는 과정을 잘 이해하고 있기 때문에 상담에 규칙성을 부여하려 한다.

② 상담자의 인간적 자질

상담자는 인간적이어야 한다. 아무리 전문성이 높은 상담자라 하더라도 인간적 자질이 없으면 좋은 상담자라고 할 수 없다. 상담자는 인간에 대한 깊은 이해와 존중을 통해 내담자의 내면세계를 이해하고 존중하며, 내담자가 겪고 있는 아픔이나 고통을 함께할 수 있어야 한다. 따라서 훌륭한 상담자는 높은 수준의 전문성뿐만 아니라 문제해결을 위한 동반자로서의 친근감과 내담자에게 믿음을 주는 신뢰감을 갖추어야 한다.

친근감(attractiveness)은 상담자가 내담자에게 얼마나 매력적이고 호감을 주는 사람으로 보이는지를 의미한다. 여기에서 매력은 상담자의 외모를 포함한 외적 요소보다는 상담자가 내담자를 이해하고 공감하는 태도, 따뜻함과 수용적인 분위기 등을 통해 내담자가 상담자에게 쉽게 마음을 열 수 있도록 만드는 인간적 매력을 의미한다. 상담자와 내담자 간의 친근감은 깊이 있는 상담관계를 형성하게 하고, 내담자가 상담에 더욱 몰입할 수 있게 한다.

상담자의 신뢰감(trustworthiness)은 내담자가 상담자를 믿고 의지할 수 있는지에 대한 여부를 의미한다. 신뢰감은 상담자가 진실하고 일관된 행동을 통해 내담자의 개인적인 정보와 사고 · 감정 · 행동을 존중하고 보호할 것이라는 믿음을 주는 것이다. 내담자는 상담자가 자신을 심판하지 않고, 비밀을 지켜주며, 자기의 입장을 이해하고 배려해 준다는 신뢰가 있을 때 상담관계에서 안정감을 느끼고 솔직하게 자신의 감정을 표현할 수 있게 된다.

(2) 상담의 윤리

상담의 윤리는 내담자의 권익을 보호하고, 상담과정에서 상담자와 내담자 간 신뢰와 안전을 유지하기 위한 도덕적 · 전문적 기준이다. 상담의 윤리는 상담자가 내담자에게 신뢰를 줄 수 있고, 안전하고 효과적인 상담을 제공하는 데 필수적이다. 상담자는 내담자의 권익을 보호하고, 그의 심리적 · 정서적 건강을 증진하기 위해 윤리적 원칙을 준수해야 한다. 상담자가 준수해야 할 주요 윤리적 원칙은 다음과 같다.

① 비밀 유지

상담에 있어 비밀보장은 매우 중요하다. 상담자는 내담자의 사적 정보를 보호해야 하고, 내담자나 보호자의 요청이 있는 경우를 제외하고는 상담 중에 알게 된 내용을 타인이나 외부로 상담내용을 노출해서는 안 된다. 그러나 어떤 경우든 무조건 비밀보장을 한다는 데에는 어려움이 많다. 상담은 비밀보장을 우선으로 하지만 완전한 비밀보장에는 한계성이 있다. 왜냐하면 상담자는 내담자에 대한 책임뿐만 아니라 사회에 대한 책임도 가져야 하기 때문이다.

상담자가 비밀 유지를 파기할 수 있는 예외는 다음과 같다. 첫째, 내담자 개인이나 사회에 피해가 돌아가는 경우이다. 예컨대, 내담자가 자신을 해칠 가능성이 있는 경우(자해, 자살 등), 내담자가 타인을 해칠 가능성이 있는 경우(살인, 상해 등), 내담자가 사회의 안전을 해칠 가능성이 있는 경우(각종 범죄), 내담자가 감염성이 있는 치명적 질병이 있다는 확실한 정보를 가졌을 때(각종 전염병), 16세 이하의 내담자가 근친상간, 강간, 아동학대, 기타 다른 범죄행위를 당했다고 말할 때 등이다. 둘째는 상담사례를 전문적 목적, 교육 장면이나 연구용으로 사용할 경우이다. 이때는 사전에 반드시 내담자의 동의를 얻어야 한다.

② 전문적 한계

상담자는 전문적 기술을 가지고 책임감 있게 내담자를 조력해야 한다. 그러나 상담자가 내담자의 모든 문제를 상담하는 것은 불가능하다. 상담자는 자신의 전문적인 능력과 한계를 명확히 인식하고 자신의 전문성을 넘어서는 진단이나 상담을 해서는 안 된다.

상담자가 내담자를 더 이상 전문적으로 도울 수 없다고 판단되면 상담자는 상담관계를 즉각 종료해야 한다. 이런 경우, 상담자는 적절한 대안을 제시해 주거나 다른 전문가에게 의뢰해야 한다. 예컨대, 정신과 진단이나 약물 처방은 심리상담사의 전문 영역이 아니기 때문에 이런 경우에는 정신건강 전문의와 협업하거나 의뢰해야 한다. 내담자가 상담의 종결을 원치 않은 경우에도 상담자는 상담을 계속 해서는 안 된다.

③ 다중 관계

다중 관계란 상담자와 내담자 간의 관계가 상담자-내담자 관계 이외에 다른 관계도 되는 경우를 말한다. 예컨대, 내담자가 친구, 동료, 친척의 자녀 등과 같은 다중 관계는 상담자와 내담자의 관계가 객관적인 심리적 거리를 유지하기 어렵다. 다중 관계는 상담자의 전문적인 판단에 영향을 줄 수 있고, 내담자는 심리적으로 혼란을 느낄 가능성이 있는 등 상담에 영향을 미치기 때문에 상담을 피해야 한다.

상담자는 상담 회기 중에도 내담자와 사적인 관계를 맺지 않아야 한다. 상담 회기 중에 사적인 관계가 발생할 경우, 상담의 본질적인 목적을 해칠 수 있다. 특히 상담자와 내담자 간의 권력 불균형을 이용한 부적절한 관계나 금전적인 관계를 맺는 것은 윤리적인 문제가 될 수 있다.

2. 상담의 원리와 접근방법

1) 상담의 원리

상담은 상담자와 내담자 간의 촉진적 인간관계를 형성하는 것에서 시작된다. 상담자는 상담의 목적을 달성하기 위해 상담관계에서 내담자의 욕구를 잘 이해하고, 이에 대해 적절하게 반응해 줌으로써 내담자와 친밀하고 우호적인 인간관계를 형성해야 한다. 내담자는 상담의 진행과정에서 상담자 혹은 상담에 대한 기본적인 욕구를 가진다. 비에스텍(Biestek, 1957)은 상담관계에서 내담자의 욕구를 일곱 가지로 구분하고, 이에 바탕을 둔 상담의 원리를 일곱 가지로 제시하였다.

〈표 4-1〉 내담자의 욕구와 상담의 원리

내담자의 욕구	상담의 원리	상담자의 태도
독특성과 개성을 가진 개인으로 인정받고 싶은 욕구	개별화의 원리	내담자에 대한 어떤 편견이나 선입견도 없어야 한다.
감정을 자유롭게 표현하고 싶은 욕구	의도적 감정표현의 원리	감정을 자유롭게 표현하도록 자극하고 격려해야 한다.
공감적 이해와 반응을 얻고 싶은 욕구	통제된 정서적 관여의 원리	내담자에게 적절한 반응과 정서적 관여를 해야 한다.
가치 있는 개인으로 존중받고 싶은 욕구	수용의 원리	내담자를 있는 그대로 인정하고 존중해야 한다.
심판이나 비난을 받고 싶지 않은 욕구	비심판적 태도의 원리	내담자를 비난하거나 심판하지 않아야 한다.
문제해결 방안을 스스로 선택하고 결정하고 싶은 욕구	자기결정의 원리	문제해결의 주체는 내담자 자신이라는 점을 강조한다.
자신에 관한 비밀을 보장받고 싶은 욕구	비밀보장의 원리	상담내용을 전문적 개입(치료) 목적 외에 공개해서는 안 된다.

(1) 개별화의 원리

개별화(individualization)의 원리는 모든 인간이 자기 자신을 독특성과 개성을 가진 한 개인으로 인정받고 싶은 욕구가 있다는 것에 바탕을 둔 원리이다. 상담을 받으러 온 내담자도 자기 자신의 사고・감정・행동을 포함하는 자신의 생활양식과 경험을 존중받고자 하는 욕구가 있다. 따라서 상담자는 내담자를 한 사람의 독립된 존재로 존중하고, 그 사람의 고유한 특성과 상황을 고려하여 상담에 임해야 한다.

(2) 의도적 감정표현의 원리

의도적 감정표현(purposeful expression of feelings)의 원리는 내담자가 자신의 감정을 자유롭게 표현하고 싶은 욕구가 있다는 것에 바탕을 둔 원리다. 따라서 상담자는 내담자가 자신의 긍정적 감정이나 부정적 감정을 자유롭게 표현할 수 있도록 격려하며, 이 과정에서 의도적으로 감정표현이 이루어지도록 도와야 한다. 이를 통해 내담자는 자신을 더 잘 이해하고, 상담자는 내담자의 감정을 깊이 파악할 수 있으며, 내담자도 자신이 가진 문제의 본질을 더 잘 이해하고 해결책을 모색할 수 있게 된다.

(3) 통제된 정서적 관여의 원리

통제된 정서적 관여(controlled emotional involvement)의 원리는 내담자가 자신이 가진 문제에 대하여 공감적 이해와 반응을 얻고 싶은 욕구가 있다는 것에 근거한다. 내담자의 감정에 대한 상담자의 적절한 반응은 전문적 기술이 필요한 부분이다. 상담과정에서 상담자는 민감성을 가지고 내담자의 언어적・비언어적 감정에 적절한 반응을 보이면서 정서적 관여를 하게 된다. 이때 상담자는 내담자의 감정에 적절하게 관여해야 하지만, 지나치게 감정적으로 휘말려서는 안 된다. 즉, 상담자는 내담자의 감정을 충분히 이해하고 공감하면서도, 객관성을 잃지 않고 문제해결을 위한 방향성을 제시하는 등 균형 잡힌 태도를 유지해야 한다.

(4) 수용의 원리

수용(acceptance)의 원리는 내담자가 자신을 가치 있는 한 개인으로 존중받고 싶은 욕구가 있는 것에 근거한다. 상담자는 내담자의 모든 측면을 있는 그대로 받아들이고, 내담자의 사고·감정·행동을 판단하거나 비난하지 않고, 내담자의 경험과 상황을 존중하는 태도를 보여야 한다. 상담자의 수용적 태도는 내담자가 상담자에게 신뢰를 쌓고 자신을 더욱 솔직하게 표현할 수 있게 한다.

(5) 비심판적 태도의 원리

비심판적 태도(nonjudgmental attitude)의 원리는 내담자가 자신이나 자기 행동에 대하여 심판이나 비난을 받지 않고 싶은 욕구를 반영한다. 내담자는 어떤 문제가 해결되지 않아서 상담 장면에 온 것이기 때문에 의기소침하고 낙담해 있는 경우가 많다. 이때 상담자가 자신을 조금이라도 비난하거나 심판적 태도를 보인다고 생각되면 내담자는 자신을 방어하는 데 시간과 노력을 소모할 가능성이 높다. 이처럼 내담자는 따라서 다른 사람으로부터 비난을 받는 것에 대개 민감한 경우가 많으므로 상담자는 내담자의 사고·감정·행동에 대해 도덕적으로 평가하거나 판단하지 않는 태도를 가져야 한다. 내담자가 잘못된 결정을 내리더라도 그것을 비판하지 않고 그의 상황을 이해하여 내담자가 자신의 문제를 스스로 해결할 수 있도록 지원하는 것이 중요하다.

(6) 자기결정의 원리

자기결정(client self-determination)의 원리는 내담자가 자신의 문제해결 방안을 스스로 선택하고 결정하고 싶은 욕구를 반영한다. 내담자는 자신의 삶을 가장 잘 이해하는 사람이기 때문에 자신의 문제를 해결하는 방법도 스스로 찾았을 때 가장 의미가 있다. 따라서 상담자는 내담자가 자기 삶에 대한 선택과 결정을 스스로 내릴 수 있도록 돕는 역할을 해야 한다. 내담자가 주도적으로 문제를 해결할 수 있는 능력을 신뢰하고 그의 자율성을 존중하며 그의 선택을 지지해야 한다.

물론 내담자의 자기결정을 제한해야 하는 경우도 있다. 첫째, 내담자의 인지적·신체적 능력이 부족하다고 판단되는 경우, 둘째, 법률이나 도덕적 규범에 위배된다고 판단되는 경우, 셋째, 내담자의 요구나 결정이 해당 상담기관의 기능의 범위를 넘어서 도움을 줄 수 없는 경우 등은 내담자의 자기결정을 제한할 수 있다.

(7) 비밀보장의 원리

비밀보장(confidentiality)의 원리는 내담자가 자신에 관한 비밀을 보장받고 싶은 욕구가 있다는 것에 근거한다. 상담과정에서 다루어진 내담자의 모든 정보와 상담내용은 철저히 비밀로 유지되어야 한다. 비밀보장은 내담자가 상담자에게 더욱 솔직하게 자신의 이야기를 할 수 있는 환경을 조성할 수 있다. 상담자는 내담자의 사생활을 보호하고, 법적으로 요구되지 않는 한 그들의 정보를 외부에 공개하지 않아야 한다. 이를 통해 내담자는 안전한 환경에서 상담받을 수 있게 된다.

2) 상담의 접근방법

상담의 가장 큰 특징은 상담자와 내담자가 함께 진행한다는 것에 있다. 상담은 상담자와 내담자 간 촉진적 상호작용을 통해 내담자의 문제를 스스로 해결하도록 지원하는 과정이다. 상담은 상담자가 아닌 내담자 스스로 어떤 결정을 내려야 한다는 것을 전제하기 때문에, 상담자가 일방적으로 내담자에게 상담의 목표를 달성하도록 강요해서는 안 된다. 그러나 교육현장에서의 상담은 내담자의 상황이나 문제에 따라 상담자가 주도해야 하는 경우가 있다. 학교상담의 접근방법은 상담의 목적이나 개입 시기 및 방법에 따라 다음과 같이 구분할 수 있다(Myrick, 2002).

(1) 발달적 접근법

발달적 접근법은 내담자의 발달에 초점을 두고 학업, 진로, 개인 및 사회적 욕구들을 예상하고, 이를 충족시키기 위하여 구성되어야 한다는 신념에 근거한다. 그러므로 상담을 전체적인 교육과정 속의 통합된 일부로 보고 교사와 행정가를 포함한 모든 교직원이 참여하여 모든 학생을 대상으로 한다. 상담의 발달적 접근에서 강조하는 점은 개인상담 활동보다는 생활지도나 구조화된 집단활동을 강조하며, 치료보다는 예방 중심, 위기 개입보다는 계획된 안내 및 지도, 비구조화된 접근보다는 체계적인 접근법을 사용한다.

(2) 예방적 접근법

예방적 접근법은 내담자에게 발생 가능성이 있는 다양한 인지적·정서적·행동적 문제의 사전 예방에 초점을 두는 접근법이다. 예방적 접근법은 문제 발생 후의 대처가 아닌 교육적 모형에 기초한 사전 예방을 통해 내담자가 자기의 잠재력을 최대한 발휘하여 자기성장과 현실적응능력을 함양하는 데 목적을 둔 접근법이다.

(3) 치료적 접근법

치료적 접근법은 내담자의 문제에 초점을 두고 이를 해결하는 데 중점을 두는 접근법이다. 예컨대, 수줍음이나 내싱적인 성격으로 인하여 사회생활 적응이나 대인관계에 어려운 내담자에게 대인관계 향상 집단활동에 참여시키는 등의 촉진적 활동에서부터 내담자 개개인의 문제를 바람직한 방향으로 개선해 나가도록 하는 접근법이다.

(4) 위기 접근법

위기 접근법은 개인이나 타인의 안전이나 안녕에 위협이 되거나 급한 조치가 필요할 때 즉각적으로 개입을 하는 접근법이다. 예컨대, 자살기도, 자해, 극도의 불안, 학교폭력, 성폭력 등의 경우이다. 이러한 위기 문제들은 즉각적으로 개입하지 않고 무시하거나 시간이 지나면 해결될 것으로 안이하게 대처하게 되면 더 큰 문제가 생기기도 한다. 이런 문제들을 직접 다루기 어려운 경우에는 지체하지 않고 전문상담기관이나 의료기관에 의뢰해야 한다.

3. 상담의 유형

상담은 목적과 필요 및 상황에 따라 다양한 유형이 있고, 각각의 목적과 접근 방식도 다르다. 상담의 유형을 개인상담, 집단상담, 가족상담으로 구분하여 살펴본다.

1) 개인상담

(1) 개인상담의 의미와 형태

개인상담은 상담자와 내담자가 1대 1로 진행하는 상담으로, 주로 개인의 심리적 문제, 정서적 어려움, 대인관계 갈등 등 내담자의 개인적인 고민과 문제를 해결하는 데 중점을 둔다. 개인상담은 내담자의 심리적·정서적 상태를 파악하고, 이를 바탕으로 내담자가 자신의 문제를 이해하고 해결할 수 있도록 돕는 과정이다. 상담자는 내담자의 이야기를 경청하고, 문제해결을 돕기 위한 통찰과 전략을 제공한다.

개인상담은 주로 대면상담으로 이루어지며, 그 밖에 전화, 우편, 온라인 등으로도 진행된다. 한 회기는 일반적으로 50분에서 한 시간 정도 진행되며, 내담자의 문제와 상황에 따라 여러 번에 걸쳐 이루어질 수 있다. 상담의 목표에 따라 단기 혹은 장기적으로 이루어질 수 있다.

(2) 개인상담의 목표

개인상담은 내담자가 자신을 더 깊이 이해하고 자신의 문제를 해결할 수 있는 능력을 키우며, 삶에서 더 나은 선택을 하여 건강한 정신적 상태를 유지할 수 있도록 돕는 데 그 목적이 있다. 개인상담의 목표는 내담자가 자신의 사고·감정·행동을 더 잘 이해하고 긍정적인 변화를 이루는 것이다. 이를 위해 내담자의 특성과 필요에 맞춘 맞춤형 접근이 이루어지며, 개인이 겪는 다양한 문제를 심층적으로 다룬다. 예컨대, 내담자의 문제영역에 따라 다음과 같은 목표를 설정할 수 있다.

- 정서적 안정 : 불안・우울・분노 등 감정을 조절하고 관리하는 방법 배우기
- 대인관계 개선 : 대인관계의 갈등을 해결하고, 의사소통능력 향상시키기
- 자기인식 : 자신의 성격, 가치관, 행동 패턴을 인식하고 이해하기
- 문제해결능력 향상 : 문제를 스스로 해결할 수 있는 방법과 전략 개발하기
- 자기성장 : 인생목표 설정과 자기실현을 위한 긍정적인 변화를 이루기

2) 집단상담

(1) 집단상담의 의미와 형태

집단상담은 일정한 목표를 가진 여러 명의 내담자가 모여, 공통의 주제나 문제를 함께 논의하고 해결하는 상담 방법이다. 이 과정에서 상담자는 집단의 상호작용을 이끌고, 집단 내의 상호작용이 긍정적인 변화를 일으키도록 촉진한다. 집단 구성원들은 서로의 경험을 공유하면서 공감과 지지를 받고, 새로운 시각과 통찰을 얻게 된다. 집단상담은 다양한 사람들의 경험을 나누며 자기 자신을 돌아볼 수 있고, 타인과의 관계 속에서 배우며 변화할 수 있는 기회를 제공한다.

집단상담은 보통 5~10명 정도의 소규모로 이루어지며, 정기적으로 모여서 진행된다. 집단상담은 주로 대면상담으로 이루어지지만, 경우에 따라 온라인 집단상담도 가능하다. 집단상담의 주제는 특정 문제(예 불안, 스트레스 관리 등)나 공통된 관심사(예 진로, 대인관계 등)에 따라 다양하다. 집단상담은 단기적으로 6~12회기 정도로 이루어지거나, 더 장기적으로도 진행될 수 있다.

(2) 집단상담의 목표

집단상담의 목적은 내담자가 자신과 타인을 더 깊이 이해하고, 상호작용을 통해 자신의 문제를 해결하거나 개선하는 것에 있다. 이를 통해 구성원들은 서로의

이야기를 들으면서 공감대를 형성하고, 대인관계능력을 향상시키며, 다양한 경험과 관점을 통해 자기이해를 증진하고 새로운 관점을 통해 자신의 문제를 해결할 수 있게 된다.

집단상담은 개인과 집단의 성장과 변화를 촉진한다. 집단상담의 목표는 상담의 주제와 구성원들의 요구에 따라 다를 수 있지만 일반적으로 다음과 같은 목표들을 포함한다.

- **공감능력 향상** : 다른 사람의 경험과 감정을 이해하고, 이를 통해 자신의 감정을 표현하는 능력 기르기
- **대인관계기술 향상** : 집단 내에서의 상호작용을 통해 의사소통기술을 연습하고, 갈등 해결 및 협동심 기르기
- **자기개방** : 집단 내에서 자신의 사고·감정·경험을 솔직하게 공유하고, 자신을 더 깊이 이해하고 수용하기
- **상호지지** : 구성원들 간에 서로 지지하고 격려하며, 함께 문제를 해결해 나가는 경험을 통해 심리적 안정 얻기
- **자기 변화** : 집단 내에서 얻은 통찰과 피드백을 통해 자신의 사고나 행동 패턴을 긍정적으로 변화시키기

3) 가족상담

(1) 가족상담의 의미와 형태

가족상담은 가족 구성원 간의 문제를 다루는 상담으로, 가족을 구성하는 개인들의 상호작용이 가족 전체의 문제해결에 중요한 역할을 한다고 본다. 주로 가족 내의 갈등, 의사소통 문제, 역할 갈등 등이 주제가 된다. 가족상담은 가족 내에서의 문제를 가족 전체의 문제로 보고, 구성원 간의 관계를 재정립하는 데 중점을 둔다. 가족상담은 가족 전체의 기능을 향상시키기 위해 각 구성원의 역할과 상호작용을 분석하고 이를 개선하고자 한다.

가족상담은 가족 전체가 상담에 참여하는 형태로 진행된다. 가족 구성원이 모두 참여하는 것이 바람직하지만, 일부 구성원만 참여할 수도 있다. 대면상담이 일반적이지만 온라인 상담도 가능하며, 한 회기당 60~90분 정도로 진행된다. 상담 횟수는 문제의 복잡성에 따라 달라지며, 단기 또는 장기적으로 진행된다. 상담자는 가족 구성원 각각의 의견과 감정을 존중하면서, 그들 간의 상호작용을 관찰하고 문제를 파악한다.

(2) 가족상담의 목표

가족상담은 가족 구성원 간의 관계를 개선하고, 가족 내에서 발생하는 문제를 해결하는 것에 목적이 있다. 특히 가족 내의 갈등, 역할 혼란, 의사소통 문제, 부모-자녀 간의 갈등 등을 다룬다. 상담자는 가족 구성원이 서로의 입장을 이해하고 건강한 의사소통 방법을 배울 수 있도록 돕는다. 구체적으로는 가족 내 소통과 상호작용 개선, 갈등 해결 및 가족 간의 유대 강화, 가족 내 역할과 책임의 명확화, 정서적 지지와 공감능력 향상, 가족의 전반적인 기능 향상 등이다.

가족상담은 상담을 통해 가족 구성원들이 서로를 더 잘 이해하고, 관계를 개선하는 데 목표를 둔다. 가족의 특성에 따라 목표가 다를 수 있지만, 일반적으로 다음과 같은 목표들이 포함된다.

- **건강한 의사소통 방법 학습** : 가족 구성원 간의 열린 대화와 감정표현을 통해 갈등을 예방하고 해결하는 능력 기르기
- **갈등 해결** : 가족 내에서 발생하는 갈등을 분석하고, 이를 해결할 수 있는 실질적인 전략 찾기
- **가족 구성원 간의 역할 명료화** : 가족 내 각자의 역할과 책임을 명확히 하고, 역할 갈등 해소하기
- **정서적 지원 강화** : 가족 구성원이 서로에게 정서적 지지를 제공할 수 있도록 돕고, 공감능력 기르기
- **위기상황 대처** : 가족이 위기나 스트레스를 겪을 때, 서로 협력하고 대처할 수 있는 능력 키우기

05 CHAPTER

상담의 영역

1. 학업상담

1) 학업에 영향을 미치는 요인

학업상담은 학생들이 학습과정에서 겪는 다양한 문제를 해결하고, 학업성취를 높이기 위한 지원을 제공하는 상담이다. 학생들은 학습과정에서 학습동기 부족, 시험불안, 성적 저하 등 다양한 학업 관련 문제를 경험한다. 이러한 문제들은 학습자의 인지적·정서적·환경적 요인과 밀접하게 연관된다. 학업상담은 학습부진, 동기 부족, 시험불안 등의 문제를 다루며, 학생이 학습에 대한 자신감을 회복하고 목표를 달성할 수 있도록 돕는다. 학습자의 학업에 영향을 미치는 요인은 크게 인지적 요인, 정서적 요인, 그리고 환경적 요인으로 구분할 수 있다.

(1) 인지적 요인

학업과 관련한 학습자의 주요 인지적 요인은 주의력, 기억력, 문제해결능력 등이다. 이 요인들은 학업성취에 직접적인 영향을 미치는 요인들로, 주로 학습자의 학습능력과 관련된다. 첫째, 주의력은 학습이나 수업에 집중하고 필요한 정보를 처리하는 능력이다. 주의력이 부족하면 학습에 필요한 정보를 효과적으로 받아들이지 못한다. 둘째, 기억력은 학습한 내용을 오래 기억하고 필요한 순간에 떠올리는 능력이다. 낮은 기억력은 학습효과를 떨어뜨리는 주요 요인이다. 셋째, 문제해결능력은 주어진 문제를 논리적으로 분석하고 해결하는 능력을 말한다. 논리적 사고와 추론 능력이 부족하면 학업성취에 부정적인 영향을 미치게 된다.

(2) 정서적 요인

정서는 학습자의 학업에 대한 태도와 학습동기에 중요한 역할을 한다. 학업과 관련한 대표적인 정서적 요인은 자기효능감, 스트레스, 시험불안 등이다. 첫째, 자기효능감은 자기 자신이 설정한 목표를 달성할 수 있다는 믿음으로, 학업에 대한 자기효능감이 높은 사람은 학습동기가 높고 학업에 대한 자신감이 있다. 둘째, 과도한 학업 스트레스는 집중력을 저하시켜서 학습성과에 부정적인 영향을 미친다. 셋째, 시험이나 평가에 대한 지나친 불안은 성적 저하를 일으킬 수 있으며, 자신감을 떨어뜨린다.

(3) 환경적 요인

학습자의 학업성취에 영향을 미치는 환경적 요인은 가정환경, 학교환경, 사회적 지원으로 구분할 수 있다. 첫째, 가정에서 부모의 기대, 가정에서 제공되는 학습지원 등은 학업성취에 많은 영향을 미친다. 둘째, 학교에서 제공되는 학습자료, 교사의 지도, 친구와의 관계 등 학교환경도 학업문제에 영향을 미친다. 셋째, 학습자의 사회적 지원이 충분하지 않은 경우에도 학습동기를 저하시킨다.

2) 학업문제의 유형

학생에게 학업 수행은 주요한 발달과업이고, 학생들이 학업과 관련해 겪는 문제는 학업성취에 많은 영향을 미친다. 우리나라 학생들이 가장 많이 겪고 있는 문제는 학업 관련 문제이고, 가장 많이 호소하고 있는 문제도 학업과 관련한 스트레스이다. 학업문제는 학습자의 특성이나 환경에 따라 다양하지만, 이를 학습동기 부족, 학업능률 저하, 성적 부진으로 인한 스트레스, 시험불안으로 구분할 수 있다.

(1) 학습동기 부족

학습동기 부족은 학습에 대한 의욕이나 목적의식을 느끼지 못하는 상태를 말한다. 학습동기가 부족하면 학업에 흥미를 잃고, 학습에 필요한 노력과 시간을 기울이지 않는다. 학습동기 부족은 성적 저하, 집중력 부족, 학습 태만 등을 초래할 수 있으며, 이는 장기적으로 학업성취에 심각한 영향을 미친다. 학습동기 부족으로 인한 학습부진이 반복되면 학업에 대해 점점 무관심해지고, 그 결과 자기효능감이나 자기가치감 등 다른 영역에도 부정적 영향을 미치게 된다. 학습동기를 증진하기 위해서는 학습자의 흥미와 목표에 맞는 학습활동을 제공하는 것이 중요하다. 또한 목표 달성을 위한 현실적이고 구체적인 계획을 세우고, 학습성취에 대한 긍정적인 피드백을 제공하는 것이 도움이 된다.

(2) 학업능률 저하

학업능률 저하는 학습자가 학습에 투자한 시간과 노력에 비해 성과가 낮아지는 상태를 말한다. 이는 집중력 부족, 피로감, 과도한 학습량 등으로 인해 발생할 수 있다. 학업능률이 저하되면 학습자는 학습에 대한 효율성을 느끼지 못하고, 그 결과 학업에 대한 성취감을 얻지 못하게 된다. 이는 학습동기의 저하로 이어져 더 많은 시간과 노력을 들이더라도 성과가 나지 않는 상황을 초래할 수 있다. 학습능률을 높이기 위해서는 개인의 학습 스타일에 맞는 학습전략을 찾는 것이 중요하다. 효율적인 시간관리와 휴식의 균형을 유지하고, 학습목표를 세분화하여 작은 성취를 자주 경험하는 것도 도움이 된다.

(3) 성적 부진으로 인한 스트레스

낮은 학습동기와 학업능률의 저하는 성적 부진으로 이어지고, 이로 인한 스트레스를 유발한다. 학교에서 성적이 떨어지면 학생은 자기 자신에 대한 부정적인 평가를 하게 되고, 이는 자기존중감 저하와 우울감으로 이어질 수 있다. 성적 부진으로 인한 스트레스는 학습동기를 더욱 감소시키고, 추가적인 성적 저하로 이어지는 악순환을 초래할 수 있다. 또한 미래에 대한 불안과 부모 및 교사의 기대에 부응하지 못한다는 압박감을 느끼게 된다. 성적 부진으로 인한 걱정과 스트레스를 완화하기 위해서는 성적이 떨어지는 원인을 분석하고, 현실적인 학습목표를 설정하여 작은 성공에도 성취감을 느끼도록 지원하는 것이 중요하다. 이러한 정서적 지지를 통해 스트레스 관리능력을 기르는 것도 필요하다.

(4) 시험불안

학업 관련 문제와 스트레스가 누적되면 시험불안을 유발한다. 시험불안은 시험을 포함한 평가를 받는 장면에서 과도한 불안감과 긴장을 느끼는 상태를 말한다. 많은 학생들은 시험에 대한 부담감과 시험 결과에 대한 두려움으로 인해 불안을 느끼며, 이는 학업에 대한 집중력 저하와 성적 저하의 악순환으로 이어질 수 있다. 시험불안은 학생이 학습한 내용을 시험 장면에서 제대로 발휘하지 못하게 하고 실수를 증가시킨다. 장기적으로는 시험에 대한 공포와 회피로 이어진다. 시험불안을 완화하기 위해서는 긴장이완 훈련, 시간관리 훈련, 긍정적인 자기 대화 등의 기법이 유용하다. 시험 준비를 체계적으로 하고, 시험에 대한 긍정적 태도를 기르는 것도 시험불안의 해소에 도움이 된다.

3) 학업상담의 목표와 방법

(1) 학업상담의 목표

학업상담은 학습자의 학업적 어려움을 극복하고, 학습과정에서 자신감을 회복하여 더 나은 성과를 거두는 것에 목표를 둔다. 구체적인 목표는 다음과 같다. 첫째, 학습자의 학습동기를 향상시키고 학업에 대한 성취감을 느낄 수 있도록 돕는다. 둘째, 자신의 학습 스타일에 맞는 효과적인 학습방법을 익혀서 학습능력을 향상하도록 지원한다. 셋째, 시험불안이나 학업 스트레스 등 정서적 불안으로 인한 문제를 해결하여 학습에 집중할 수 있는 환경을 조성한다. 넷째, 학습자가 스스로 학습목표를 설정하고, 자기주도적으로 학습할 수 있도록 돕는다.

(2) 학업상담의 방법

학업상담은 다음과 같은 방법을 통해 이루어진다. 첫째, 개인상담을 통해 학습자의 학습문제를 분석하고, 맞춤형 해결책을 제시한다. 학업과 관련한 학습자의 인지적 문제(집중력, 기억력 부족 등), 정서적 문제(불안, 스트레스 등) 등을 다루며, 학생의 학습환경에 대한 문제를 다룬다. 둘째, 학습전략 교육을 통해 효과적인 학습방법과 시간관리 전략과 기술을 가르친다. 교육을 통해 학습자의 학습 스타일에 맞는 전략을 제시하여 더 효율적으로 학습할 수 있도록 돕는다. 셋째, 목표설정훈련을 통해 스스로 학습목표를 설정하고, 그 목표를 달성하기 위한 단계별 계획을 세우는 법을 가르친다. 이 과정은 학습동기를 유지하고 학업에 대한 성취감을 높일 수 있는 내용을 포함한다. 넷째, 시험불안이나 학업 스트레스로 인한 정서적 문제를 가진 학습자는 인지행동치료(CBT)를 통해 부정적인 사고 패턴을 바꾸고 긍정적인 학습태도를 기를 수 있도록 한다. 다섯째, 가정환경도 학업에 영향을 미치는 요인이므로, 필요한 경우 부모와 함께 가족상담을 진행하여 가정 내에서의 학습 지원을 강화한다.

2. 진로상담

1) 생애 진로발달

진로상담은 개인의 능력, 흥미, 가치관을 기반으로 한 진로 탐색, 진로 및 직업 선택의 과정에서 정보제공 및 지원, 진로 관련 의사결정능력 향상, 경력 개발을 위한 구체적인 계획 수립, 학업 및 직업생활에서의 성공적인 적응 지원 등에 목표를 둔 활동이다. 진로발달은 일생을 통해 연속적인 과정으로 이루어지며, 연령, 진로성숙 수준, 재학하는 학교급에 따라 진로의식과 목표 및 과업이 달라진다. 슈퍼(Super)의 전 생애 진로발달이론에서는 진로발달을 성장기, 탐색기, 확립기, 유지기, 쇠퇴기의 5단계로 구분한다(Super et al., 1963).

(1) 성장기

성장기(growth stage, 0~14세)는 생애 초기 진로발달이 형성되는 시기로, 환상기-흥미기-능력기의 하위단계로 구성된다. 이 단계에서는 주로 경험과 학습을 통해 자기개념이 형성되고, 환경적 경험을 통해 주요 인물들과 동일시하게 된다. 초기에는 직업에 대한 환상이나 욕구가 지배적이나 성장하면서 흥미나 능력을 중요시하게 된다.

(2) 탐색기

탐색기(exploration stage, 15~24세)는 청소년 시기에 해당하며, 잠정기-전환기-시행기의 하위단계로 구성된다. 이 단계에서는 다양한 진로세계를 탐색하고 자신의 흥미와 능력을 확장하게 된다. 학업, 직업, 취미 등을 통해 다양한 경험을 쌓으면서 자신의 관심 분야를 찾아 결정하고 이를 실행해 나가며, 이전에 탐색한 다양한 진로에 대한 정보를 바탕으로 최종적으로 선택한 진로에 대한 실질적인 행동이 시작된다.

(3) 확립기

확립기(establishment stage, 25~44세)는 청년기에 해당하며, 시행기-안정기의 하위단계로 구성된다. 이 단계에서는 특정 진로 또는 직업을 선택하고 자신의 역량을 발휘하여 해당 분야에서 경력을 쌓아가는 단계이다. 초기에는 진로에 대한 불안이나 불확실성이 있지만, 선택한 진로에서 점차 안정감을 찾고 안정된 상태에 도달한다. 이 단계에서는 자신의 분야에서 학습하고 성장하면서, 개인의 진로발달이 안정적이고 전문화된 수준으로 발전하게 된다.

(4) 유지기

유지기(maintenance stage, 45~64세)는 중년기에 해당하며, 정해진 직업에 정착하고 이를 유지하기 위해 노력하는 시기이다. 이 단계는 세부적으로 유지-갱신-

혁신으로 나뉜다. 유지는 개인이 안정된 직업생활을 하면서, 현재의 역할과 책임을 이행하는 것을 의미한다. 갱신은 직업생활에서 새로운 도전과 학습을 통해 성장하고 발전하는 것을 의미하며, 혁신은 자신이 직업생활에서 쌓은 지식과 경험을 기반으로 새로운 아이디어와 접근방식을 도입하여 새로운 발견을 이루는 것을 의미한다. 이 단계에서는 직업에서의 혁신적인 역할 수행과 함께 주변에 긍정적인 영향을 미치는 과정도 포함된다.

(5) 쇠퇴기

쇠퇴기(decline stage, 65세 이상)는 노년기에 해당하는 단계로, 은퇴 및 퇴직을 고려하게 되는 시기이다. 이 단계에서는 과거의 경험과 지식을 바탕으로 새로운 관심사나 목표를 찾아가는 과정이다. 이 시기에는 직업에 대한 효율성이 감소하고, 은퇴 이후의 삶을 준비하게 된다.

2) 진로상담의 내용과 방법

(1) 진로상담의 내용

진로상담은 진학 및 진로, 직업 선택, 경력 개발 등 진로와 관련된 문제를 다루는 상담으로, 개인이 자신에게 적합한 진로를 탐색하고 선택하고 결정하는 데 도움을 주는 상담이다. 진로상담은 개인의 능력, 흥미, 성격, 가치관 등을 고려하여 최적의 진로 선택과 학업 및 경력 계획을 세우는 데 중점을 둔다. 상담자는 내담자가 자신에게 맞는 진로나 직업을 탐색하고, 그 과정에 필요한 정보를 제공하며, 선택의 어려움을 해결하는 데 도움을 준다. 이를 통해 내담자는 자신의 목표를 명확히 하고, 진로에 대한 계획을 구체적으로 세울 수 있게 된다. 진로상담은 학생뿐만 아니라 구직자, 직장인에게도 유용한 상담으로, 개인의 잠재력과 적성 및 관심사를 기반으로 생애 주기에 맞는 합리적인 진로 개발을 하도록 지원한다.

진로상담은 개인의 전인적 성장을 돕는 과정으로, 이를 통해 개인의 진로 및 직업에 대한 만족도를 높이고 삶의 질을 향상하는 데 목적을 둔다. 진로상담은 다음과 같은 구체적인 내용을 포함한다. 첫째, 자기 탐색 : 자기의 적성, 흥미, 성격, 가치관 등을 이해하고, 이를 통해 자신에게 맞는 직업을 탐색한다. 둘째, 직업정보 제공 : 다양한 직업군의 정보, 현재 및 미래 직업시장의 동향과 필요한 역량 등을 제공하여 구체적인 정보에 기반을 둔 진로 결정을 할 수 있도록 돕는다. 셋째, 학업 및 훈련정보 제공 : 진로 및 직업과 연관한 학업과정, 관련 자격증, 기술훈련 등에 대한 정보를 제공한다. 넷째, 진로 의사결정 지원 : 다양한 진로 및 직업세계의 선택지 중에서 개인의 특성과 직업을 연계시키는 데 중점을 두고 진로를 선택하는 과정을 돕는다. 다섯째, 문제해결 및 대처방법 상담 : 진로탐색 과정에서 발생할 수 있는 다양한 문제에 대처할 수 있는 능력을 기르도록 돕는다.

(2) 진로상담의 방법

진로상담은 주로 개인상담이나 집단상담 형태로 이루어진다. 개인상담은 내담자의 특정 상황에 맞춘 1대 1 상담이 진행되며, 개인의 성향, 재능, 흥미 등을 분석하여 맞춤형 진로계획을 설정하도록 진행한다. 집단상담은 진로나 직업 선택에 대해 고민하는 사람들과 함께 진로탐색을 하는 방식으로 이루어진다. 집단상담은 집단의 상호작용을 통해 자기탐색과 정보교환을 할 수 있는 장점이 있다. 진로상담은 주로 학교나 직업상담센터 등에서 많이 이루어지고, 최근에는 온라인을 통한 진로상담도 활발히 이루어지고 있다.

진로상담은 개인의 상황과 특성 및 목표에 따라 다음과 같은 방법들을 선택한다. 첫째, 적성검사, 흥미검사, 성격검사 등 다양한 심리검사를 활용하여 개인의 강점과 약점을 포함한 심리적 특성을 객관적이고 종합적으로 평가한다. 둘째, 개인면담을 통해 진로 및 직업에 대한 개인적 고민을 상담하고, 이를 바탕으로 진로의 방향을 설정한다. 셋째, 인턴십, 직업 체험, 직장 방문 등 실제 진로 및 직업세계에 대한 경험을 바탕으로 진로를 탐색할 수 있도록 돕는다. 넷째, 진로 및 직업정보, 학업정보, 직업전망 등을 제공하여 객관적 정보에 기반한 진로 결정을 할 수 있도록 돕는다. 다섯째, 특정 직업분야에서 성공한 사람들의 사례를 통한 롤모델을 제시하여 동기부여와 실질적인 조언을 얻을 수 있도록 돕는다.

(4) 고등학교

고등학생 시기는 본격적으로 진로를 탐색하고 확립해야 하는 시기이다. 이 시기에는 구체적인 진로목표를 설정해야 하므로 진로목표의 설정과 관련된 준비를 돕는 것에 목표를 두어야 한다. 그리고 학생의 학업성취도, 적성, 흥미 등을 바탕으로 구체적인 학업목표와 진로 및 직업에 대한 목표를 설정하고 이를 준비하도록 지도해야 한다. 구체적인 진로상담 내용은 다음과 같다. 첫째, 학생이 자기 적성과 흥미에 맞는 직업분야를 설정하여 구체적인 진로목표를 설정하도록 돕는다. 둘째, 진학을 희망하는 대학의 학과와 직업의 연계를 통해 진로를 구체화하고 준비하도록 돕는다. 셋째, 대학 입시 준비 또는 직업 선택을 위한 구체적인 계획 등 실질적인 진로계획을 수립하고, 준비할 수 있도록 돕는다. 넷째, 진학, 취업, 자격증 취득 등과 관련된 최신 정보를 제공하여 현실적이고 실질적인 진로 선택을 돕는다.

(5) 대학교

대학생 시기는 진로의 확립을 하는 시기로, 진로 및 직업 선택에 대한 확고한 결정과 준비를 돕는 것이 목표이다. 이 시기에는 대학에서의 학문적 탐구와 더불어 구체적인 직업역량을 강화하는 과정에 중점을 두어야 한다. 구체적인 진로상담 내용은 다음과 같다. 첫째, 전공과 관련된 진로 및 직업의 구체적인 정보를 제공하고, 자신의 전공이 실제 직업세계에서 어떤 역할을 하는지 이해하도록 한다. 둘째, 직업을 직접 경험할 수 있는 인턴십 및 실습 기회를 제공하고, 직업에 대한 실제 경험을 쌓도록 하여 이를 통해 자신의 진로 결정을 더욱 확고히 하도록 지도한다. 셋째, 구체적인 진로목표를 설정하고 이를 실현하기 위해 이력서 작성, 면접 준비, 자기소개서 작성 등의 취업 실무를 준비하고, 관련 워크숍이나 프로그램에 참여할 수 있도록 지원한다.

(6) 성인

성인의 진로상담은 직업을 유지하고, 전문성을 개발하는 것이 목표이다. 여기에는 경력 변화와 은퇴 준비에 대한 과정도 포함된다. 구체적인 진로상담 내용은 다음과 같다. 첫째, 성인을 대상으로 하는 진로 및 직업상담은 자신의 직업 만족도를 평가하고, 새로운 목표를 설정하거나 경력 개발을 돕는 상담이 이루어진다. 둘째, 직업 전환을 고려하거나 새로운 기술을 배우고자 하는 경우, 직업 전환을 위한 재교육과 관련된 상담이 필요하다. 셋째, 직장에서의 전문성 강화를 위해 추가적인 교육 및 훈련 기회를 모색하고 이에 맞는 계획을 수립한다. 넷째, 은퇴를 준비하는 과정에서 재정적·심리적 준비를 하도록 돕는다.

〈표 5-1〉 학교급별 진로상담의 목표와 주요 내용

학교급	목표	내 용
유치원	• 자기개념 형성(자기 존재 인식) • 좋아하고 하고 싶은 것 이해 • 직업세계에 대한 초보적 이해	• 자기인식 활동 • 놀이를 통한 진로탐색 • 직업놀이를 통한 직업경험
초등학교	• 직업세계에 대한 기초적 이해 • 직업에 대한 긍정적 태도 개발	• 자기탐색(성격, 흥미, 적성 등) • 직업의 다양성 이해 • 기초적 의사결정능력 개발
중학교	• 자기개념 심화 • 직업세계에 대한 구체적인 이해 • 다양한 진로 가능성 탐색	• 자기이해 심화 및 진로연계 활동 • 직업탐색 및 진로체험 • 진로목표 설정 및 직업정보 수집 • 진로 의사결정능력 훈련
고등학교	• 구체적인 진로목표 설정 • 학업성취도, 적성, 흥미 등을 바탕으로 구체적인 학업 및 진로목표 설정	• 적성과 흥미에 맞는 진로목표 설정 • 학업과 직업세계를 연계한 진로 구체화 • 대학 입시 또는 직업 선택을 위한 현실적·구체적 계획 수립
대학교	• 진로 및 직업 선택에 대한 확고한 결정과 준비 • 구체적인 직업역량 강화	• 전공과 직업을 연결한 구체적인 진로목표 설정 및 계획 수립 • 취업 준비(이력서, 면접, 자기소개서 작성 등)
성인	• 직업 유지 및 전문성 개발 • 경력 변화 또는 은퇴 준비	• 직업 만족도 평가 및 경력 개발 • 직업 전환 및 재교육 • 은퇴 준비

3. 대인관계 상담

1) 아동 · 청소년기 대인관계의 특징

인간은 출생 순간부터 누군가와 함께 살아가며, 생애 전반에 걸쳐서 대인관계가 중요하지 않은 시기는 없다고 해도 과언이 아니다. 대인관계는 인간의 삶에서 중요한 영역일 뿐만 아니라 인생 전반에 영향을 미치지만, 아동 · 청소년기의 대인관계는 이 시기의 심리적 발달의 전반에 많은 영향을 미치며, 대인관계를 통해 자신의 정체성을 형성하고, 자기존중감과 사회적 기술을 발달시킨다.

(1) 아동기

인간은 출생 직후에 주로 부모와의 상호작용을 통해 애착관계를 형성한다. 유아기가 되면 부모와의 관계뿐 아니라 부모 이외의 가족이나 또래들과도 상호작용이 활발하게 이루어지는 기본적인 사회화의 과정을 거치게 된다. 아동기가 되면 학교에 입학하여 본격적인 또래관계를 형성하게 되고, 부모나 가족 중심의 관계에서 점차 친구나 또래와의 관계가 중요해지기 시작한다. 친구와의 관계는 아동의 자기존중감과 사회적 기술 발달에 중요한 역할을 한다. 아동기 대인관계는 주로 물리적으로 가까운 거리에 살거나 성격이나 기질이 비슷한 친구와 친밀한 관계를 맺게 되고, 주로 놀이를 중심으로 인간관계가 형성된다. 또래집단에서 협력과 경쟁을 경험하면서 사회적 규칙을 이해하고 자신의 역할을 인식하게 된다. 이 과정에서 갈등이 발생하기도 하지만 이를 해결하는 방법도 배우게 된다.

(2) 청소년기

청소년기가 되면 이전에 비해 대인관계가 더 복잡해지고, 개인의 감정이나 심리적 요인이 관계에 더 강하게 작용한다. 청소년기는 또래집단과의 관계가 부모나 가족보다 더 중요하게 여겨지는 시기이다. 청소년은 친구와의 유대감에서 소속감을 찾고, 또래의 인정을 통해 자기존중감을 형성하는 경향이 크다. 청소년기에는 단순한 놀이 중심의 대인관계에서 벗어나 자기개방과 감정적 유대를 바탕으로 더 깊은 관계를 맺기 시작한다. 이 시기는 자율성과 독립성을 추구하면서도 또래집단에 대한 동조 압박을 동시에 느끼는 시기이다. 청소년들은 자기 생각과 고민을 친구와 공유하고 심리적 지지를 받으면서 친밀감을 형성한다. 이 과정에서 자율성을 추구하려는 욕구와 또래의 기대에 부응하고자 하는 욕구가 충돌하는 이중적인 갈등을 경험하기도 한다.

청소년기의 대인관계는 감정적 변화가 크고, 자아정체성이 확립되지 않은 상태에서 이루어지기 때문에 또래 간 갈등이 발생할 가능성이 높다. 이러한 갈등을 통해 자신의 감정조절과 대인관계에서의 문제해결능력을 학습하게 된다. 또한 청소년기에는 이성에 대한 관심이 증가하여 이성관계가 대인관계의 중요한 부분으로 자리 잡게 된다. 이성관계에서의 대인관계기술과 감정조절능력을 발달시킬 수 있지만, 관계에서 오는 심리적 갈등도 겪게 된다.

2) 대인관계에 영향을 미치는 요인

대인관계는 개인 내적 특성과 환경의 영향을 받아서 형성되고 발달한다. 아동·청소년기의 대인관계는 개인적 요인, 가정환경 요인, 또래 및 학교환경 요인, 사회문화적 요인 등의 영향을 받는다. 이 요인들은 대인관계를 형성하고 유지하는 방식에 직간접적으로 영향을 미치며, 자아정체성 형성과 정서발달에 중요한 역할을 한다. 대인관계에 영향을 미치는 요인을 살펴보면 다음과 같다.

(1) 개인적 요인

성격은 대인관계에서 중요한 역할을 한다. 일반적으로 성격이 외향적인 사람은 친구를 쉽게 사귀고 관계를 형성하는 데 능숙한 데 반해 내향적인 사람은 새로운 사람과의 관계에서 상대적으로 더 큰 부담을 느끼고 소극적일 수 있다. 또한 개인의 성격유형에 따라 갈등해결 방식이나 감정조절, 그리고 의사소통 방법도 달라질 수 있다. 이러한 대인관계의 방식은 사회적 기술의 기반이 되어 대인관계에 많은 영향을 미친다. 의사소통능력, 감정조절능력, 갈등해결능력 등 사회적 기술이 부족한 사람은 대인관계에서 어려움을 겪고 갈등 상황에서 적절한 해결책을 찾지 못해 문제를 악화시킬 가능성이 높다.

그러나 성격적 특성이 대인관계에 절대적인 영향을 미치는 것은 아니다. 자기존중감이 높은 사람은 대인관계에서 자신감이 있고 긍정적 상호작용을 하며 건강한 관계를 형성할 가능성이 높다. 반면 자기존중감이 낮은 경우에는 대인관계에서 위축되거나 지나치게 의존적일 수 있다. 정서적 안정성도 대인관계에 영향을 미친다. 정서적 안정성도 대인관계와 관련이 있다. 정서는 주로 감정조절능력과 관련되는데, 정서적으로 안정된 사람은 대인관계에서의 갈등이나 스트레스를 효과적으로 관리할 수 있지만, 정서적으로 불안정한 사람은 작은 문제에도 크게 동요하거나 부정적인 반응을 보일 수 있다.

(2) 가정환경 요인

부모-자녀 관계는 건강한 대인관계를 형성하는 데 중요한 역할을 한다. 부모와의 안정된 애착, 부모의 양육방식, 특히 부모가 보여주는 의사소통 방식과 갈등해결 방식은 자녀의 대인관계와 사회적 상호작용에 영향을 미친다. 부모-자녀 간 상호 존중과 건강한 소통은 자녀가 다른 사람들과의 관계에서도 비슷한 방식을 따르게 한다.

가정이 불안정하거나 가족 간 갈등과 불화가 있는 등 가정의 정서적 분위기도 자녀의 대인관계 형성에 부정적인 영향을 미친다. 예컨대, 부모 간 갈등이 심한 가정환경에서 자란 사람은 타인과의 갈등관계에서 이를 적절하게 해결하는 법을 찾지 못하고 불안과 두려움을 느낄 수 있다. 형제자매와의 관계도 대인관계에 영향을 미친다. 형제자매 간 긍정적인 상호작용은 또래관계에서도 유익한 사회적 기술을 발달시키는 데 도움이 된다.

(3) 또래 및 학교환경 요인

아동·청소년 시기는 또래관계가 매우 중요한 시기이다. 친구나 또래의 인정과 또래집단에서의 소속감은 개인의 자아정체성과 자기존중감 형성에 큰 영향을 미친다. 긍정적인 또래관계는 사회적 성장과 발달에 긍정적인 영향을 미치지만, 또래집단에서의 압력이나 따돌림은 부정적인 영향을 미칠 수 있다. 또래 압력은 특정 행동을 하게 하거나 집단의 규범에 따르도록 강요하는 형태로 나타나며, 이는 자아정체성 발달에 혼란을 줄 수 있다.

학교에서 교사와의 관계는 학교생활과 대인관계 형성에 영향을 미친다. 교사는 아동·청소년이 부모 이외의 성인과 대인관계를 학습하는 데 중요한 모델 역할을 한다. 교사와의 바람직한 관계는 교사-학생 간 학교생활 적응뿐 아니라 성인들과의 대인관계 형성 및 발달에 긍정적인 영향을 미친다. 학교문화도 학생들 간 대인관계 형성에 영향을 미친다. 긍정적이고 협력적인 학교환경은 교사-학생을 비롯한 학교 구성원들 간 건강한 관계를 형성하는 데 바람직하지만, 교칙 위반을 하는 학생이 많고, 갈등이나 과도한 경쟁이 자주 발생하는 환경에서는 대인관계가 왜곡될 수 있다.

(4) 사회문화적 요인

사회환경이나 문화도 구성원들의 대인관계에 영향을 미치는 요인이다. 사회의 구성원들에게 부여하는 사회적 역할이나 기대 및 규범들은 대인관계 형성에 영향을 미친다. 아동·청소년들은 사회적 역할이나 규범을 배우는 과정에서 사회적 기대를 충족하지 못하면 불안감이나 소외감을 느끼게 되고, 대인관계 형성에도 부정적인 요소로 작용하게 된다.

인터넷과 정보통신기술의 발전으로 대인관계 방식도 크게 달라졌다. 온라인 환경에서 사람들 간의 상호작용이 증가하면서 아동·청소년의 대인관계도 과거에 비해 피상적이고 개인주의적으로 변화되었다. 과거의 집단주의 문화에서는 집단 내 소속감과 조화가 중요시되었고, 대인관계에서의 협력이 중요한 가치였다. 그러나 개인의 자율성과 독립성이 더 중요하게 여겨지는 개인주의 문화로의 변화는 세대 간의 갈등을 유발하고 대인관계를 형성하고 유지하는 문화적 차이를 가져오고 있다.

3) 대인관계 문제의 유형

아동·청소년 시기의 대인관계 문제는 개인의 심리적 발달과 사회적 상호작용에서 발생하는 다양한 문제들과 관련이 있다. 대인관계에서 경험할 수 있는 문제를 아동기와 청소년기로 나누어 살펴보면 다음과 같다.

(1) 아동기 대인관계 문제

인간의 발달단계를 구분하는 기준은 다양하지만, 아동기(childhood period)는 대개 공식적인 교육이 시작되는 초등학교 입학 직전의 시기(preschool age)에서부터 초등학교에 다니는 6~13세의 연령대를 말한다. 아동기는 이전 시기인 영아기나 유아기보다 신체적 성장은 다소 느려지지만, 운동능력과 언어능력을 포함한 인지능력이 엄청나게 큰 변화를 일으키기 때문에 사회적·정서적·인지적 발달이 중요한 시기이다. 이 시기에 주로 나타나는 대인관계 문제는 다음과 같다.

첫째, 아동기는 자기중심적 사고가 강해서 다른 사람의 생각과 감정을 고려하지 않거나 자신만의 생각을 고집하는 자기중심적 행동으로 나타날 수 있다. 이러한 행동은 다른 사람과의 협력이나 타협에 미숙해서 또래와의 관계에서 갈등을 유발할 가능성이 높다. 특히 놀이나 학습 장면에서 자연스럽게 발생하는 경쟁 상황에서 지나친 경쟁심을 가지거나, 패배에 대한 불안으로 인해 친구들과의 경쟁적 갈등이 자주 발생할 수 있다.

둘째, 아동기는 사회성 발달의 과정이기 때문에 의사소통능력이나 감정조절능력 등 사회적 기술이 성인들에 비해 부족하여 친구 사귀기나 관계 유지에 어려움을 겪는다. 이는 친구들 간의 갈등이나 소외감으로 이어질 수 있고, 친구 사이에서 따돌림이나 괴롭힘을 당하는 경우가 발생할 수 있다. 또래집단에서 소외되거나 지속적으로 괴롭힘을 당할 경우, 자기존중감 저하와 심리적 고립으로 이어질 수 있다.

(2) 청소년기 대인관계 문제

청소년기(adolescence period)는 아동기와 성인기를 연결하는 과도적 시기로, 대개 중고등학교에 다니는 연령대를 의미한다. 청소년기는 자아정체성과 독립성을 탐색하는 시기로, 생애 주기에서 심리적 변화가 가장 많은 시기이다. 청소년기는 자아정체성을 탐색하는 과정에서 자신과 타인, 그리고 사회적 기대와의 관계를 통해 자신을 이해하려는 노력이 많아지고 대인관계를 조율하는 능력도 향상된다. 친구나 또래집단이 많은 영향을 미치며, 이와 동시에 자율성과 소속감을 추구하지만, 이 과정에서 갈등이나 스트레스가 발생하기도 한다. 급속한 신체적 성장과 함께 호르몬 변화로 인해 감정의 기복이 커지고, 스트레스와 불안감이 높아지는 시기이다. 청소년기에 주로 나타나는 대인관계 문제는 다음과 같다.

첫째, 청소년기에는 또래집단의 압력이 강하게 작용한다. 이 과정에서 또래의 기대에 부응하기 위해 자신의 신념이나 행동을 억제하거나 집단의 규범에 맞추려는 동조 압박을 느낀다. 이로 인해 개인의 정체성이 희미해지거나, 또래집단에 속하지 못할 경우 소외감과 불안감을 경험하게 된다. 또래 압력과 동조 압박으로 또래와의 갈등이 빈번하게 발생할 수 있다. 친구와의 사소한 의견 차이나 감정적 충돌이 심각한 불화로 이어지기도 한다.

둘째, 청소년기는 친구나 또래와의 관계에서 소속감이 매우 중요한 시기이므로 자신과 맞는 친구를 찾지 못하거나 또래집단에서 소외되는 경험을 하게 되면 고립감이나 소외감을 느낄 수 있다. 이로 인해 부정적인 자아상을 형성하고 자기존중감이 낮아져서 또래관계에서 위축되거나 지나치게 의존적인 태도를 보이기도 한다.

셋째, 청소년기에는 또래집단 내에서 따돌림이 발생하는 경우가 많다. 따돌림을 당한 청소년은 자기존중감이 크게 떨어지고, 학교 적응과 사회적 관계 형성에 어려움을 겪게 된다. 심한 경우 우울증이나 불안장애로 발전할 수 있다.

넷째, 청소년기에는 이성에 대한 관심이 급격히 증가하여 이성관계 문제를 경험할 가능성이 높다. 예컨대, 연애 실패, 질투, 짝사랑 등 이성과의 관계에서 발생하는 감정적 문제들은 심리적 스트레스를 유발한다. 또한 이성관계 문제로 인해 또래와의 관계에서 갈등이 생길 수 있다.

4) 대인관계 상담의 목표와 방법

(1) 대인관계 상담의 목표

대인관계 문제는 자기존중감 저하, 불안, 우울과 같은 정서적 문제를 초래하고 심리적 발달에도 부정적인 영향을 미친다. 특히 아동 및 청소년기의 대인관계 문제는 학업성취도를 비롯한 학교생활 전반에도 부정적인 영향을 미치게 되며, 결국 사회적 고립으로 이어질 수 있다. 이는 성인기에도 사회적 기술 부족이나 불안정한 대인관계를 형성하는 데 영향을 줄 수 있다. 따라서 아동·청소년의 대인관계 문제는 조기에 발견하고 적절한 개입이 필요하다.

대인관계 상담의 주요 목표는 다음과 같다. 첫째, 대인관계 문제로 인해 상처받은 자기존중감을 회복한다. 둘째, 부정적인 대인관계 양식을 파악하여 이를 긍정적인 방향으로 변화시킨다. 셋째, 대인관계 갈등 및 긴장을 완화하기 위한 감정 조절 및 스트레스 관리능력을 배양한다. 넷째, 대인관계에 필요한 사회적 기술을 학습하고 향상시킨다.

(2) 대인관계 상담의 방법

대인관계 상담은 내담자가 긍정적인 대인관계 경험을 통해 자신의 가치를 재발견하고 사람들로부터 수용 및 지지를 받는 경험을 하여 자기존중감을 회복하는 것에서부터 출발해야 한다. 아동·청소년의 대인관계 문제를 상담하는 방법은 개인상담, 코칭 및 멘토링, 집단상담 및 훈련 등이 있다. 대인관계 상담은 내담자 스스로 자신의 대인관계 문제를 이해하고 해결하고자 하는 힘을 길러주는 것이 핵심이다. 상담전문가의 도움은 내담자의 대인관계 문제를 더 깊이 있게 분석하고 해결할 수 있게 한다. 전문상담은 대인관계 문제의 원인을 깊이 분석하고, 내담자가 문제를 스스로 인식하고 해결하는 방법을 제시한다. 대인관계 문제를 해소하고 건강한 인간관계를 형성하는 데 사용되는 교육 및 훈련을 몇 가지 소개하면 다음과 같다.

① 감정조절 훈련

감정의 조절이 되지 않으면 대인관계에서 갈등이 생길 가능성이 높다. 긍정적 대인관계를 위해서는 자신의 감정을 인식하고 이를 적절하게 표현하거나 통제할 필요가 있다. 무조건 자신의 감정을 억누르기보다는 자신이 어떤 상황에서 어떤 감정을 느끼는지 명확히 인지하고, 이를 표현하고 조절하는 훈련이 필요하다. 먼저 내담자가 자신의 감정을 건강한 방식으로 표현하도록 감정표현 훈련을 한다. 분노나 좌절의 감정도 이를 공격적으로 표현하지 않고, 자신의 감정을 상대방에게 제대로 전달하는 것이 핵심이다. 다음으로 심호흡, 명상, 이완 요법 등 감정조절 훈련을 통해 부정적 감정이나 스트레스를 완화하고 조절할 수 있도록 한다.

② 공감 훈련

공감은 상대방의 입장이나 감정을 이해하고, 그것을 수용하는 능력을 말한다. 공감은 건강한 대인관계를 유지하는 데 필수적인 요소로, 공감 훈련은 타인의 감정을 존중하고 적절하게 반응하는 기술을 발달시키는 데 많은 도움이 된다. 공감 훈련의 순서는 다음과 같다. 먼저 상대방의 이야기를 진지하게 경청하는 연습을 통해 상대방의 감정을 이해하는 능력을 기르도록 한다. 경청은 단순히 상대방의 말만 듣는 것이 아니라 상대방의 입장과 감정을 이해하는 데 중점을 둔다. 다음으로 대화 중 상대방의 말을 자신의 말로 반영하여 다시 표현하도록 한다. 이러한 반영적 경청을 통해 상대방이 자기 말을 잘 경청하고 있다는 느낌을 받을 수 있도록 한다. 다음으로 상대방의 말에 공감을 표현하는 연습을 한다. 예컨대, "그때는 참 즐거웠겠구나.", "네가 화가 난 것 같아." 등과 같은 공감적 반응을 하여 상대방이 자신의 감정을 이해받고 있다는 느낌을 받을 수 있는 훈련을 한다.

③ 의사소통능력 향상 훈련

효과적인 의사소통능력은 건강한 대인관계를 유지하는 데 필수적이다. 대인관계에서 자신의 의견이나 감정을 제대로 표현하지 못하면 오해나 갈등이 생길 가능성이 높고 불만이 쌓이거나 관계가 왜곡될 수 있다. 의사소통능력의 향상을 위해 자기표현훈련을 통해 자기 생각과 감정을 명확하게 전달하는 방법을 훈련한다. 애매하거나 간접적인 표현은 상대방에게 오해를 불러일으킬 수 있으므로, 솔직하고 분명하게 말하는 법을 연습한다. 얼굴표정, 눈맞춤, 몸동작, 몸의 자세 등과 같은 비언어적 요소들도 의사소통에서 중요한 역할을 한다. 특히 동양 문화권에서는 언어적 의사소통보다 비언어적 의사소통이 더 발달되어 있고, 때로는 비언어적 메시지가 더 강력한 경우가 많다. 따라서 언어와 비언어적 메시지가 서로 일치하도록 의사소통하는 훈련도 필요하다. 효과적인 자기표현은 자신감과 밀접하게 관련되어 있다. 자신감 향상 훈련을 통해 내담자의 자기효능감을 높이고, 긍정적인 자기 이미지를 형성하는 연습을 통해 대인관계에서 자신감을 가지고 의사소통을 할 수 있도록 교육한다.

④ 갈등관리능력 향상 훈련

대인관계에서 갈등은 발생할 수밖에 없다. 중요한 것은 갈등을 적절하게 관리하고 해결하는 방법을 배우는 것이다. 갈등 상황이 발생하면 감정적 반응보다는 갈등의 원인을 분석하고 해결 방안을 찾는 데 중점을 둔 문제해결 중심 접근이 바람직하다. 먼저 갈등 상황에서 감정을 억누르거나 회피하기보다는, 감정을 분리하고 상황을 객관적으로 바라보는 능력을 키우는 훈련을 진행한다. 다음으로 갈등이 일어나게 된 원인이 무엇인지 분석하고, 상호 존중을 기반으로 한 협상과 타협을 통해 서로의 입장을 조율하는 훈련을 진행한다.

상대방과 의견 조율이 되지 않은 경우, 상대방을 비난하지 않으면서 자신의 의견과 감정을 단호하게 표현할 수 있는 의사소통 방법을 연습한다. 예컨대, "당신이 ~~하니까, 나는 ~~하게 느낀다."와 같은 방식으로 '나'를 주어로 하여 상대방에 대한 나의 사고·감정을 표현하는 '나-전달법(I-message) 훈련'을 실시한다.

또한 '거절하기 훈련'을 실시하여 상대방의 요구를 수용하지 못할 경우에도 죄책감을 느끼지 않고 적절히 거절하는 방법을 교육한다. 이 훈련은 대인관계에서 자신의 권리를 지키는 데 도움이 된다.

4. 비행 상담

1) 비행의 의미와 원인

(1) 비행의 의미

비행(delinquency)은 주로 아동과 청소년들이 사회규범이나 법률을 위반하는 행동을 가리키는 용어이다. 비행은 범죄와는 구분되는 개념으로, 아직 성숙하지 않은 아동과 청소년이 사회적 규범을 제대로 습득하지 못해 일탈하는 행동을 포함하기 때문에 일탈행동(deviant behavior)으로 불리기도 한다. 그러나 일탈행동이라는 용어는 청소년에게만 국한하여 사용되며, 비행 청소년(juvenile delinquent)이라는 용어는 12세 이상 20세 미만의 청소년을 통틀어 이르는 말이다.

비행은 절도나 상해 등과 같이 법을 위반하는 행위뿐만 아니라, 상습적 거짓말이나 욕설 등과 같은 도덕적 규범을 위반하는 행위, 무단결석, 상습적 지각 등과 같은 학교 교칙을 위반하는 행위, 그리고 음주나 흡연 등과 같은 사회규범이나 관습을 위반하는 행위 등 다양한 범위를 포함한다. 이와 같이 비행은 법률적・도덕적・교육적・사회적 기준 등 다양한 기준에 의해서 정의된다. 소년원이나 소년교도소에 갈 정도의 심각한 범죄는 청소년 범죄라고 부른다. 우리나라는 청소년 범죄를 성인 범죄와 분리해서 취급하고 있다. 형법(제9조)에서는 범죄행위를 한 10세 이상 14세 미만 소년은 촉법소년으로 분리하여 형사처분 대신 소년법에 의해 보호처분을 받는다. 다만, 피해자는 촉법소년의 보호자를 상대로 손해배상 청구 등의 민사상 책임을 요구할 수 있다.

(2) 비행의 원인

비행은 다양한 원인이 복합적으로 작용한다. 아동·청소년 비행의 주요 원인은 다음과 같다. 첫째, 가정환경이 불안정할 경우 비행이 발생할 가능성이 크다. 부모의 방임이나 지나친 통제, 가정폭력, 부모 간의 갈등, 불안정한 가정 분위기, 경제적으로 어려운 가정환경 등은 비행의 원인이 될 수 있다. 둘째, 학교 및 사회환경적 요인도 비행과 관련이 있다. 성적 부진, 교우 간 갈등이나 따돌림, 교사와의 갈등 등 학교 내에서의 부정적 경험은 비행에 영향을 미칠 수 있다. 비행을 저지르는 친구들과 어울리거나 범죄율이 높은 지역에서 자라나는 환경도 비행을 유발할 수 있다. 셋째, 정서적 불안정, 충동조절능력 부족, 높은 공격성, 낮은 자기존중감, 낮은 인내심 등과 같은 개인의 심리적 요인도 비행을 유발할 수 있다. 특히 정서적으로 안정되지 않은 청소년들은 잘못된 선택을 할 가능성이 높다.

2) 비행의 유형

비행은 그 유형과 심각성에 따라 다양한 형태로 분류될 수 있다. 절도, 기물 파손, 사기와 같은 타인의 재산을 훼손하거나 침해하는 행위, 폭력, 협박, 따돌림 등 다른 사람에게 신체적·정신적 피해를 주는 행위, 성범죄나 부적절한 성적 행동을 포함한 성 관련 비행, 알코올이나 불법 약물을 사용 및 남용하는 행위 등 다양하다. 또한 지각이나 무단결석, 부모나 교사의 지시에 대한 반항 등과 같이 비교적 경미한 경우도 비행에 포함된다. 가벼운 규칙 위반이나 반항적 행위는 사회질서를 크게 위협하지 않지만, 장기적으로는 더 심각한 비행으로 발전할 가능성이 있다. 아동·청소년 비행 중 오늘날 교육현장에서 가장 문제가 되는 학교폭력, 따돌림, 인터넷 중독에 대해 살펴보면 다음과 같다.

(1) 학교폭력

학교폭력(school violence)은 학교 내외에서 학생들 간에 발생하는 신체적·정신적 폭력을 의미한다. 학교폭력은 직접 피해를 당한 학생뿐만 아니라 교육환경을 심각하게 훼손하고, 다른 학생들의 성장에도 부정적인 영향을 미친다. 학교폭력은 매우 다양하고 복합적인 영향에 의해 발생하는데, 대표적인 원인으로는 가정 및 사회환경, 개인의 심리적 특성, 그리고 학교환경 내에서의 스트레스나 학업 부담 등이 있으며, 잘못된 또래문화도 학교폭력을 유발하는 요인으로 작용할 수 있다.

학교폭력의 유형으로는 언어폭력(욕설, 모욕, 협박 등), 신체폭력(때리거나 밀치는 등 직접적인 신체적 폭력), 사이버폭력(인터넷이나 SNS를 통한 비난, 괴롭힘, 명예훼손 등), 따돌림(특정 학생을 고립시키거나 배제하는 행위), 금품 갈취(돈이나 물건을 강제로 빼앗는 행위), 성폭력(성적인 언어나 행동을 통해 괴롭히는 폭력) 등이 있다.

(2) 따돌림

따돌림(bullying)은 넓은 의미에서 학교폭력에 포함되지만, 별도로 분리해서 논의할 필요가 있을 정도로 교육현장에서 심각한 문제로 대두되고 있다. 따돌림을 집단 따돌림(group bullying)이라고도 부르지만, 따돌림 자체가 집단으로 이루어지기 때문에 따돌림이 공식적 용어다. 따돌림이란 특정 개인이 집단 내에서 의도적으로 배제되고 소외되는 상황을 말한다. 따돌림은 특정 개인을 지속해서 괴롭히거나 무시하고, 집단 내에서 고립감을 느끼게 하는 언어적·신체적·심리적 폭력 행동을 포함한다. 이 과정에서 피해자는 소외감을 경험하고 심각한 정서적 상처를 입게 된다. 따돌림의 원인은 대개 집단 내 권력구조에 기인하는 경우가 많다. 특정 집단 내에서 권력이나 인기를 얻기 위해, 약자를 희생양으로 삼고 괴롭히는 경우가 많다. 특히 집단 내에서 차별적이고 배타적인 가치관이 형성되어 있거나, 지나친 경쟁으로 인한 스트레스, 권위주의적 문화 등도 따돌림 현상을 부추길 수 있는 환경적 요인으로 작용한다.

따돌림을 주도하는 아이들은 대개 또래에 비해 신체가 크고 힘이 세며 추종하는 아이들에게 둘러싸여 있다. 주동자는 표면에 드러나지 않고 배후에서 교묘하게 다른 아이들을 조정한다. 따돌림의 피해자는 대개 다른 사람들과 다르다고 인식되면 표적이 되기 쉽지만, 아무 이유 없이 괴롭힘을 당하는 경우도 많다. 따돌림의 형태는 비난, 조롱, 모욕적인 말을 하거나 소문을 퍼뜨리는 언어적 따돌림, 폭행, 물건을 훼손하는 등 물리적인 공격을 가하는 신체적 따돌림, 인터넷이나 SNS를 통한 험담, 조롱, 협박 등을 하여 심리적으로 괴롭히는 사이버 따돌림, 피해자의 자존심에 상처를 주거나 불안감을 조성하여 정서적 고통을 느끼게 하는 심리적 따돌림 등 다양하다.

(3) 인터넷 중독

아동·청소년의 삶에서 인터넷, 게임, 스마트폰 등은 편리함과 재미를 제공하기도 하지만, 이러한 문명적 이기의 지나친 사용은 청소년 비행의 일부로 지각될 만큼 심각한 문제로 대두되고 있다(김계현 외, 2020). 인터넷 중독(internet addiction)은 개인이 인터넷 사용을 지나치게 하여 일상생활에 심각한 지장을 초래하는 상태를 말한다. 인터넷 중독이란 단순한 오락이나 정보검색 및 수집의 정도를 넘어, 인터넷에 지나치게 과몰입하여 심리적·정서적 의존 상태를 형성하여 통제력 상실로 이어지고, 그 결과 학업, 직장, 사회적 관계 등 다양한 영역에서 부정적인 영향을 끼치게 된 상태를 의미한다.

인터넷 중독으로는 게임중독, 정보검색 중독, SNS 중독, 음란물 중독, 온라인 쇼핑 중독 등 여러 유형이 있다. 인터넷 중독은 다양한 요인들의 복합적인 상호작용으로 발생한다. 특히 우리나라처럼 인터넷 접근 환경이 좋은 나라는 다른 나라에 비해 그 정도가 심각하다. 디지털 기기 사용을 과도하게 요구하는 사회적 분위기와 또래문화도 아동 및 청소년들이 인터넷 중독에 빠지게 만드는 위험요인이다. 또한 인터넷을 매개로 하는 게임과 다양한 콘텐츠는 재미와 호기심을 충족시켜 주고, 스트레스, 불안, 외로움 등을 해소하기 위한 수단이 된다. 온라인에서의 삶이 실제 생활에서의 삶보다 더 편하다고 느끼는 청소년들은 현실 도피의 수단으로 인터넷을 많이 사용하게 되고, 그 결과 중독으로 이어질 위험에 빠진다. 인터넷의 과다한 사용은 도파민과 같은 신경전달물질이 과다 분비되어 뇌에 쾌감을 자극하게 되고, 인터넷 중독에 더 깊이 빠져들게 만든다.

3) 비행 상담의 목표와 방법

아동 · 청소년 비행은 가정환경, 학교 및 사회환경, 개인의 심리적 요인에 따라 다양한 형태로 나타나므로, 이를 예방하고 교정하기 위해서는 체계적인 상담과 지원이 필요하다. 비행 상담은 잘못된 행동을 인식하고 이를 교정할 수 있도록 돕는 것에 목표를 두고 있다. 비행 상담의 구체적인 목표는 다음과 같다. 첫째, 비행 행동의 기저에 있는 심리적 · 정서적 문제를 다루어 내담자가 심리적인 안정을 찾을 수 있도록 한다. 둘째, 사회규범을 이해하고 이를 준수하며, 건강한 인간관계를 형성하여 사회 적응력을 향상할 수 있도록 돕는다. 셋째, 비행 행동을 스스로 통제할 수 있도록 충동성을 낮추고 인내력을 높이는 등 자기통제력을 향상시킨다.

비행 상담은 내담자 개인의 특성과 상황 및 환경에 따른 맞춤형 접근이 필요하다. 개인상담을 통해 비행의 원인을 분석하여 그것을 내담자에게 인식하게 하고, 자기이해, 감정조절 등을 통해 스스로 변화할 수 있도록 돕는다. 비행의 원인이 가정 내에 있는 경우에는 가족상담을 통하여 가정 내에서 문제를 개선할 수 있도록 조력한다. 집단상담을 통하여 비슷한 문제를 겪고 있는 또래들이 함께 모여 서로의 경험을 공유하고 지지하며, 사회적 기술을 향상하고 책임감을 기를 수 있도록 한다. 인지행동치료(CBT)를 통해 비합리적인 사고 패턴을 수정하고 건전한 행동방식을 습득할 수 있도록 돕는다.

(1) 학교폭력 상담

학교폭력 상담의 목표는 피해자와 가해자 모두의 회복을 도모하는 데 있다. 학교폭력 피해자의 심리적 안정을 지원하고, 가해자가 자기 행동을 반성하며 다시는 같은 행동을 반복하지 않도록 돕는 것이 중요하다. 나아가 폭력이 없는 교우관계를 형성하고 건강한 학교 공동체를 복원하는 것도 또 하나의 중요한 목표이다.

학교폭력 상담은 갈등 해결과 관계 복원에 초점을 두어야 한다. 먼저 학교폭력 피해자 상담은 용서, 치유, 피해 회복을 목표로 한다. 피해 학생의 피해 상황을 명확히 파악하고 재발 방지를 위한 방법을 함께 모색해야 한다. 그리고 심리적 회복을 돕기 위한 정서적 지지와 함께 트라우마 치료를 제공한다. 학교폭력 가해자 상담은 반성, 사과, 원인치료를 목표로 한다. 학교폭력 가해 학생이 자기 행동을 반성하고 변화할 수 있도록 지도하고, 폭력의 원인을 분석하여 이를 개선하기 위한 맞춤형 접근을 시도한다. 피해 학생과 가해 학생의 부모를 대상으로 부모상담을 통하여 자녀의 현재 상황에 대한 이해를 돕고, 가정 내에서 자녀를 어떻게 지도할지에 대한 구체적인 방안을 제공한다. 학교폭력은 학생 개인뿐만 아니라 전체 학교환경에 영향을 미치는 중요한 문제이므로, 지속적인 관심과 해결 노력이 필요하다. 따라서 학급 전체나 또래집단을 대상으로 한 집단상담을 통해 학교폭력의 예방과 해결을 위한 소통 및 협력의 중요성을 교육하고, 안전한 학교환경이 조성될 수 있도록 지원한다.

(2) 따돌림 상담

따돌림 상담의 목표는 앞에서 기술한 학교폭력 상담과 큰 차이가 없지만, 다음과 같은 목표를 설정한다. 첫째, 피해자가 안전한 환경에서 심리적 안정과 자기존중감을 회복할 수 있도록 피해자 보호와 회복에 초점을 둔다. 피해자가 자신을 방어하고, 효과적으로 소통할 수 있는 사회적 기술을 배우도록 돕는다. 둘째, 가해자들이 자신들의 행동이 문제임을 인식하고, 이를 수정하도록 지도한다. 셋째, 집단 내 갈등이 있는 경우, 이를 해결하는 방안을 찾아서 집단 내에서 건강한 인간관계를 형성할 수 있는 환경을 조성한다. 상담 후에도 재발 방지를 위한 예방적 조치를 강구하고, 지속적인 모니터링을 한다.

집단 내 따돌림 문제도 피해자뿐만 아니라 공동체 전체에 부정적인 영향을 미칠 수 있는 문제이므로, 이를 예방하고 적절히 대처하는 것이 중요하다. 따라서 전문가의 도움을 받아 문제를 해결하고 더 나은 관계를 구축할 수 있도록 노력해야 한다. 따돌림 상담의 방법은 다음과 같다. 첫째, 개인상담을 통해 피해자가 겪은 심리적 상처와 트라우마를 다루고, 자기존중감 회복 및 대처 전략을 교육한다. 가해자들에게는 따돌림 행동을 인식하고, 올바른 행동 변화를 위한 상담을 진행한다. 둘째, 피해자와 가해자, 혹은 집단 공동체 전체가 참여하는 집단상담을 통하여 서로의 감정을 공유하고 문제를 해결하는 방안을 모색한다. 따돌림 문제가 다시 발생하지 않도록 공동체 구성원에게 협력과 존중의 중요성을 교육한다. 필요한 경우, 인지행동치료(CBT)를 통해 피해자와 가해자가 왜곡된 생각과 행동을 교정할 수 있도록 돕는 치료적 개입을 한다. 셋째, 피해자의 가족이 참여하는 가족상담을 통해 피해자 가정 내에서 감정적 지지 체계를 강화하도록 돕는다.

(3) 인터넷 중독 상담

인터넷 중독은 일상생활의 심각한 신체적·정신적·경제적·사회적 기능손상을 초래하는 심각한 문제이므로, 많은 관심과 주의를 기울일 필요가 있다. 인터넷 중독 상담의 목표는 다음과 같다. 첫째, 인터넷에 의존하게 된 근본적인 원인이 무엇인지 파악한다. 둘째, 과다한 인터넷 사용을 자제하고, 건강한 사용습관을 형성하도록 인터넷 사용시간을 조절한다. 셋째, 인터넷 중독으로 인해 손상된 학업적 기능, 사회적 관계 등 일상생활 회복을 지원한다. 넷째, 인터넷 중독에서 벗어나기 위한 자기인식을 강화하고 자기존중감을 회복하며 자기통제력을 향상한다.

인터넷 중독은 적절한 상담과 심리치료를 통해 충분히 개선될 수 있는 문제이다. 문제해결을 위해서는 전문가의 도움을 받을 필요가 있다. 인터넷 중독 상담은 인지행동치료(CBT)를 통해 왜곡된 사고 패턴과 역기능적 행동을 바로잡고, 인터넷 사용에 대한 충동을 통제할 수 있는 구체적인 전략을 제공하는 것이 가장 효과적인 방법이다. 이를 통해 내담자가 중독에서 벗어나려는 내적 동기를 스스로 강화할 수 있도록 하고, 불안, 우울 등의 감정을 다루기 위한 정서적 지지를 제공한다. 필요한 경우, 내담자의 가족이 함께 참여하는 가족상담을 통해 인터넷 중독 문제를 해결하기 위한 가족의 협력 방안을 찾는다. 같은 문제를 지닌 사람들과 집단을 구성하고 상호작용을 통해 중독 문제에 대한 공감과 지지를 받으며, 자신을 객관적으로 돌아보는 기회를 제공하는 것도 좋은 방법이다.

5. 다문화 상담

1) 문화 다양성의 이해

(1) 문화 다양성의 의미

문화(culture)란 인간이 만들어 낸 지식, 신념, 행위 등을 모두 포함하는 개념으로, 후천적 경험과 학습에 의해 습득되고 전달된다. 전 세계의 크고 작은 사회들은 각기 다른 독특한 문화를 가지고 있어서 인류는 무수한 문화적 다양성이 공존하고 있다. 문화마다 고유한 언어, 의상, 음식 등이 있고, 그 사회에서 공유되는 도덕적 관념, 제도, 가치관 등 눈에 보이지 않는 삶의 방식에서도 차이가 있다.

문화 다양성(cultural diversity)이란 인류의 다양한 문화적 표현과 관습, 가치가 공존하는 상태를 의미한다. 여기에는 다양한 인종, 민족, 종교, 언어, 생활방식 등이 포함되며, 한 사회 안에 여러 문화가 공존하는 현상, 또는 집단과 사회의 문화가 표현되는 다양한 방식을 일컫는 말이기도 하다. 문화 다양성은 현대 과학기술의 발달에 따른 세계화로 인한 이주 현상이 활발해지면서 더욱 두드러지게 나타나고 있다. 오늘날 문화 다양성의 사회에서는 구성원들이 각 문화가 가지고 있는 고유한 가치와 차이를 인정하고 존중하는 것이 중요한 가치가 되었고, 이러한 다양성을 통해 사람들은 다양한 문화적 경험을 통한 풍부한 시각을 얻을 수 있게 되었다.

(2) 문화 다양성의 현상들

서로 다른 언어와 문화를 가진 사람들이 조화롭게 살아가기 위해서는 다른 문화적 배경을 가진 사람들이 서로를 잘 이해하고 수용할 수 있어야 한다. 오늘날 우리 사회는 다문화 인구의 급증으로 인하여 다양한 문제들이 발생하고 있다. 민족이나 국가 간 언어장벽에서 발생하는 오해, 문화적 차이로 인한 갈등을 비롯해 정체성 혼란 및 적응 문제, 소수민에 대한 주류민들의 차별의식과 이에 따른 소수민의 소외감 등으로 다문화 가족들은 많은 심리적 어려움을 겪고 있다. 오늘날 우리 사회의 문화 다양성으로 인해 나타나는 주요 현상을 살펴보면 다음과 같다.

첫째, 문화 다양성 사회는 언어와 문화적 차이가 존재한다. 다문화 가족과 그들의 자녀들이 주류 사회에 적응하는 데 있어 가장 큰 장벽은 의사소통의 어려움과 문화적 차이에서 오는 괴리감이다. 특히 언어장벽은 일상생활에서 자기 생각과 감정을 표현하는 데 어려움이 생기고, 이로 인한 불편함과 고립감으로 많은 스트레스를 경험한다.

둘째, 문화 다양성 사회에서는 서로 다른 문화적 배경을 가진 사람들이 일상적으로 상호작용하는 과정에서 오해와 갈등이 생길 가능성이 높다. 국가와 민족 간 문화적 다양성 및 차이로 인해 발생하는 오해들은 문화적 갈등을 유발하고 심리적 스트레스를 증가시킨다. 다문화가정 내에서도 문화적 배경이 다른 부부는 서로 다른 생활방식과 문화적 가치관이 달라서 가정 내 갈등이 발생할 가능성이 높다.

셋째, 다문화가정의 구성원들은 자신의 정체성 혼란으로 인한 다양한 적응 문제를 경험한다. 특히 다문화가정의 자녀들은 자신이 살고 있는 주류문화와 다문화 부모의 문화 사이에서 정체성 혼란을 겪을 가능성이 높다. 자신이 어느 문화에 속하는지 명확하지 않거나, 두 문화 사이에서 충돌하는 상황을 경험할 때 정서적 불안과 혼란이 발생할 수 있다.

넷째, 다문화가정의 구성원들은 이주민이라는 이유로 주류민으로부터 차별을 경험하거나 소외감을 느낄 수 있다. 언어와 문화적 차이, 인종 차별, 경제적 불평등 등은 다문화가정의 구성원들이 주류 사회에서 배제되는 주요 원인이 될 수 있다.

2) 다문화 상담의 개념과 필요성

(1) 다문화 상담의 개념

다문화 상담은 문화적 배경이 다른 내담자의 특성을 고려한 상담으로, 내담자의 문화적 정체성, 가치관, 언어적 차이 등을 존중하며 진행하는 상담을 의미한다. 다문화 상담은 다문화사회에서 발생할 수 있는 다양한 심리적·문화적 문제를 해결하는 데 필수적이며, 내담자의 개인적 성장과 사회적 통합을 촉진하는 데 필요한 과정이다. 다문화 상담자는 내담자의 문화적 특성을 깊이 이해하고, 그들이 직면한 문제에 대한 실질적인 해결책을 제시함으로써 내담자가 더 나은 삶을 살 수 있도록 돕는 역할을 한다.

다문화 상담은 상담자가 다양한 문화적 배경을 가진 내담자들의 특성을 이해하고, 이를 상담의 과정에 반영하여 내담자가 겪는 문제를 함께 해결해 나간다. 다문화 상담에서는 내담자의 인종, 민족, 언어, 종교, 성별, 사회적 배경 등 다양한 문화적 요소들을 고려하여 상담을 진행한다. 내담자가 속한 문화적 배경에 대한 이해를 바탕으로 그 안에서 발생하는 문화적 갈등이나 적응 문제를 이해하고, 이를 해결하는 데 초점을 둔다. 예컨대, 다문화가정의 자녀는 부모의 문화와 주류사회의 문화를 동시에 경험하기 때문에 정체성 혼란, 문화적 갈등, 소외감 등의 문제를 겪을 수 있다. 따라서 다문화 상담자는 단순히 내담자의 심리적 상태뿐 아니라 내담자의 문화적 배경을 깊이 이해하고 이에 맞는 상담전략을 수립해야 한다.

(2) 다문화 상담의 필요성

다문화사회에서는 새로운 문화에 대한 적응과 다른 문화와의 원활한 상호작용이 요구된다. 오늘날 세계적으로 빠르게 진행되고 있는 다문화사회로의 변화는 서로 다른 문화에 대한 갈등과 차별의 발생 가능성을 높여서 다문화 상담의 필요성을 증가시키고 있다. 다문화에 대한 주류민들의 고정관념과 배타적인 태도, 문화적 차이에 대한 이해 부족, 이주민이나 소수민에 대한 차별과 편견 등 다문화에 대한 사회적 거리감과 부정적 인식을 해소하기 위해서는 이주민이나 소수민을 대상으로 하는 상담도 필요하지만, 이와 동시에 주류민들이 이주민과 소수민에 대한 편견과 차별적인 태도를 개선하고 다른 문화적 차이를 받아들일 수 있는 다문화 수용성에 대한 교육 및 상담도 요구되고 있다(이선희 · 권재환, 2018).

특히 교육현장에서 다문화가정의 자녀들이 당하는 따돌림의 원인은 주로 일반가정 자녀들이 가지는 차별과 편견이다. 차별과 편견에서 비롯된 부정적 경험들은 다문화가정 자녀들의 낮은 자기존중감, 대인관계의 어려움, 낮은 학업성취도 등 부정적 현상을 낳게 된다(오성배, 2006). 이러한 경험들은 다문화가정 자녀의 사회성 발달과 정체감 형성에까지 부정적 영향을 미친다(홍정미, 2009). 따라서 다문화 수용성 교육 및 상담의 대상을 주류민 가정의 자녀로 확대할 필요가 있다(설은정·정옥분, 2012). 다문화 상담의 필요성을 구체적으로 살펴보면 다음과 같다.

첫째, 다문화사회에서는 언어, 종교, 생활방식의 차이로 인한 오해와 갈등, 특정 문화에 대한 편견과 차별이 발생한다. 따라서 서로의 문화적 차이를 인식하고 존중하며, 문화적 차이에서 오는 갈등을 해결하는 노력이 필요하다. 다문화 상담은 이러한 갈등을 예방하고, 상호 이해를 촉진하여 평화로운 사회적 관계를 형성하는 데 도움을 준다. 아울러 사람들이 다른 문화에 대해 민감하게 반응하고, 상대방의 문화적 차이를 존중하는 문화적 감수성을 기를 수 있는 다문화 수용성 교육도 함께 이루어져야 한다.

둘째, 다문화사회는 구성원들 간 인종 차별, 언어적 차별, 경제적 불평등 등의 차별이나 배제하는 현상이 발생한다. 이러한 차별은 구성원들의 스트레스를 증가시키고, 사회통합의 역기능으로 작용한다. 다문화 상담은 이러한 차별과 소외감으로 인한 심리적 상처를 치유하고, 자기존중감을 회복하여 사회적 통합을 촉진하도록 돕는다. 다문화 상담을 통해 주류민들은 다문화에 대한 차별적 태도를 인식하게 하고 다문화 수용성을 증진할 수 있도록 하며, 이주민과 소수민에게는 자신의 권리를 주장하는 방법과 차별에 대한 대처 방법을 교육할 필요가 있다.

셋째, 다문화 가족과 그들의 자녀들은 두 가지 이상의 문화 사이에서 정체성 혼란을 경험한다. 따라서 자신의 문화적 배경을 긍정적으로 받아들이고 주류문화 간의 충돌로 인한 심리적 불안정을 해소할 수 있는 교육 및 상담이 필요하다. 다문화 상담을 통해 다문화 가족과 그들의 자녀들이 자신의 정체성 문제를 해소하고 이를 긍정적으로 받아들이며, 새로운 문화에 잘 적응하도록 도울 필요가 있다.

넷째, 다문화 상담은 사회적 통합을 촉진하는 데 중요한 역할을 한다. 사회 구성원들이 서로 다른 문화를 존중하고 이해하는 능력을 키우는 것은 다문화사회에서 공존을 위한 필수적인 요소다. 다문화 수용성 교육과 상담은 사회 구성원들이 차별 없이 평등하게 상호작용할 수 있다는 것을 인식하게 하고, 사회적 통합과 건강한 사회를 구축하는 데 기여한다.

3) 다문화 상담의 목표와 방법

(1) 다문화 상담의 목표

다문화 상담의 목표는 내담자가 자신의 문화적 배경을 존중받으면서도, 새로운 문화에 잘 적응할 수 있도록 돕는 것에 있다. 이를 통해 내담자가 심리적 안정감을 얻고, 심리·사회적 성장의 기회를 확대할 수 있도록 히는 것이다. 다문화 상담의 구체적인 목표는 다음과 같다. 첫째, 내담자가 자신의 정체성을 긍정적으로 수용하고 문화적 정체성을 확립할 수 있도록 돕는다. 둘째, 문화적 충돌이나 차별로 인한 내담자의 심리적 고통을 완화하고, 정서적 안정을 찾을 수 있도록 돕는다. 셋째, 내담자가 새로운 사회에서 소외되지 않고 잘 적응할 수 있도록 돕는다.

(2) 다문화 상담의 방법

다문화 상담은 다양한 문화적 배경을 가진 사람들이 서로 이해하고, 조화롭게 공존할 수 있도록 돕는 과정이다. 따라서 내담자의 문화적 배경을 고려한 맞춤형 상담이 필요하다. 대표적인 다문화 상담의 방법은 다음과 같다. 첫째, 내담자에게 언어적 지원을 제공하거나, 통역사를 활용하여 의사소통 문제를 해결한다. 둘째, 내담자의 문화적 배경, 정체성, 생활방식을 고려한 개인 맞춤형 상담을 진행한다. 여기에는 내담자가 자신의 문화적 정체성을 탐색하고 긍정적으로 받아들일 수 있도록 돕는 과정을 포함한다. 특히 다문화가정의 자녀를 위한 상담에서는 문화적 갈등 문제를 다룬다. 셋째, 내담자가 새로운 문화에 잘 적응할 수 있도록 문화적 민감성 훈련과 같은 집단훈련 및 교육 프로그램을 통해 새로운 문화에 대한 문화적 민감성을 함양하는 교육을 한다.

CHAPTER 06

상담의 과정과 기법

1. 상담의 과정

1) 상담의 일반적인 진행과정

상담이 이루어지는 과정은 내담자의 문제나 상황에 따라 단 1회로 종결될 수도 있고, 3~4회, 6개월, 1년, 또는 2~3년간 계속될 수 있다. 상담은 단기적인가 장기적인가에 따라 진행과정이 달라질 수 있지만, 모든 상담에서 공통으로 이루어지는 일반적인 진행과정은 〈표 6-1〉과 같다(홍경자, 2001).

〈표 6-1〉 상담의 일반적인 진행과정

단 계	내 용	예 시
1단계	소개 인사 나누기	"어서 오세요! 저는 OOO이고 상담은 이렇게 합니다."
2단계	관심사 알아보기	"어떤 문제를 이야기할까요?"
3단계	희망사항 탐색하기	"무엇을 원하십니까? 그리고 어떻게 변하고 싶습니까?"
4단계	실천계획 수립하기	"실제로 어떻게 하시겠습니까?"
5단계	생활에서 변화 확인하기	"실제 생활에서 달라진 것은 무엇인지요?"
6단계	작별하기	"상담에서 얻은 점은 무엇입니까? 안녕히 가십시오. 또 연락합시다."

위의 여섯 단계는 상담의 주제나 내용에 따라 확실하게 구분이 되는 것은 아니다. 상담이 이루어지는 과정은 크게 시작-발전-종결단계 또는 초기-중기-후기단계로 구분된다. 상담의 초기단계에서는 내담자와 친밀한 관계를 형성하고, 내담자의 호소문제를 잘 경청한다. 중기단계에서는 내담자의 문제를 체계적으로 탐색

하고 이를 토대로 상담목표를 설정하며, 내담자를 변화시키기 위한 여러 가지 대안을 알아보고 실천계획을 수립한다. 후기단계에서는 상담의 종결에 따른 사항을 다루며, 이 단계는 상담을 통한 목표 달성 정도의 평가, 추후 상담계획의 수립을 포함한다.

2) 상담의 진행과정

상담의 진행과정은 상담의 이론이나 접근방법에 따라 매우 다양하다. 여기에서는 상담의 시작에서부터 종결에 이르기까지 가장 핵심적으로 다루어야 할 내용을 기준으로 상담의 진행과정을 여섯 단계로 구분하여 살펴보고자 한다.

(1) 친밀감 형성 및 상담의 구조화

상담은 상담자와 내담자 간 상담관계의 형성으로부터 시작된다. 여기에는 상담자와 내담자 간 친밀감 형성과 상담의 구조화를 하는 것과 내담자에게 관심을 기울임으로써 내담자가 자기의 이야기를 하도록 이끌어 주는 과정이 포함된다. 상담은 상담자와 내담자가 처음 얼굴을 마주하면서부터 시작되며, 상담관계를 구축해 나가는 매우 중요한 출발점이다. 특히 내담자를 대하는 상담자의 첫인상은 매우 중요한 의미가 있다.

먼저 상담자는 밝고 친절하게 웃는 모습으로 내담자를 맞아준다. 그리고 내담자에게 자신의 걱정거리, 문제, 찾아온 이유를 말하도록 한다. 이때 상담자는 내담자의 언어적·비언어적 행동을 관찰하면서 상담을 이끈다. 내담자의 진술에 관심을 기울이고 수용과 경청을 하면서 내담자가 자신의 이야기를 할 수 있도록 이끌어 준다.

내담자와 친밀감이 형성되고 나면 일종의 상담 오리엔테이션이라고 할 수 있는 상담의 구조화를 한다. 구조화는 다음과 같은 내용을 포함해야 한다. 첫째, 비밀의 보장을 이야기한다. 둘째, 상담의 시간과 회기를 이야기한다. 셋째, 상담자와 내담자의 역할과 의무에 대해 말한다. 넷째, 내담자가 상담에 적극적으로 임하여 자신의 문제를 해결하겠다는 다짐을 받는다.

(2) 내담자의 문제 규명

상담자와 내담자 간 친밀감이 형성되고 상담에 대한 구조화가 이루어지고 나면, 내담자의 문제를 규명하기 위하여 촉진적 의사소통을 통해 내담자의 사고와 감정을 반영해 주고, 그 의미를 탐색하는 작업을 한다. 내담자가 어떤 문제를 지니고 있는지 알아보기 위해 현재의 기능 수준, 문제 발생 전의 기능 수준, 문제가 생기게 된 원인이나 영향을 준 환경적 특성, 내담자가 당면한 문제를 해결하는 데 유익한 자원 등을 탐색하고, 내담자가 가지고 있는 역기능적 사고·감정·행동에 대한 단서를 찾아본다.

필요한 경우 심리검사나 가족 등으로부터 얻은 정보를 통하여 문제점을 규명한다. 이 과정에서 내담자의 어떤 욕구가 방해받고 있는지를 알아보고, 어린 시절 심리적 외상(trauma)이 있는 경우에는 정신역동적 접근방법을 통한 문제 규명을 한다.

(3) 상담의 목표설정

이 단계에서는 내담자가 안고 있는 문제를 규명해 나가면서 이와 동시에 내담자가 그동안 인지하지 못했던 자신의 강점과 잠재력을 발견해 주는 작업을 한다. 그리고 내담자가 상담에서 얻고자 기대하는 바가 무엇인지 구체화하고 이를 바탕으로 상담목표를 설정한다. 이 과정은 내담자의 현재 마음 상태와 욕구를 파악하고 내담자가 이상적으로 그리는 미래의 자기모습과 미래 환경에 대하여 구체적으로 명료화함으로써 가능하다.

상담의 목표설정은 다음과 같은 과정을 통해 이루어진다. 첫째, 상담자는 적극적 경청을 하면서 내담자가 원하는 것(want)이 무엇인지를 탐색한다. 나아가 내담자의 사고·감정·행동을 있는 그대로 신뢰하고 수용함으로써 내담자가 진정으로 원하는 것(real want)이 무엇인지 알아본다. 둘째, 내담자를 자기이해와 통찰로 인도한다. 내담자가 자기 자신을 이해하고 자기 문제에 대해 새로운 관점에서 조망해 보도록 촉진한다. 관심 기울이기, 존중과 지지, 그리고 공감적 이해와 격려를 통하여 촉진적 분위기를 조성하고, 사고와 감정의 반영, 구체성 등의 방법을 활용하여 내담자의 말에 나타난 사고와 감정을 명료화함으로써 자기이해를 돕는다. 그리고 질문하기, 직면하기, 구체성, 자기개방, 그리고 새로운 정보의 제공 등을 통해 새로운 관점의 자기이해를 통한 통찰을 하도록 돕는다. 셋째, 필요한 경우 효과적인 의사소통 방법이나 자기표현 방법 등과 같은 인간관계 개선이나 현실 적응과 관련한 기술적 차원에 대해 알아본다. 넷째, 내담자의 주요 문제점과 당면과제를 살펴본 후 관찰한 것을 토대로 함께 상담목표를 설정한다.

상담의 목표는 일반적 목표와 그에 따른 구체적 목표로 나누어 설정한다. 예컨대, 상담목표를 "학교생활에 잘 적응하고 모범적인 학생이 되고 싶다."라고 설정했다면, 그에 따른 구체적 목표로 '친구들과 친해지기', '부모님과 선생님 말씀 잘 듣기', '가족들과 대화하기', '더 열심히 공부하기' 등과 같이 목표를 이루기 위한 구체적인 목표를 설정한다.

(4) 대안 선택 및 실천

상담목표가 설정되면 그것을 어떻게 실행할 것인지를 구체적으로 다룬다. 브레인스토밍(brainstorming)을 통하여 내담자에게 자신의 문제해결을 위한 여러 가지 대안을 탐색하게 하고, 그중에서 가장 좋은 대안을 선택하여 실천계획을 수립하도록 지원하는 작업을 한다. 예컨대, "학교생활에 잘 적응하고 모범적인 학생이 되고 싶다."라는 목표와 그에 따른 구체적 목표를 실천하기 위해 '짝꿍과 함께 점심을 먹고 가끔 간식 사주기', '하루에 한 명씩 친구에게 전화하기', '부모님과 선생님께 먼저 인사하기', '형제들 방에 놀러 가기', '모범생 친구와 함께 공부하기' 등 다양한 대안을 탐색하고, 그 대안들의 장단점을 평가해 보고, 그중에서 가장 알맞은 것을 선택하도록 한다.

실천계획의 수립은 사고나 감정보다는 행동에 초점을 두어야 하며, 구체적이면서도 실제 실천이 가능하도록 수립하는 것이 중요하다. 구체적인 실천계획이 수립되었으면 그것을 실천하도록 한다. 이때 상담자는 내담자가 중도에 포기하지 않도록 지지와 격려를 해주면서 계획대로 실행되고 있는지 살펴본다. 이 단계에

와서 상담자는 내담자의 특성에 알맞은 상담이론을 적용하고 상담전략을 수립하게 된다.

(5) 실생활에서의 일반화

이 단계에서는 내담자가 상담을 통해서 얻은 새로운 삶의 방식을 실생활에서 일반화할 수 있도록 돕는다. 먼저 내담자가 자기 자신을 더욱 잘 이해할 수 있도록 하는 작업을 한다. 상담자 또는 다른 사람들이 보는 내담자의 모습에 대해 피드백 주기, 내담자가 보이는 모순점과 불일치를 지적해 주기, 상담자의 자기개방을 통한 상담자 자신의 경험담 이야기해 주기, 내담자의 행동에 대해서 심리학적 설명해 주기 등의 방법을 통해 내담자의 사고·감정·행동에서 나타난 특징과 강점 및 개선할 점을 다른 각도에서 해석해 준다.

내담자의 새로운 변화를 위해 상담자가 능동적으로 개입하여 내담자에게 필요한 인간관계 기술이나 문제해결 방법 등을 가르치고 이를 적용해 보도록 한다. 이러한 작업을 통해 내담자가 다른 사람의 관점이나 자신이 속한 사회문화적 환경을 잘 이해하고 실생활의 적응력을 향상할 수 있도록 한다. 변화에 대한 두려움이 있는 내담자의 경우에는 탐색적 질문을 통해 그 감정의 배후에 있는 근원적 감정을 발견하도록 조력한다.

(6) 상담관계의 종결

상담의 목표가 어느 정도 달성되면 상담의 종결을 준비한다. 내담자의 인간적 성장은 끊임없이 계속되는 과정이기 때문에 모든 상담이 성공적으로 종결되기는 어렵다. 상담을 종결하는 시점은 문제가 완전히 해결되어서라기보다는 상담자와 내담자 간 합의되었던 상담의 목표가 어느 정도 달성이 되어 내담자가 어느 정도 만족할 만한 능력이 생겼을 때이다. 즉, 상담의 종결은 내담자가 자신의 문제해결에 대한 자신감을 가졌다고 판단되었을 때 한다. 때로는 상담의 목표가 달성되지 않은 상태에서 내담자의 현실적인 상황의 변화로 인하여 부득이하게 상담이 종결되기도 한다. 상담의 종결은 약 2개월 전에 예고하는 것이 바람직하다. 내담자에게 종결 시기를 예고한 후에는 헤어짐의 섭섭한 감정과 함께 상담종결에 대해 내담자가 가지게 되는 불안과 두려움을 다룬다.

상담관계를 종결하는 시점에서 상담자는 상담의 효과에 대한 평가작업을 수행해야 한다. 평가는 일반적으로 다음과 같은 내용을 포함한다. 첫째, 상담의 목표가 어느 정도 달성되었는가? 둘째, 상담목표로 설정한 내용 중에서 아직도 달성하지 못한 문제들에 대하여 어떤 계획이나 아이디어를 가지고 있는가? 셋째, 상담이 종결된 후에 예상되는 문제는 무엇이며, 그것에 대해 어느 정도의 걱정과 불안을 느끼고 있는가? 넷째, 상담이 종결된 후에 내담자가 다시 문제를 겪게 될 때 상담자를 다시 만날 수 있는가? 또는 어떤 조치가 가능한가?

2. 상담의 기법

1) 상담의 기본조건

상담은 마음의 세계를 다루는 매우 정밀하고 고차원적 활동이다. 상담은 관계의 형성에서부터 시작된다. 상담관계는 부모-자녀, 교사-학생, 의사-환자, 그리고 친구와의 관계보다 더 밀도 있는 관계이다. 상담자는 상담의 기본적 조건인 신뢰, 수용, 긍정적 존중, 공감적 이해, 일치성 등의 자세를 갖는 것이 필수적이다.

(1) 신뢰

상담관계에서 가장 중요한 것은 상담자와 내담자 간의 신뢰(trust)이다. 내담자가 상담자를 불신하면 내담자는 자신의 감정, 사고, 갈등이나 문제 등 많은 것을 솔직하게 표현할 수 없고 진지한 대화가 이루어질 수 없게 된다. 따라서 상담자는 내담자가 상담자를 믿고 의지할 수 있도록 신뢰할 수 있는 태도를 보여주어야 한다. 이러한 상담자와 내담자의 상호 이해와 친밀감이 있는 분위기를 라포(rapport)

라고 한다. 라포는 인간관계에서 자연스럽게 형성되는 심리적인 연결고리를 의미하며, 상담자와 내담자 간의 신뢰와 이해 및 정서적 유대를 위한 전제조건이라고 할 수 있다.

(2) 수용

수용(acceptance)은 인간의 가치와 존엄에 대한 인식에서부터 출발한다. 수용은 편견이나 선입관 없이 내담자를 받아들이는 것을 말한다. 즉, 내담자가 어떤 문제를 지니고 있든지, 또는 어떤 인간적인 결함을 지니고 있든지, 혹은 어떤 죄악과 과오를 범하였든지 관계없이 그를 한 인간으로서 존재하고 성장할 필요가 있는 귀중한 인간으로 존중하는 것을 말한다.

(3) 긍정적 존중

다른 사람들에 대한 긍정적 존중(positive regard)은 자기 존중으로부터 기인한다. 누구나 자신에 대해 긍정적으로 사고하고 자기 감정을 존중하는 과정에서 타인에 대한 긍정적 태도가 형성된다. 그러므로 상담자는 자신의 감정을 긍정적으로 가져야 하고 내담자에 대한 긍정적 이해, 배려, 온정적 태도를 보이면서 효과적으로 상담을 해야 한다.

(4) 공감적 이해

사람들은 누군가로부터 자신이 온전히 이해받고 있다고 느낄 때, 마음의 평안과 힘을 얻을 수 있다. 상담자는 내담자의 불안, 좌절, 혼란 등을 내담자의 입장에서 이해해야 한다. 공감적 이해(empathic understanding)는 내담자의 경험, 신념, 사고들을 상담자가 내담자인 것처럼 듣고 이해하는 것을 의미한다. 즉, 공감적 이해는 내담자의 입장에서 내담자의 언어로 그를 이해하려고 노력하는 것이다.

- 언어적 반응 : '네, 맞아요!', '그때는 참 힘이 들었겠군요!', '그래요?' 등
- 비언어적 반응 : '아!', '음!', '으흠!' 등

상담자가 내담자에게 관심을 기울이는 것은 내담자와의 좋은 관계를 발달시키는 데 매우 중요하다. 상담자가 내담자의 말에 아무런 대꾸도 하지 않거나, 대화 도중 내담자를 보지 않고 다른 곳에 시선을 집중하거나, 다른 생각을 하는 듯한 행동을 하게 되면, 내담자는 자신이 상담자에게 받아들여지지 못하고 있다거나 인정을 받지 못한다고 느낀다.

(3) 질문하기

의사소통 중에 적절한 질문은 상대방으로 하여금 자기탐색을 계속할 수 있게 하고 자기이해를 돕기 때문에 대화의 내용을 한층 더 명료화시킨다. 질문에는 폐쇄형 질문과 개방형 질문이 있다. 폐쇄형 질문은 상대방이 한두 마디의 말로 간단하게 대답하거나 "예" 또는 "아니요"로 대답하게 하는 질문이다. 개방형 질문은 내담자의 생각, 감정, 의견, 관점 등을 자유롭게 표현하도록 유도하는 질문이다.

폐쇄형 질문(×) : "친구들과 사이좋게 지내요?"
개방형 질문(○) : "친구들과의 관계는 어때요?"

폐쇄형 질문(×) : "오늘 시험이 끝나고 나니 기분이 좋지요?"
개방형 질문(○) : "오늘 시험이 끝나고 나니 기분이 어때요?"

폐쇄형 질문(×) : "오늘 그 문제를 해결하고 나니 기분이 좋아요?"
개방형 질문(○) : "오늘 그 문제를 해결하고 나니 어떤 기분이 들어요?"

효과적으로 질문하는 요령은 다음과 같다. 첫째, 폐쇄형 질문보다는 개방형 질문으로 한다. 둘째, 직접질문보다는 간접질문을 사용한다. 셋째, "왜(why)?"라는 질문은 심문하는 인상을 주므로 가급적 하지 않는다. 대신에 "무엇(무슨)", "어떻게", "예를 들면" 등과 같은 단어를 사용하여 대답을 유도한다. 넷째, 한 번에 한

가지씩 질문한다. 한꺼번에 여러 가지 질문을 이중삼중으로 하거나, 연속적 질문을 하면 상대방이 대답하기 혼란스럽다.

직접질문(×) : "무엇이 당신을 그렇게 화나게 했나요?"
간접질문(○) : "무엇이 당신을 그렇게 화나게 했는지 궁금합니다."

why 질문(×) : "왜 그렇게 했나요?", "너는 왜 동생을 미워하니?"
what 질문(○) : "무엇 때문에 그렇게 했나요?"
how 질문(○) : "너는 동생이 어떻게 할 때 밉니?"

이중질문(×) : "지난번 재석이와 싸운 이유와 오늘 명수와 싸운 이유가 뭐니?"
연속질문(×) : "오늘 명수와 싸운 이유가 뭐니? 지난번에 재석이와도 싸운 이유는 뭐니?"

때로는 상담 중에 내담자가 상담자에게 질문을 하는 경우도 있다. 만일 내담자가 자신의 문제와 관련 없는 질문을 하는 경우, 상담자는 간단하게 응답해 주면서 그러한 질문이 내담자 자신의 문제와 어떻게 관련이 있는지를 다시 물어서 내담자의 주의를 자기 자신에게 향하도록 유도한다.

(4) 반영하기

반영(reflection)이란 상대방이 표현한 내용의 이면에 있는 사고나 감정을 상담자가 표면으로 끌어내어 구체적인 말로 표현해 주는 것을 말한다. 즉, 상담자가 내담자의 사고나 감정과 관련된 내용을 반복적으로 진술하거나 다른 참신한 말로 부연 설명해 주는 것이다. 상담자는 반영을 통하여 내담자의 생각과 태도를 거울에 비추듯이 보여줌으로써 내담자의 자기이해를 도와줄 뿐 아니라 내담자로 하여금 자신이 이해받고 있다는 인식을 주게 된다.

반영하기에는 '감정을 반영하기'와 '행동 및 태도를 반영하기'가 있다. 감정의 반영은 내담자의 말에서 표현된 주요 태도나 감정을 부연해 주는 시도를 말하고, 행동 및 태도의 반영은 내담자의 자세, 몸짓, 목소리의 어조, 눈빛 등에 의해 표현되고 있는 비언어적 행동 및 태도에서 나타나는 것을 반영하는 것을 말한다.

반영하기의 방법에는 '재진술', '환언', 그리고 '요약하기'가 있다. '재진술(restatement)'은 상대방의 말과 표정, 몸동작, 어조 등을 그대로 따라서 다시 진술하는 방법으로, '앵무새 노릇하기'라고도 한다. '재진술'은 '환언'이나 '요약하기' 등을 사용하기 전에 상대방의 마음을 내가 제대로 이해하고 있는지 내 쪽에서 확인해 보는 방법이다. '환언(paraphrasing)'은 '바꾸어 말하기'라고도 하며, 내담자가 이야기한 말 중의 일부에 대하여 상담자가 다른 말로 피드백해 주는 것을 말한다. '요약하기(summary)'는 내담자의 이야기를 간단명료하게 정리해 주는 것을 말한다.

내담자 : 선생님! 옆에 짝꿍이 너무 떠들어서 공부하기 힘이 들어요.
상담자 : 옆에 짝꿍이 너무 떠들어서 공부하기 힘이 드는구나. (재진술)
상담자 : 네 짝꿍이 너무 떠드니까 시끄러워서 수업에 집중하는 데 어려움이 많나 보구나. (환언)
상담자 : 짝꿍이 떠드니 힘들구나. (요약하기)

내담자 : 아무리 열심히 해도 성적이 점점 더 떨어져요. 수업시간에 집중도 잘 안 되어서 정말 미치겠어요.
상담자 : 아무리 열심히 해도 성적이 점점 더 떨어지는구나. 수업시간에 집중도 잘 안 되어서 정말 미치겠구나. (재진술)
상담자 : 네가 최선을 다해 열심히 공부했는데도 성적이 지난번보다 더 떨어졌나 보구나. 요즘은 수업시간에 집중도 잘 안 되어서 스트레스도 많고... (환언)
상담자 : 성적과 수업 집중에 어려움이 있구나. (요약하기)

(5) 공감하기

공감(empathy)은 상대방의 입장과 감정을 이해하고 수용하고 있다는 것을 전하는 것이다. 즉, 공감은 상대방의 입장이 되어 상대방의 생각을 있는 그대로 수용해 주는 것을 말한다. 대인관계의 의사소통이나 상담 장면에서 상대방의 말에 공감적 경청을 하면서 대화하면, 상대방은 자기 말을 주의 깊게 듣고 있다는 것을 느끼게 되고 자신의 부정적인 생각과 감정도 수용 받고 있다고 느낀다. 이는 관계에서 서로 간에 신뢰와 존중이 더해져서 의사소통이 더욱 촉진된다. 상대방이 말하는 내용에 대하여 다음과 같은 간단한 방법으로 공감을 해줄 수 있다.

"당신은 ○○의 상황에서 ○○한 감정을 느끼는군요."
(You feel … when …)
"그리고 당신은 ○○하기를 원하는군요."
(And you want …)

반영하기는 상대방의 지각·사고·감정을 있는 그대로 표현하는 것이고, 공감하기는 상대방의 느낌과 감정을 잘 읽어주는 것이다. 따라서 공감은 자기 입장이 아닌 상대방의 입장에서 상대방의 눈으로 보고, 상대방의 머리로 생각하며, 상대방의 가슴으로 느끼는 것을 의미한다.

학 생 : (화난 표정으로) 선생님! 가만히 있는데 성수가 자꾸 때려요.
교 사 : 너는 가만히 있는데 성수가 자꾸 때려서 속이 상했구나.

내담자 : 선생님, 저는 아무리 공부해도 성적이 오르지 않아요. 정말 미치겠어요.
상담자 : 네가 열심히 공부하는데도 성적이 오르지 않으니까 실망스러워서 마음이 너무 괴로운가 보구나.

내담자 : 제 성적으로는 A 대학 지원은 어려울 것 같아요. B 대학은 좀…
상담자 : A 대학을 지원하자니 자신이 없고, B 대학을 지원하자니 너의 성에 안 차서 갈등이로구나.

학부모 : 선생님! 집에서 아무리 애를 써도 아이의 생활습관이 점점 더 심해져요. 너무 힘이 들어요.
상담자 : 최선을 다해서 아이의 생활습관을 바꾸도록 돌봐주고 애쓰시는데도 점점 더 심해지는 것 같아 실망스럽고 속상하시군요.

〈표 6-2〉 공감적 반응의 변별척도

척도	1.0~	2.0~	3.0~	4.0~	5.0
내용	상대방 말의 주제를 다른 방향으로 돌린다.	상대방이 말한 것 중에서 약간은 언급하고 약간은 언급하지 않는다.	상대방이 말한 모든 조건이 언급되어서 최소한의 촉진적 수준을 유지한다.	상대방이 말한 모든 조건이 언급되었고 어떤 것은 충분히 언급되어 보다 더 깊은 관계로 이끌어 간다.	상대방의 문제를 해결해 나가는 방향으로 이야기를 이끌어 간다.
특징	최저수준의 의사소통	삭제적 공감반응	정확한 공감반응	첨가적 공감반응	활동지향적 공감반응

〈표 6-3〉 촉진적 의사소통을 위한 공감의 수준

수 준	내 용	공감하기의 방법
3.0	감정에 반응하기	[You feel …] "당신이 느끼는 것은 ~이지요?" "그러니까 ~하게 느끼지요?"
3.5	감정과 내용에 반응하기	[You feel … because …] 또는 [You feel … when …] "~하니까 당신은 ~하게 느끼는 것이지요?" "~할 때 당신은 ~한 감정이 들지요?"
4.0	문제점 규명하기	[You feel … because you can't …] "당신이 ~할 수 없기 때문에 ~하다는 말이지요?"
4.5	목표설정 하기	[You feel … because you can't … and you want to …] "당신이 ~하지 못하니까 ~하게 느껴 왔는데, 이제는 ~하고 싶다는 거지요?"
5.0	문제해결 단계로 솔선하기	"자, 그러면 그 문제를 해결하기 위해 함께 생각해 보기로 하지요. 첫째 단계에서는 ~을 검토해 보기로 하지요. 둘째 단계에서는 ~을 검토해 보기로 할까요?"

(6) 직면하기

직면하기(confrontation)는 내담자의 모순된 사고·감정·행동에 대해 그 불일치한 점을 지적하는 기법이다. 상담의 과정에서 내담자는 사실을 부정하거나 거짓말을 할 때가 있다. 또한 자신이 경험한 사실을 미처 알지 못하고 있는 경우도 있다. 직면은 상담자가 내담자의 불일치성을 직접적으로 지적하여 진실과 마주하도록 하는 데 사용하는 기법이다.

내담자의 불일치성에는 현실적 자아(real self)와 이상적 자아(ideal self) 간의 불일치, 언어적 표현과 행동 또는 비언어적 표현 간의 불일치, 내담자가 자신의 문제를 보는 관점과 상담자가 내담자의 문제를 보는 관점 간의 불일치 등이 있다. 직면은 내담자의 사고·감정·행동에서 발견되는 모순점이나 불일치한 점을 지각하게 하여 내담자가 새로운 통찰이나 행동 변화를 촉진하기 위해 사용한다. 직면은 다소 공격적이라고 여겨질 수 있으나 내담자가 보다 깊은 통찰을 얻도록 돕는 데 유용하다. 직면은 내담자의 무의식적인 방어기제나 회피를 인식하게 하여, 내담자의 문제에 대한 근본적인 원인을 스스로 깨달을 수 있도록 유도한다.

> 내담자 : (자신의 문제를 계속해서 다른 사람의 탓으로 돌릴 때)
> 상담자 : 지금 상황에서 다른 사람들의 잘못을 계속 지적하고 있는데, 그 과정에서 자신의 역할에 대해서는 어떻게 생각하나요?

> 내담자 : (웃는 얼굴로) 아버지는 매일 밤 술을 드시고 주정을 하면서 저와 동생을 때려요.
> 상담자 : 지금 네 아버지가 술을 드시고 주정을 하면서 너와 동생을 때린다는 것을 말하면서 얼굴은 웃고 있구나."

> 내담자 : 저는 사람들이 나를 미워할까 봐 어려운 부탁을 해도 차마 거절하지 못해요. 그렇지만 저는 인간관계 같은 건 신경 전혀 안 써요.
> 상담자 : 사람들이 미워할까 봐 어려운 부탁을 차마 거절하지 못한다면서 인간관계 같은 건 전혀 신경을 안 쓴다고? 그게 어떻게 된 거야?

(7) 격려하기

격려하기(encouragement)는 내담자가 자기 능력이나 가능성을 긍정적으로 인식하고, 변화를 위한 동기를 강화할 수 있도록 지지해 주는 기법이다. 격려하기는 내담자가 스스로 변화할 수 있는 능력이 있음을 믿고, 도전과 어려움을 극복하려는 의지를 강화하는 데 중점을 둔다. 이 과정에서 상담자는 내담자의 약점보다는

촉진한다. 그러나 상담자의 자기개방은 내담자에게 초점을 맞추는 것이 중요하므로, 적절한 범위에서 사용되어야 한다. 즉, 아무거나 자기개방을 하는 것이 아니라 반드시 의미가 있고 적절해야 한다.

> 내담자 : 저는 사람들 앞에서 이야기하는 것이 너무 두려워요.
> 상담자 : 사실 저도 사람들 앞에서 발표할 때 긴장하는 편이에요. 하지만 준비를 잘하면 극복할 수 있었어요.

> 내담자 : 아빠가 우리가 함께 살기를 원하신다면 그렇게 하실 수 있을 거예요. 저도 함께 좋은 시간을 보내고 싶고요.
> 상담자 : 나도 어린 시절에 부모님이 이혼하셨을 때 그와 같이 생각한 적이 있었어.

PART 03

상담의 이론과 실제

CHAPTER 07 정신분석적 상담

1. 인간에 대한 관점

프로이트(Sigmund Freud)의 정신분석학(psychoanalysis)은 인간의 심리에 대한 정신역동적 관점의 기본이론일 뿐만 아니라 현대 심리학과 정신의학, 문학, 예술 등 다양한 분야에 광범위한 영향을 미쳤다. 무의식의 세계를 강조했던 그의 관점은 현대 심리학 연구의 새로운 지평이 되었다. 오늘날에도 정신분석학은 인간에 대한 이해뿐만 아니라 심리적 문제해결 및 정신질환을 치료하는 방법으로 사용되고 있다.

정신분석학이 현대 심리학에 기여한 것을 정리하면 다음과 같다. 첫째, 무의식의 세계를 심리학 연구에 포함하여 심리학의 영역을 넓히는 데 공헌하였다. 특히 무의식이 인간의 행동과 정신과정에 영향을 미친다는 사실을 밝혔다. 둘째, 최초의 포괄적인 성격이론을 통해 성격의 구조와 역동성 및 성격의 발달단계를 체계화하였다. 셋째, 현재의 행동이 과거의 사건에 의해 결정된다는 정신결정론의 개념을 대중화하는 데 기여하였다. 넷째, 심리적 고통과 장애가 발생하는 데 성격의 구성요소들 간 갈등의 역할을 최초로 인정하였다. 다섯째, 자신의 치료경험과 자기분석을 토대로 한 광범위한 임상관찰을 통해 정신장애를 치료하는 훌륭한 치료방법을 고안하였다(권재환, 2022).

이와 같은 업적에도 불구하고 정신분석학은 많은 비난을 받아왔다. 정신분석학은 주로 환자의 언어적 보고와 주관적인 임상관찰 등 대표성이 없는 피험자 표본에 대한 관찰과 사례연구를 통한 질적이고 주관적인 자료들이기 때문에 과학적 심리학을 지향하는 학자들로부터 비판을 받고 있다. 또한 성과 공격성을 지나치게 강조한 것은 당시 성직자와 일반인들까지도 정신분석학이 비도덕적이고 비윤리적이라고 비난하였다.

정신분석학의 인간관은 다음과 같이 세 가지로 정리할 수 있다. 첫째, 정신분석학은 인간을 본능이 지배하는 생물학적 존재로 보았다. 인간은 무의식적 충동인 성욕과 공격성에 의해 지배되는 존재로 봄으로써 인간 본성에 대한 부정적인 견해를 가지고 있다. 둘째, 인간을 세 가지 자아가 갈등하는 비관적 존재로 보았다. 정신분석학은 인간이 가지고 있는 본능적이고 무의식적인 충동은 결국 인간을 불행하게 할 것이라는 비관론적 인간관을 가지고 있다. 셋째, 인간은 비이성적이고 비사회적 본능에 의해 통제되고 지배되는 결정론적 존재로 보았다. 정신분석학은 어린 시절의 유아성욕적 경험에 의해 이후의 인생이 결정된다는 정신결정론적 입장을 가지고 있다.

2. 주요 개념

1) 자각의 수준

프로이트는 인간의 마음을 빙산에 비유하여 설명하였다. 그는 지형학적 모델(topographical model)을 통해 자각의 수준을 의식(conscious), 전의식(preconscious), 무의식(unconscious)의 세 수준으로 구분하였다. 의식은 인간의 마음 중 현재 자각하고 있는 일부분에 불과하며, 자각하고 있는 부분보다 자각하지 못한 부분이 더 많은데, 이것을 전의식과 무의식이라고 하였다. 프로이트는 자각의 세 수준 중 특히 무의식을 강조하였다. 그 이유는 정신분석의 핵심이 인간의 무의식에 숨어있는 내용을 이해하는 것이기 때문이다.

(1) 의식

의식(conscious)은 현재 각성상태에서 보고 느끼고 생각하는 감각, 지각, 경험, 기억 등을 말한다. 의식은 어떤 특정 시점에서 인간이 인식하는 모든 것을 포함한다. 의식의 내용은 새로운 생각이 정신구조에 들어오고, 직전의 생각은 정신구조에서 물러나면서 계속해서 변한다. 의식은 비교적 접근하기 쉬운 정보와 경험으로 구성되며, 우리가 이를 말로 표현하거나 주의를 기울여 곧바로 떠올릴 수 있다. 의식은 우리가 현실세계에 적응하고, 일상생활에서 의사결정을 내리는 데 중요한 역할을 한다. 의식은 단순한 현실의 인식뿐만 아니라 일상생활 전반에 걸쳐 큰 역할을 한다. 지각과 주의집중, 의사결정과 문제해결, 자기성찰과 감정조절, 기억과 학습, 그리고 사회적 상호작용까지 모두 의식을 바탕으로 이루어진다. 인간은 이러한 의식적 활동으로 환경에 적응하고 원하는 목표를 향해 나아갈 수 있다. 그러나 인간의 많은 사고·감정·행동은 의식보다는 무의식의 영향을 많이 받기 때문에 단순히 의식에 떠오르는 것만으로는 개인의 모든 심리상태를 이해하기 어렵다.

(2) 전의식

전의식(preconscious)은 의식과 무의식의 중간에 있는 자각으로서, 쉽게 의식으로 가져올 수 있는 정신의 부분이다. 프로이트는 인간의 정신구조를 크게 의식과 무의식으로 구분하였다. 그리고 의식의 표면 바로 밑에 있어서 쉽게 상기시킬 수 있는 무의식의 부분을 별도로 전의식이라고 명명하였다. 즉, 전의식은 무의식의 일부이지만 거기에 저장된 기억, 지각, 경험 등의 생각을 쉽게 의식으로 가져올 수 있는 부분을 말한다. 예컨대, 자기 자신의 이름, 어제 있었던 특별한 일, 전날의 저녁식사 메뉴 등은 쉽게 의식으로 가져올 수 있다.

(3) 무의식

무의식(unconscious)은 의식과 전의식 아래의 깊은 곳에 있어서 상기하기가 매우 어려운 자각의 수준이다. 무의식 안에 저장된 내용은 수년 또는 수십 년 후까지도 인간의 행동에 여전히 영향을 주게 될 어린 시절의 어떤 외상적(外傷的) 사건에 대한 생생한, 그러나 현재는 억압된 경험이나 기억들이다. 무의식은 본능에 의해 지배되고 모든 행동의 배후에서 작동하는 주요한 추진력으로서 인간의 행동

방향을 잡는 소망이나 욕망이 자리하고 있는 부분이다. 프로이트는 자각의 수준 중 무의식을 가장 중요하게 생각하였다. 그 이유는 무의식의 탐색이 정신분석적 상담 및 심리치료의 초점이 되기 때문이다.

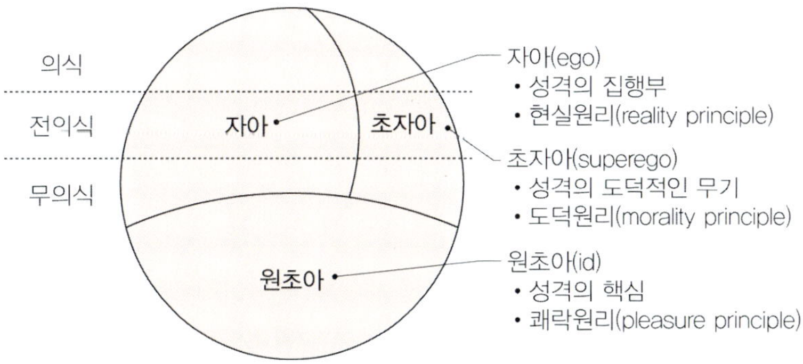

▌그림 7-1▐ 자각의 수준과 성격의 구조

2) 성격의 구성요소

프로이트는 인간의 마음을 원초아(id), 자아(ego), 초자아(superego)로 구분하고, 이 세 가지 구성요소에 의해 성격이 작동한다고 보았다. 이 요소들은 독립된 것이지만 각각 독특한 속성을 가지고 있으면서 서로 영향을 주고받으며 상호작용하는 체제들이며, 인간의 사고 · 감정 · 행동은 이 세 가지 구성요소 간 상호작용의 영향을 받는다.

(1) 원초아

원초아(원본능, 원욕; id)는 성격의 가장 원시적이고 원초적인 부분으로 모든 본능의 저장소이다. 원초아는 주로 직접적인 신체적 욕구의 만족과 관련되며, 쾌락원리(pleasure principle)에 의해 작동한다. 원초아는 본능에 의해 충동적으로 작동하며 성격의 다른 두 부분인 자아와 초자아에게 즉각적 쾌락을 위한 압력을 가한다. 프로이트는 원초아를 정신에너지의 저장소로 보았다. 이것은 원초아가 행동을 활성화하거나 동기화시키는 원초적인 생물학적 충동을 저장하고 있다는 것을 의미한다. 그는 특히 성과 공격성의 충동을 가장 중요하게 생각하였다. 원초아는 무의식 수준에 있고, 원초아의 욕망은 자아를 통해서 간접적으로 의식에 도달한다. 결국 원초아는 원초적인 충동의 즉각적인 만족을 바라고 있음을 의미한다.

(2) 자아

자아(ego)는 성격의 집행부로서, 현재 자신의 상황과 사회적 규범을 고려한 현실원리(reality principle)에 따라 작동한다. 자아는 의식 또는 무의식적 수준에서 자신이 속한 사회의 가치, 규범, 예절, 그리고 그 사회가 규정하고 있는 규칙이나 제한 등에 대해 학습한다. 그리고 사회적 규범을 고려하여 상황에 적합하거나 혹은 사회적으로 수용될 수 있는 상황이 될 때까지 원초아의 열정적인 충동의 만족을 지연시킨다. 이와 더불어 자아는 초자아가 주도하는 도덕적인 측면을 고려하여 합리적이고 규범적인 행동을 위한 조정 역할을 한다. 자아도 장기적으로는 원초아처럼 만족을 극대화하고자 하지만, 원초아와는 달리 상황에 따라 특정 소망들을 억제해야 하는 필요성을 인식하고 있다.

(3) 초자아

초자아(superego)는 성격의 도덕적인 무기로, 개인의 내적 도덕성인 양심(conscience)과 개인이 추구하고자 하는 자아 이상(ego-ideal)에 의해 작동한다. 따라서 초자아가 작동하는 주요한 원리는 도덕원리(morality principle) 혹은 양심이다. 초자아는 즉각적 쾌락을 추구하는 원초아의 반사적 행동이나 정신의 일차적 과정을 억제하면서 자아에게 사회적 요구에 부합되는 행동을 하도록 요구한다. 초자아는 주로 어린 시절 영향력 있는 부모를 통해 사회가 심어 준 옳고 그름에 관한 가치와 이념으로 구성되어 있다. 사람들은 자신의 일생, 특히 아동기 시기에 자신이 속한 사회와 문화에서 어떤 행동이 적절한지 배우고 익힌다. 이렇게 학습한 사회적 규범은 내면화되고, 사람들이 사회의 강요 없이 스스로 행동을 통제하는 적절한 안내자로 받아들이게 된다. 그리고 이 안내자는 자신이 어떤 규칙을 받아들이고, 그 규칙과 사회적 기대에 충실하도록 자신에게 압력을 가한다.

3) 성격의 발달

프로이트는 성격의 기본적 토대가 생후 5~6년 동안에 확고하게 형성된다고 보았다. 그는 성적 에너지인 리비도(libido)가 집중적으로 표출되는 신체 부위에 따라 성격의 발달을 구강기, 항문기, 남근기, 잠복기, 생식기의 다섯 단계로 구분하였다. 모든 사람은 이 단계들을 동일한 순서로 거쳐서 발달한다. 각각의 단계는 주로 신체적 욕구 충족과 관련되기 때문에 프로이트의 이론을 성격의 심리성적 이론(psycho-sexual theory)이라고 부른다.

성격 형성의 과정에서 고착(fixation)은 중요한 역할을 한다. 고착이란 리비도가 신체의 다른 부위로 이동하지 않고 그 발달단계에 머물러 있는 것을 말한다. 고착은 특정 발달단계에서 자녀의 욕구에 대한 부모의 지나친 탐닉이나 그 단계에서 자녀가 경험하는 과도한 좌절 또는 과도한 만족에 의해 형성된다.

(1) 구강기

구강기(oral stage)는 출생 후 약 1세까지의 시기이다. 이 시기에는 리비도가 입 주변에 집중되어 있으므로, 아기는 입을 통해 빨고, 먹고, 깨무는 행위를 통해서 쾌락과 만족감을 경험하고 긴장을 해소한다. 이 단계는 어머니가 리비도의 일차적 대상이다. 아기는 수유하는 어머니에게 전적으로 의존한 상태에서 세상에 대한 지각을 배우게 된다.

구강기에는 구강 욕구가 적절하게 만족이 되어야 건강한 성격으로 발달할 수 있다. 그렇지 못하는 경우 구강 수용적 행동(oral receptive behavior) 또는 구강 공격적 행동(oral aggressive behavior)이 나타날 수 있다. 이 시기에 아기의 구강 욕구가 지나치게 만족이 되거나 결핍되면, 성인이 되어 세상에 대하여 지나치게 낙관론을 갖거나 의존적인 성격을 갖는 경향성이 있다. 구강 공격적 행동에 고착된 사람은 지나친 비관, 적의, 공격성을 보이는 경향이 있다.

(2) 항문기

항문기(anal stage)는 성격발달의 두 번째 단계로, 보통 1~3세까지의 기간이다. 이 시기에는 리비도가 항문에 집중되어 성격 형성은 본능적 충동인 배설과 외부적 현실인 배변훈련과 관련되어 결정된다. 배설물을 방출하는 것은 아이에게 쾌락이지만, 배변훈련의 시작과 함께 아이는 이 쾌락을 지연시키는 방법도 배우게 된다.

만일 배변훈련이 순조롭게 진행되지 않으면 아이는 두 가지 방식으로 반응할 수 있다. 하나는 부모가 하지 말라는 시간이나 장소에 배변함으로써 부모의 요구를 거절하는 행동을 한다. 그러나 아이가 이러한 행동을 자신의 좌절을 감소하기 위한 만족스러운 행동으로 여기고 자주 하게 되면 항문 공격적 성격(anal aggressive personality)을 발달시킬 수 있다. 또 하나의 방식은 배설해야 할 변을 보유하는 것인데, 변을 보유하면서 부모를 조종하고 만족을 느끼는 아이는 고집이 세고 구두쇠로 특징지어지는 항문 보유적 성격(anal retentive personality)을 발달시킬 수 있다.

(3) 남근기

남근기(phallic stage)는 3~6세까지의 기간으로, 프로이트의 심리성적 발달단계 중 성격 형성에 있어서 가장 중요한 시기이다. 이 시기에는 리비도가 항문에서 성기 쪽으로 이동한다. 또한 이 시기의 아이는 남녀의 신체적 차이를 인식하게 되면서 남아는 자신이 남근을 가졌다는 사실을, 여아는 남근이 없다는 사실을 인식하게 된다. 남근기라는 명칭이 여성을 배제하는 것으로 여겨진다는 이유로 이 단계를 성기기라고 부르기도 하지만, 이 시기의 심리성적 갈등이 여아든 남아든 모두 남근(phallus)을 중심으로 일어난다는 점에서 프로이트가 명명했던 남근기라는 용어를 사용하고자 한다. 이 단계에서 아이는 자신의 성기를 만지거나 환상을 통해서 쾌락을 느끼고 성적 욕망을 충족시키려고 한다. 남근기의 갈등은 아이의 반대 성인 부모와 관련한 근친상간 욕망에 대한 환상과 관련되어 있다. 그 결과로 남아는 어머니와 사랑에 빠지고, 여아는 아버지와 사랑에 빠지게 된다.

남아는 환상과 행동을 통해 어머니에 대한 성적 소망을 나타내고 독차지하려고 한다. 이 과정에서 아버지를 강력한 경쟁자 내지는 위협적 존재로 인식하게 되며, 한편으로 아버지와 어머니가 특별한 관계에 있음을 인식하고 아버지에게 질투심을 가지게 된다. 이러한 상황에서 갈등의 원천인 자기의 남근을 아버지가 제거해 버릴지도 모른다는 거세불안(castration anxiety)을 가지게 되는데, 프로이트는 이를 아버지를 죽이고 어머니와 결혼을 한 그리스 신화 속의 인물을 은유하여 오이디푸스 콤플렉스(Oedipus complex)라고 하였다. 남아는 어머니를 향한 성적 충동을 억압하고 아버지를 동일시(identification) 함으로써 남근기 갈등을 극복한다. 이와 더불어 아버지에 대한 동일시를 통해 사회적 규범이나 도덕적 실체라고 할 수 있는 초자아를 발달하게 된다.

한편, 이 단계의 여아는 자신이 남근이 없다는 사실을 인식하게 되고, 자신에게 남근을 주지 않은 어머니를 비난하고 아버지에게 애정을 품게 됨과 동시에 남근을 부러워하는 남근선망(penis envy)을 가지게 된다. 프로이트는 이를 자기 동생을 설득해서 어머니와 어머니의 정부를 살해한 그리스 신화 속의 인물을 은유하여 엘렉트라 콤플렉스(Electra complex)라고 불렀다. 여아의 이러한 갈등은 어머니의 여성적 가치를 자신과 동일시하고 초자아가 형성되면서 극복된다.

프로이트는 남근기 시기에 자신과 같은 성의 부모와 동일시를 통해 사회적 실체를 받아들이고 콤플렉스를 해결하면서 초자아가 발달한다고 본다. 즉, 아이들은 5~6세 정도가 되면 부모가 정한 규칙들과 훈계를 통해 도덕성을 형성하게 되고, 오이디푸스 콤플렉스 또는 엘렉트라 콤플렉스를 극복해 나가면서 초자아를 발달시키게 된다. 이를 통해 정신의 일차적 과정에 따라 쾌락을 추구하는 원초아를 억제하는 역할을 하게 되면서 사회적 요구에 부합되는 만족을 추구할 수 있게 된다.

(4) 잠복기

잠복기(latency period)는 6세에서 12세 전후 사춘기 이전까지의 기간으로, 이 시기에는 리비도가 억압되고 잠복하게 된다. 이 단계에서는 특별한 성적 갈등이 나타나지 않고, 학령기가 시작되어 가족 이외의 사회적 접촉을 확산하는 데 에너지가 집중된다. 일반적으로 잠복기 시기의 아동들은 비교적 평온하고 침착하며 자기 통제적인 특징을 보인다. 그 대신 자신이 지금까지 경험하지 못했던 지적 활동에 관심을 가지고 에너지를 집중시키고 주로 동성들과의 우정관계를 형성한다.

(5) 생식기

생식기(genital stage)는 심리성적 발달의 최종 단계로서, 여아의 경우 약 11세경, 남아의 경우 약 13세경에 사춘기가 시작된다. 이 시기가 되면 급격한 신체적 성장과 함께 호르몬의 변화로 인해 그동안 잠복해 있던 리비도가 성기에 집중된다. 또한 성적 충동을 현실적으로 수행할 수 있는 생리적 능력이 발달하여 이성에 관심을 가지게 되고, 이성으로부터 성적 만족을 얻으려고 한다. 또한 이전 시기까지 원만한 발달단계를 거치게 되면 타인에 대해 관심을 가지게 되고, 이타적인 성인으로 성장해 나간다.

〈표 7-1〉 프로이트의 심리성적 발달단계

발달단계	연 령	주요 특성
구강기	0~1세	• 빠는 행위를 통해 쾌락과 만족감 경험 • 구강 욕구가 과도하게 만족 혹은 결핍되면 구강 수용적 행동 또는 구강 공격적 행동
항문기	1~3세	• 장운동과 배변(배설 · 배설지연)을 통해 긴장 완화, 기쁨 경험 • 배변훈련이 순조롭지 못하면 항문기 욕구좌절로 항문 공격적 성격 또는 항문 보유적 성격
남근기	3~6세	• 성에 눈을 뜨고 반대 성의 부모와 근친상간의 환상 • 남아는 거세불안(오이디푸스 콤플렉스), 여아는 남근선망(엘렉트라 콤플렉스) 경험 • 동성 부모의 동일시를 통해 갈등 극복, 초자아 발달
잠복기	6세~12세	• 리비도가 완화되어 성적 충동의 잠복, 평온하고 침착 • 외부 세계에 대한 지적 관심과 호기심 활발, 동성들과 우정관계 형성
생식기	12세 이후	• 이차성징으로 공격적이고 활발한 성적 본능 출현 • 성역할 정체감과 성인으로서 사회적 관계 발달

4) 본능이론

(1) 본능의 근원

프로이트는 인간 성격의 주요 추진력을 추동(drive) 혹은 충동(impulse)으로 보았다. 이 추동적 본능은 성격의 기본적 요소이며, 행동의 방향을 잡고 행동을 추진하게 하는 동기라고 할 수 있다. 프로이트는 본능을 에너지의 형태로 보았으며, 이 에너지가 인간의 신체적 욕구와 정신의 소망을 연결해 준다고 생각하였다. 프로이트는 본능을 두 가지 범주인 삶의 본능과 죽음의 본능으로 구분하였다.

프로이트는 삶의 본능을 그리스 신화에 나오는 사랑의 신인 에로스(Eros), 죽음의 본능을 죽음의 신인 타나토스(Thanatos)에 비유하였다. 원래 프로이트는 에로스와 함께 타나토스의 개념을 제시하면서도 타나토스를 에로스의 부수적인 것으로 여겼다. 처음에 그는 에로스가 제 기능을 충분히 발휘하지 못하여 삶의 본능이 좌절되었을 때만 타나토스가 나타난다고 생각하였다. 즉, 인간에게 삶의 본능은 있어도 죽음의 본능이란 없으며, 죽음은 삶의 길이 막혔을 때 떠오르는 것으로 보았다.

그러나 그가 제1차 세계대전(1914~1918)을 겪으면서 인간의 공격성에 대해 더 깊은 관심을 가지게 되어 1919년 자학(masochism)을 연구하다가 1920년 죽음의 본능(death instinct)을 개념화하였다. 즉, 인간에게는 종족 유지나 개체 유지와 같은 삶의 본능도 있지만 죽어서 본래의 상태(無)로 돌아가려는 본능도 있다는 것이다. 타나토스는 에로스와 무관하게 실재하는 본능이므로 단순히 에로스가 위축될 때만 나타나는 것이 아니라 삶의 길이 막히지 않아도 죽음을 생각할 수 있다는 것이다. 타나토스도 에로스처럼 무의식적인 본능이며, 이것이 자신에게 향하면 자기 스스로를 파멸시키는 자기파괴로 표출될 수도 있고 외부를 향한 공격성으로 표출될 수도 있다.

(2) 삶의 본능과 죽음의 본능

삶의 본능(life instincts)은 식욕이나 성욕 등과 같이 유기체의 생존을 위한 생물

아의 명령을 나름대로 다루기 위해 사용하는 수단이라고 볼 수 있다. 방어기제는 당장 직면한 불안을 감소시키는 데는 도움이 되지만 무분별하고 충동적으로 사용될 때는 병리적이 된다. 그러나 지나치게 의존하지 않는다면 방어기제의 사용은 또 하나의 적응기제라고 할 수 있다. 사람들이 많이 사용하는 대표적인 방어기제를 살펴보면 다음과 같다.

(1) 억압

억압(repression)은 원하지 않는 생각 · 욕구 · 감정 등을 의식으로부터 끌어내어 무의식 속으로 억눌러버리는 방어기제이다. 억압은 의식에 두기에는 힘들거나 괴로운 수치스러운 생각, 죄의식이 드는 기억, 괴로웠던 경험, 그리고 싫증나는 일 등을 무의식으로 눌러 넣어버리는 것을 말한다. 그러나 무의식 속으로 억압된 충동들은 거기에 머물러 있는 것이 아니라 자아가 약해지는 틈을 타서 의식으로 침투하려는 습성을 가지고 있어서 억압이 완전히 성공을 거두는 경우는 드물다. 억압의 이러한 작용은 불안을 일으키고, 사람들은 불안을 없애기 위해 다른 방어기제를 부가적으로 사용하게 된다.

(2) 합리화

합리화(rationalization)란 자신의 정당하지 못한 행동에 그럴듯한 이유를 붙여 정당화하거나 불안의식을 제거하려는 방어기제이다. 합리화는 사람들이 자기 보호와 체면 유지를 위해서 가장 흔하게 사용하는 방어기제이다. 합리화는 두 가지 방식으로 구분된다. 첫째, 자신이 바라던 것을 얻지 못했을 때, 그 가치를 깎아내림으로써 마음의 평안을 얻으려 하는 합리화 방식을 이솝우화의 〈여우와 포도(The Fox and the Graps)〉 이야기에 비유하여 '신포도(sour grapes) 기제'라고 한다. 둘째, 자신이 인정하고 싶지 않은 것을 억지로 받아들여야만 할 때, 그것이 마치 원래 바라던 일인 것처럼 생각하는 합리화 방식을 '단레몬(sweet lemon) 기제'라고 한다. 결국 합리화는 무의식이 자신에게 하는 변명이라고 할 수 있다.

▌그림 7-2▌ 이솝우화 〈여우와 포도〉 삽화

출처 : George Fyler Townsend(1867)

(3) 투사

투사(projection)란 자신의 바람직스럽지 않은 감정을 다른 사람이나 어떤 대상에게 옮겨서 그 감정이 외부로부터 오는 위협으로 보이게 하는 과정이다. '잘되면 제 탓 못되면 조상 탓'이라는 속담처럼 자기 잘못을 수용하지 않고 남의 탓으로 돌리거나, 자신이 스스로 받아들일 수 없는 충동이나 태도 등을 무의식적으로 타인이나 환경 탓으로 돌리는 것을 말한다. 어떤 사람을 미워하면서 내가 상대방을 미워하는 것이 아니라 상대방이 나를 미워한다고 생각하는 것이 그 예이다.

(4) 부정

부정(denial)은 가장 원초적인 방어기제 중 하나로서, 의식화된다면 도저히 감당할 수 없는 생각, 욕구, 또는 현실적 사실 자체를 무의식적으로 인정하지 않는 방어기제이다. 즉, 감당할 수 없는 현실에 직면했을 때 그 사실 자체를 부정해 버림으로써 마음의 평정을 찾고 스스로 불안을 피하려는 것을 말한다. 건강검진에서

암 진단을 받은 환자가 의사의 진단을 오진이라며 자기의 병을 부정하는 것, 부모가 사랑하는 자녀의 죽음을 계속해서 믿지 않으려는 것 등이 그 예이다.

(5) 반동형성

반동형성(reaction formation)이란 자신의 욕구나 충동과 오히려 반대되는 행동을 나타냄으로써 금지된 욕구나 충동의 표출로 갖게 될 불안으로부터 자신을 보호하려고 하는 것을 말한다. '미운 놈 떡 하나 더 준다.'라는 속담처럼 어떤 본능이 정반대의 본능에 의해 의식으로 떠오르지 못하게 하는 방어기제이다. 성적 충동에 사로잡힌 사람이 정반대로 포르노그래피를 맹렬하게 비판하는 것, 마음속으로 증오하는 사람에게 자신의 마음이 표현될까 두려워 지나친 친절을 베푸는 것 등이 그 예이다.

(6) 전위

전위(displacement)란 어떤 대상이나 사람에게 향한 충동이나 감정을 다른 대상이나 사람에게 옮겨서 표현하는 것을 말한다. 부모에게 꾸중을 들은 아이가 적대감을 부모에게 직접 표현하지 못하고 동생이나 강아지에게 화풀이하는 행위, 언니를 미워하는 동생이 언니의 공책을 찢어버리는 행위 등이 그 예이다. '종로에서 뺨 맞고 한강에서 화풀이한다.'라는 속담도 전위의 예라고 할 수 있다.

(7) 승화

승화(sublimation)는 본능적 욕구나 참기 어려운 충동적 에너지를 사회적으로 용납할 수 있는 형태로 바꾸어 사용하는 것을 말한다. 승화는 전위의 한 형태이지만, 사회적으로 수용되고 자신에게도 유익하다는 면에서 대부분의 방어기제와 달리 건전하고 건설적인 방어기제이다. 자신의 폭력적이고 공격적인 충동을 승화하여 권투선수가 되거나, 성적 욕망이나 에너지를 승화하여 예술가나 무희가 되는 것이 그 예이다.

(8) 퇴행

퇴행(regression)은 좌절을 심하게 당했을 때 또는 아주 심한 스트레스를 받았을 때 유치한 수준으로 후퇴하는 현상을 말한다. 퇴행은 주로 생의 초기에 성공적으로 사용했던 생각이나 감정과 행동에 의지하여 자기 자신의 불안이나 위협을 해소하려는 과정이다. 동생이 태어나자 밥을 먹던 아이가 갑자기 아기 젖병을 무는 행동을 하거나, 결혼 후 처음으로 남편과 말다툼을 한 아내가 다시 친정으로 돌아감으로써 편안함을 찾으려고 하는 것 등이 그 예이다. 퇴행은 일시적으로 긴장이나 불쾌감을 해소하는 기능을 하지만, 사람을 의존적이고 우유부단하고 변화나 새로운 모험을 두려워하게 만든다.

3. 상담의 실제

1) 상담목표

정신분석적 상담은 내담자의 무의식적 갈등을 해소하여 자기 자신을 더 잘 이해하고, 정서적으로 성숙해지며, 심리적 문제를 극복할 수 있도록 돕는 것을 목표로 한다. 프로이트는 1933년 '정신분석입문' 강의를 통하여 정신분석적 치료의 목표를 "자아를 강하게 하고, 자아를 초자아에 덜 의존하도록 하며, 자아의 지각적 장을 확대하고, 자아의 조직을 복구하고 증축한다."라고 제시하였다. 그리고 이것을 한마디로 "원초아가 있었던 곳에 자아가 있어야 할 것이다(Where id was, there ego shall be)."라고 하였다. 즉, 정신분석적 상담은 자아의 기능을 강화하여 원시적이고 충동적인 원초아를 효과적으로 다룰 수 있도록 하는 것에 기본적 목표가 있다. 정신분석적 상담의 구체적 목표는 다음과 같다.

첫째, 무의식의 탐색을 통해 심리적 문제의 원인을 통찰하도록 돕는다. 프로이트는 인간의 심리적 문제가 주로 무의식에서 비롯된다고 보았다. 정신분석적 상담은 억압된 감정이나 갈등을 인식하지 못하는 상태에서 해소되지 못한 채로 남아 있는 내면의 문제들을 탐색한다. 정신분석적 상담은 무의식의 내용을 의식으로 끌어올림으로써 내담자가 자신의 문제와 그 원인을 이해하고 통찰하여 문제를 해결하는 힘을 기르도록 한다.

둘째, 방어기제를 해체하여 무의식적 갈등과 감정을 직면하도록 돕는다. 내담자는 자신의 무의식적 갈등을 직면하지 않기 위해 여러 방어기제를 사용한다. 정신분석적 상담은 내담자가 사용하는 역기능적 방어기제를 해체함으로써 억눌린 감정과 충동을 안전한 환경에서 직면하게 하고, 이를 통해 내담자가 심리적 문제를 해결할 수 있도록 돕는다.

셋째, 무의식적 갈등을 해소하고, 심리적 균형을 이루도록 돕는다. 인간의 심리적 문제는 원초아의 본능적 욕구, 초자아의 도덕적 기준, 자아의 현실적 판단 사이에서 균형을 이루지 못할 때 발생한다. 정신분석적 상담은 원초아, 자아, 초자아 사이의 갈등을 해소하는 것을 목표로 한다. 상담을 통해 무의식적 갈등을 이해하고 통합함으로써 내담자가 자신의 본능적 욕구와 도덕적 요구 사이에서 균형을 이룰 수 있도록 한다.

넷째, 과거의 억압된 감정을 직면하고 통찰함으로써 정서적으로 성숙하고 자아를 강화한다. 프로이트는 상담을 통해 내담자가 억압된 감정과 욕구를 직면하고 이를 처리할 수 있게 됨으로써, 정서적으로 성숙해지고 자아가 강화된다고 보았다. 자아가 강화되면 내담자는 자신의 충동을 잘 조절할 수 있고, 대인관계나 사회적 상황에서도 더 적응적으로 행동할 수 있게 된다.

다섯째, 무의식적 갈등을 해소하고 심리적 문제나 증상을 완화한다. 무의식적 갈등이 해결되면 불안이나 우울 등 다양한 심리적 문제가 완화될 수 있다. 정신분석적 상담은 이러한 증상의 근본 원인인 무의식적 갈등을 해소하는 데 중점을 둔다.

2) 상담과정

정신분석적 상담은 그때그때 급한 불만 끄는 상담이 아니라 심리적 증상의 뿌리에 해당하는 무의식적 충동이나 갈등을 해결하는 심층적인 상담 및 심리치료라고 할 수 있다. 정신분석적 상담은 내담자의 태도와 행동에 영향을 주고 있는 무의식 속의 비밀을 의식화시켜서 심리적 문제와 관련된 원인을 통찰함으로써 문제나 증상을 해소하고 현실에 잘 적응할 수 있도록 돕는 데 있다. 무의식을 탐색하고 통찰을 이루기까지의 과정은 많은 시간이 필요하기 때문에 다른 형태의 상담에 비해 오랜 기간이 소요된다. 아로우(Arlow, 2005)는 정신분석적 상담의 과정을 개시, 전이 발달, 훈습, 전이 해결의 네 단계로 구분하였다.

(1) 개시

개시(opening)는 내담자의 문제를 파악하고 정신분석의 여부를 결정하는 정신분석적 상담의 초기단계이다. 이 단계에서는 내담자의 문제에 대해 정신분석을 하는 것이 적절한지 평가한 후 치료동맹을 맺는 작업을 한다. 이때 상담자는 내담자의 과거 경험과 그때그때의 감정들을 거리낌 없이 자유롭게 털어놓도록 격려해야 한다. 무의식의 내용은 대개 두렵고 수치스러운 것들이다. 따라서 상담자는 무의식의 탐구를 서둘러서는 안 되고, 고통스러운 경험을 꺼내놓지 않으려는 내담자의 마음을 존중하면서 상담에 임해야 한다.

(2) 전이 발달

상담자와 내담자의 만남을 통해 친밀한 관계가 형성되면 내담자는 자신의 무의식적 갈등의 문제를 표출하게 되는데, 이를 전이 발달(development of the transference)이라고 한다. 전이란 내담자가 과거의 중요한 인물들에게 느꼈던 생각이나 감정을 상담자에게 투사하는 현상을 말한다. 예컨대, 어렸을 때 엄격한 아버지에게 맺혔던 감정이 있는 내담자의 눈에는 상담자도 자기 아버지와 같은 인물로 여겨지는 현상을 보인다. 즉, 과거의 갈등과 관련 있는 중요한 인물에 대한 내담자의 정서적 반응이 상담자를 향하여 나타나게 되는 것을 전이라고 한다.

전이 발달은 내담자의 무의식이 의식의 표현으로 올라오고 있음을 나타내는 매우 중요한 현상이다. 상담자(현재의 인물)를 과거 엄격했던 아버지(과거의 인물)와 심리적으로 혼동하는 것은 그만큼 과거의 인물에 대한 미해결된 갈등이 내담자에게 남아있다는 것을 의미하는 것이다. 이러한 혼동이 생기는 이유를 하나씩 탐색해 감으로써 내담자의 무의식 속에 잠재된 엄격했던 아버지에 대한 갈등을 의식이 작용하는 현재의 관점에서 해결해 갈 수 있는 것이다.

전이의 해석은 정신분석적 상담의 핵심이다. 상담자는 전이를 분석하여 내담자가 겪고 있는 갈등의 본질을 통찰(insight)할 수 있게 한다. 지속적인 상담을 통해 전이 분석이 이루어지면 내담자는 자신의 문제에 대해 통찰할 수 있게 된다.

(3) 훈습

훈습(working though)의 단계는 전이에 대한 통찰을 기반으로 내담자가 자기 행동과 태도를 변화하기 위해 노력하는 과정이다. 내담자가 자신의 심리적 문제와 관련한 무의식적 갈등에 대한 통찰을 얻는 것만으로도 매우 큰 성과이다. 그러나 내담자의 무의식적 갈등에 대한 지적 통찰만으로 정신분석이 완전히 끝난 것은 아니다. 무의식적 갈등을 내면에서 완전히 이해하는 감정적 통찰을 얻기까지는 더 많은 시간이 필요하기 때문이다. 따라서 훈습의 과정은 오랜 시간이 걸리는 힘든 과정이다. 이 단계에서 상담자는 통찰을 변화로 이끄는 것을 방해하는 내담자의 저항을 반복적으로 해석하고, 해석에 대한 내담자의 반응을 탐색하여 다시 저항을 해석하는 점진적인 작업을 통해 내담자의 변화를 이끈다.

(4) 전이 해결

전이 해결(resolution of the transference)은 전이의 분석이 종결되는 단계이다. 상담자에 대한 내담자의 무의식적이고 신경증적 애착이 해결되면 정신분석은 종결된다.

3) 상담기법

정신분석적 상담은 무의식의 탐구와 과거의 상처 치유를 통해 내담자가 더 성숙하고 안정된 삶을 살 수 있도록 돕는 장기적 과정이다. 이를 통해 내담자는 자신의 감정과 행동을 더 잘 이해하고, 성숙한 방식으로 대처할 수 있게 된다. 정신분석적 상담에서 사용되는 주요 기법들은 다음과 같다.

(1) 자유연상

자유연상(free association)은 내담자가 자유롭게 생각을 떠올리고 말하는 과정을 통해 무의식을 탐색하는 기법이다. 자유연상은 내담자의 억압된 무의식에 숨겨진 진실을 탐색하기 위해 사용한다. 이 과정에서 내담자의 숨겨진 갈등이나 욕망이 드러날 수 있다. 상담자는 내담자를 카우치(couch)에다 눕히고, 마음속에 떠오르는 것이면 무엇이든지 말하도록 한다. 상담자는 자유연상을 통해 내담자의 마음에 억압된 자료를 수집하고 그것을 해석하여 내담자의 통찰을 돕는다. 이때 상담자는 어떤 특별한 말이나 행동을 명심하려 하지 말고, 내담자의 모든 반응에 골고루 주의를 기울여야 한다. 상담자의 '잔잔히 떠 있는 주의력'은 상담의 초점을 조급하게 잡는 것을 막아준다.

(2) 꿈 분석

꿈 분석(dream analysis)은 꿈의 내용이 가지는 상징을 탐구하여 숨겨져 있는 의미를 파악하는 기법이다. 정신분석학에서는 무의식적 소망이나 억압된 감정이 꿈을 통해 상징적으로 나타날 수 있다고 본다. 잠을 잘 때에는 방어기제가 약해져서 억압된 욕망과 갈등이 의식표면에 떠오르는데, 이러한 꿈이 가지고 있는 특성을 활용하여 내담자의 억압된 무의식을 탐색하는 것이다. 상담자는 내담자에게 꿈을 말하게 하고, 그것을 토대로 자유연상을 하도록 하며 그와 관련된 감정들을 말하도록 한다. 상담이 진행되고 해석이 이루어지면서 내담자와 상담자는 꿈의 의미를 이해하게 되고, 내담자는 자신의 문제를 새로운 관점에서 볼 수 있는 통찰을 얻을 수 있다.

(3) 전이 분석

전이 분석(transference analysis)은 내담자가 상담자에게 전이하는 감정과 행동을 분석하여 과거의 중요한 관계에서 발생한 무의식적 갈등을 이해하고 해소하는 기법이다. 전이(transference)는 정신분석적 상담의 과정에서 내담자가 무의식 속에 묻어두었던 생각이나 감정을 상담자에게 드러내는 현상을 말한다. 이때 상담자는 내담자가 상담자를 어떻게 대하는지, 내담자가 상담자에 관해 어떠한 생각을 품고 있는지 등을 주의 깊게 관찰하여 그것이 어떤 의미를 지니고 있는지 이해하고 분석한다.

전이에는 긍정적 전이와 부정적 전이가 있다. 긍정적 전이는 상담자를 특별히 좋아하고 이상적인 인물로 보게 되는 전이다. 예컨대, 상담 시간 전에 미리 도착하는 것, 옷차림이나 외모에 관심이 많아지는 것, 상담자의 개인적인 신상에 대한 궁금증이 많아지는 것, 상담의 효과가 좋다는 말을 많이 하는 것 등이다. 부정적 전이는 상담자를 이유 없이 두려워하거나 미워하는 전이다. 예컨대, 상담 때문에 불편을 겪고 있다는 말을 많이 하는 것, 상담자가 무섭다거나 피곤해 보인다는 말을 자주 하는 것 등이다.

긍정적 전이든 부정적 전이든 모두 해결되지 않은 내담자의 무의식적 갈등이 현실에서 재현이 되고 있는 것이다. 전이는 내담자가 과거의 어린 시절 중요한 타인에 대해 가지고 있는 감정이나 태도를 현재의 상담자에게 투사하는 것이므로, 그 감정과 태도는 시대착오적이고 왜곡된 것이라는 해석을 해주어야 한다. 내담자가 전이에 대한 바른 통찰력을 가지게 되면 비합리적인 유아기적 욕구에서 벗어나서 성숙하고 현실적인 관계에서 만족을 얻게 된다. 그러므로 전이 단계는 정신분석에서 가장 중요한 고비로서 상담자는 내담자의 전이를 잘 다루어야 한다.

상담의 과정에서 상담자가 내담자에게 일으키는 전이 현상도 발생할 수 있는데, 이를 역전이(counter-transference)라고 한다. 역전이란 내담자에 대한 상담자의 감정반응으로, 상담자 자신의 무의식적 갈등이 내담자를 통해 노출되는 현상을 말한다. 상담자도 불완전한 사람이기 때문에 무의식적 갈등으로 인한 왜곡된 신념, 욕구, 태도 등을 가질 수 있다. 예컨대, 학교폭력 피해 경험이 있는 상담자는 학교폭력 가해자나 공격성 관련 문제를 가지고 오는 내담자에게 혐오감을 느낄 수 있다. 왜냐하면 내담자가 자신의 피해 경험을 자꾸 자극하기 때문이다. 상담자의 역전이는 자신의 내적 갈등 때문에 내담자의 문제를 보지 못할 수도 있고 그 내담자를 피하고 싶거나 괴롭힐 수도 있다. 효과적인 정신분석을 위해 가장 중요하고도 어려운 것은 상담자가 자신의 역전이를 발견하고 극복하는 것이다. 역전이를 극복하기 위해서는 개인분석(personal analysis)을 받을 필요가 있다.

(4) 저항 분석

저항 분석(resistance analysis)은 내담자가 무의식적 갈등을 직면하는 과정에서 불편함을 느끼고 저항하는 현상을 분석하여 이를 극복하도록 돕는 기법이다. 저항은 상담의 과정을 방해하는 모든 것을 포함한다. 예컨대, 상담 약속시간을 어기거나 취소하기, 의미 없는 말만 되풀이하기, 중요하지 않은 사소한 이야기만 하면서 상담 시간 채우기, 침묵하기, 이유를 알 수 없는 분노 등이다. 내담자는 상담의 과정에서 고통스러운 무의식적 경험이 의식의 표면으로 올라오는 것을 피하기 위해 저항을 한다. 무의식에 숨겨진 내용들을 드러내는 것은 내담자에게는 매우 고통스러운 일이기 때문이다.

어떤 내담자는 불편하고 괴로웠지만 이미 익숙해져 버린 그동안의 삶의 방식을 버리고 새로운 적응방식으로 살아야 한다는 것에 대한 두려움 때문에 저항하기도 한다. 또는 자신의 역기능적 욕구의 충족을 계속 유지하고 싶은 마음에서 저항하는 내담자도 있다. 예컨대, 다른 사람에게 지나치게 의존하며 살아온 사람은 자신의 의존 욕구를 버릴 수 없어서 저항할 것이다. 이처럼 내담자가 저항을 하는 이유는 다양하지만, 저항에는 의미 있는 내용이 반드시 숨겨져 있다. 따라서 내담자의 저항 분석은 정신분석적 상담의 필수적 요소이다.

(5) 정화법

정화법(cathartic method)은 무의식 속에 숨어있는 감정, 마음의 상처, 콤플렉스를 말이나 행위를 통해 밖으로 발산시켜서 마음의 상처를 치료하는 기법이다. '말하기 치료(talking cure)'라고도 부르며, 억눌린 감정이 발산되고 정화되어 마음의 상처가 치료된다는 의미이다. 마음의 상처나 응어리는 상기하거나 말하기 괴롭고, 전혀 생각나지 않을 수도 있다. 이 방법을 처음으로 발견한 오스트리아의 생리학자 브로이어(J. Breuer)는 이러한 저항을 완화하기 위해 최면술을 사용하였으나, 오늘날에는 마취분석이나 자유연상 기법을 사용한다.

정화 또는 배설을 의미하는 단어인 카타르시스(catharsis)의 문학적 의미는 비극(悲劇)을 봄으로써 마음속에 쌓인 우울함이나 불안감 따위가 해소되고 마음이 정화되는 것을 의미한다. 정신의학에서는 마음속에 억압된 감정의 응어리를 행동이나 말을 통하여 발산함으로써 정신의 균형이나 안정을 회복하는 일이라고 해석한다. 오늘날에는 카타르시스라는 단어가 단순히 정화나 배설의 의미로만 쓰이지 않고, '스트레스를 푼다'라는 의미로 사용되고 있다. 특히 현대심리학과 정신의학의 발전으로 전문가가 아닌 일반인들도 카타르시스의 심리적·의학적 효과에 대해 대체적인 상식을 가지고 있다.

(6) 해석

해석(interpretation)은 상담자가 내담자의 말이나 행동에 숨겨진 무의식적 의미를 밝혀서 이를 해석하는 것이다. 해석의 목표는 무의식적 갈등의 원인을 밝히는 것이다. 상담자는 자유연상, 꿈 분석, 그리고 내담자의 전이 및 저항을 통해 나타난 무의식적 내용들의 의미를 해석해 준다.

해석할 때는 몇 가지 유의해야 할 점이 있다. 첫째, 상담자는 해석하려는 내용을 내담자가 수용할 수 있을 때 해야 한다. 정확한 해석도 부적절한 시기에 이루어지면 오히려 내담자의 불안감을 자극할 수 있다. 해석의 적절한 시기는 내담자가 현재 반복되는 자신의 문제를 해결하고 변화의 동기가 있다고 판단될 때 하는 것이 좋다. 둘째, 해석은 사실보다는 현상에 초점을 두고 이루어져야 한다. 즉, 내담자의 경험이 무엇을 의미하는지, 상담자와의 관계에서 나타나는 행동이 그 경험과 어떻게 연결되는지, 그리고 과거의 무의식적 갈등이 현재 내담자에게 어떤 영향을 미치고 있는지 등을 설명하는 데 초점을 두어야 한다.

08
CHAPTER

행동주의적 상담

1. 인간에 대한 관점

행동주의적 상담은 행동주의 학습이론(learning theory)에 바탕을 두고 있으며, 상담 및 심리치료의 초점을 사고나 감정보다 행동에 두고 있다는 점에서 다른 이론들과 상당히 다르다. 행동주의적 상담의 이론적 기반인 행동주의(behaviorism) 심리학은 현대 심리학의 태동에 중요한 역할을 했던 의식 심리학을 비판하고 등장하였다. 초기 행동주의 심리학에서는 모든 행동을 자극(stimulus)과 반응(response)의 연합에 의한 조건형성(conditioning)의 결과로 보았다. 그러나 이러한 자극-반응(S-R) 이론은 동물의 행동에서는 성립되는 경우가 많으나, 인간의 행동에서는 성립되지 않는 경우가 더 많다. 이에 1950년대부터는 자극과 반응 사이에 유기체(organism)를 삽입한 S-O-R의 공식으로 인간의 행동을 이해하고자 하는 신행동주의(neo-behaviorism) 심리학이 출현하였다.

행동주의는 현대 교육에도 많은 영향을 미쳤다. 특히 교육심리학을 독자적인 학문 분야로 발전시킨 손다이크(Thorndike)는 심리학적 연구의 결과를 교수자료나 수업설계에 응용하였다. 스키너(Skinner)는 행동주의 심리학의 강화이론에 근거하여 교수기계(teaching machine)를 발명하여 교육공학의 발전에 기여하였다. 또한 조건형성의 원리를 이용한 바람직한 행동 조성의 원리, 부적응행동을 바람직한 행동으로 대치시키는 행동수정 방법도 행동주의의 영향을 받은 것이다. 행동주의적 상담은 인간 행동의 대부분은 외적 조건과 경험에 의해 형성된다고 본다. 인간은 반응적 존재로서 환경에 의해 만들어지는 존재이기 때문에 환경을 세분화시킬 수 있다면 인간이 어떻게 반응할 것인지를 예측할 수 있다는 것이다.

행동은 어떤 자극 상황에서 존재하는 여러 개의 습관적인 반응과 연합된다. 이때 자극 상황은 습관 위계(habit hierarchy)와 연합된다. 예컨대, 어떤 사람이 거의 알지 못하는 사람들이 있는 큰 모임에 갔다면, 적극적으로 다른 사람들을 사귀려고 하거나(가능성 1), 이미 알고 있는 소수의 사람들과만 가까이 대화할 가능성도 있다(가능성 2). 또는 그 장소에 있는 물건들에 관심을 두면서 사람들과의 관계에서는 조용히 물러나 있을 수도 있다(가능성 3). 상황에 따라 사람들의 주목을 받기 위한 행동을 하거나(가능성 4), 조용히 식사만 하고 돌아갈 수도 있다(가능성 5). 이러한 상황을 하나의 자극(S)으로 본다면, 사람에 따라 동일 자극에 어떤 반응을 자주 하는지 반응 위계가 있을 것이다. 즉, 동일한 자극(S)에 의하여 촉발될 수 있는 경향성에 따라 순서화된 여러 반응 중 가능성 1(R1)이 가능성 2(R2)보다 일어날 수 있는 가능성이 더 높을 것이다.

최근의 행동주의 심리학은 행동주의의 틀에 인지적(cognitive) 요인을 추가하였다. 행동은 대부분 경험과 학습을 통해 형성된다는 것은 인정하면서도 인간은 환경적인 조건형성을 수동적으로 수용하는 것이 아니라 정보를 능동적으로 구하고 처리한다고 본다. 즉, 행동과 인지에 영향을 주는 자극이 무엇인지에 초점을 맞추고 있다.

2. 주요 개념

1) 고전적 조건형성

고전적 조건형성(classical conditioning)이란 일정한 자극에 의해 선천적으로 유발되는 반사를 처음에는 그것과 관계가 없는 중립자극(NS : Neutral Stimulus)과 연합시킴으로써 반사적 반응을 유발하게 하는 학습을 말한다. 러시아의 생리학자인 파블로프(Pavlov)는 식사 시간에 실험실을 드나들다가 개가 자신을 보고 침을 흘리는 것을 보고 자신이 개에게 하나의 신호 또는 예언적 자극 대상이라는 것을 인식하고 정식 실험을 하였다(권재환 외, 2010).

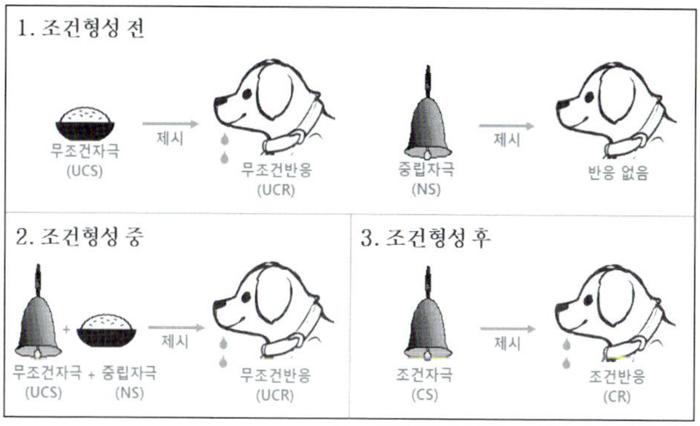

중립자극(NS)	특정 반응과 무관한 자극
무조건자극(UCS)	학습되지 않은 반응을 유발하는 자극
조건자극(CS)	특정 조건에서 반응을 유발하는 기능을 갖게 된 자극
무조건반응(UCR)	무조건자극에 의해 유발된 학습되지 않은 반응
조건반응(CR)	조건자극에 의해 유발된 학습된 반응

❙그림 8-1❙ 고전적 조건형성의 절차

어두운 방에 개를 마음대로 움직이지 못하도록 고정한 후에, 다른 자극에 대해서도 침을 분비하는지 알아보기 위해 종소리를 들려주었다. 그리고 몇 초가 지난 다음 개에게 먹이를 제공하였더니 개는 선천적 반사인 침을 흘렸다. 이와 같은 과정을 몇 번 되풀이하였더니 처음에는 개의 침 분비와는 아무런 관계가 없던 종소리만 들려주어도 침을 흘렸다. 즉, 개가 종소리에 반응하도록 조건형성이 된 것이다. 이때 주어지는 먹이는 조건형성 전에도 개의 타액 분비를 유발했던 자극이므로 무조건자극(UCS : Unconditioned Stimulus)이라 하고, 종소리는 조건형성의 과정을 통해 개의 타액 분비를 유발하게 되었으므로 조건자극(CS : Conditioned Stimulus)이라 한다. 그리고 무조건자극인 먹이에 대해서 타액을 분비하는 것을 무조건반응(UCR : Unconditioned Response)이라 하고, 종소리에 대해서 타액을 분비하는 것을 조건반응(CR : Conditioned Response)이라 한다.

2) 도구적 조건형성

도구적 조건형성(instrumental conditioning)은 미국의 행동주의 심리학자 손다이크(Thorndike)에 의해 확립되었으며, 시행착오 학습이론이라고도 불린다. 굶주린 고양이를 자신이 고안한 문제상자(puzzle box)에 넣고 여러 시행착오 끝에 우연히 지렛대를 밟고 밖으로 탈출한 고양이에게 먹이 보상을 준다. 시행의 횟수가 증가함에 따라 고양이는 탈출 잠복시간이 짧아지는데, 손다이크는 이것을 시행착오학습(trial and error learning)이라고 명명하였다. 즉, 유기체가 문제해결을 위한 장면에서 여러 방법을 동원하여 시행과 착오를 되풀이하다가 우연히 목표에 도달하게 되면, 실패했던 반응은 약화되고 성공적 반응은 강화되어서 나중에는 시행착오 없이 목표에 도달할 수 있게 된다.

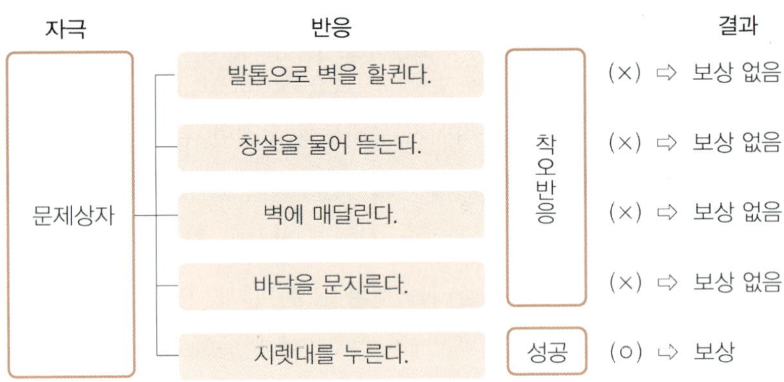

▎그림 8-2▎ 시행착오학습 모형

손다이크는 실험을 통해 자극과 반응의 결합이 잘 이루어지기 위한 세 가지 조건을 제시하였다. 첫째, 학습자의 준비성에 따라 학습의 효과가 달라진다는 준비성의 법칙(law of readiness)이다. 둘째, 학습한 것을 반복적으로 연습해야 잊어버리지 않는다는 연습의 법칙(law of exercise)이다. 셋째는 만족스러운 결과를 얻은 행동은 동일한 환경에서 그 행동을 반복하는 경향이 있다는 효과의 법칙(law of effect)이다. 이 법칙들은 나중에 스키너의 조작적 조건형성의 기초가 되었다(권재환 외, 2010).

3) 조작적 조건형성

조작적 조건형성(operant conditioning)은 미국의 심리학자 스키너(Skinner)에 의해 형성되었다. 그는 유기체의 행동을 반응적 행동(respondent behavior)과 조작적 행동(operant behavior)로 구분하였다. 파블로프의 고전적 조건형성은 어떤 자극에 따라 나타나는 반응적 행동을 학습하는 것이기 때문에 유기체의 의도와 상관없이 이루어지는 학습이다. 반면 조작적 조건형성은 유기체가 다양한 환경조건에서 능동적으로 적절한 반응을 함으로써 보상을 받거나 유리하게 적응하는 학습이다. 즉, 유기체의 자발적 반응에 대하여 보상을 받음으로써 자기 행동과 그 결과 사이의 관계를 학습하는 것이다.

스키너는 유기체가 어떤 반응의 결과에 따라 그 반응행동이 강해지거나 혹은 약해진다고 보고, 자신의 이름을 딴 실험상자인 스키너 상자(Skinner box)를 고안하였다. 실험상자 안의 동물(흰쥐 또는 비둘기)이 지렛대를 누르면 먹이가 나온다. 이러한 절차를 반복한 결과, 동물은 지렛대를 누르는 횟수가 증가하게 되었다. 이 실험은 유기체가 스스로 어떤 반응을 하고 그 반응이 긍정적 보상을 가져다주게 되면 그 후에도 그와 비슷한 반응을 나타낼 확률이 높아진다는 것을 증명하는 것이다.

자극	반응	결과
1단계 : 상황 A에서 유기체	R1. 발톱으로 벽을 할퀸다.	⇨ 보상 없음
	R2. 지렛대를 누른다.	⇨ 보상
	R3. 벽에 매달린다.	⇨ 보상 없음
	R4. 바닥을 문지른다.	⇨ 보상 없음
2단계 : 상황 A에서 유기체	R2. 지렛대를 누른다.	⇨ 보상

▌그림 8-3 ▌ 조작적 조건형성의 원리

스키너는 보상(reward)을 유기체의 특정 반응 뒤에 얻어지게 함으로써 반응률을 높이는 과정을 강화(reinforcement)라고 하였다. 강화란 행동의 발생 빈도 혹은 강도를 증가시키는 절차 혹은 결과를 의미한다. 유기체의 행동은 환경에서 주어지는 강화 여부에 따라 좌우되고, 강화의 성격이나 정도에 따라 수정될 수 있다. 강화는 정적 강화(positive reinforcement)와 부적 강화(negative reinforcement)로 구분된다. 정적 강화는 유기체가 좋아하거나 선호하는 자극을 제공하는 강화이고, 부적 강화는 유기체가 원치 않거나 혐오하는 자극을 제거하는 강화를 말한다.

4) 관찰학습

캐나다계 미국 심리학자인 반두라(Bandura)는 조건형성에 기반한 학습이론들은 결국 관찰을 통해 일어나는 것이고, 사회적 상황에서 조건형성을 관찰함으로써 또 다른 학습이 형성되는 것이므로, 학습은 타인의 영향을 받을 수 있고 타인에게 영향을 줄 수도 있다는 점을 강조하였다. 그는 학습은 강화가 없어도 일어날 수 있으며 사회적 상황에서 타인들의 행동을 단순히 관찰하고 모방하는 대리적 경험(vicarious experience)을 통해서도 학습을 할 수 있다고 보고, 이것을 관찰학습(observational learning)이라고 명명하였다. 관찰학습은 대리학습(vicarious learning) 또는 모델링(modeling)이라고도 한다.

반두라는 관찰을 통한 학습이 가능한지 검증하기 위하여 아동을 대상으로 공격성을 주제로 하는 실험을 하였다(Bandura, Ross, & Ross, 1961). 아동들을 세 집단으로 나누고 아동이 보보인형(bobo doll)을 때리고 발로 차는 실험영화를 보여주었다. 제1집단에는 영화 속 주인공이 공격성을 보임에 따라 강화를 받는 것을 보여주었다. 제2집단에는 영화 속 주인공이 벌을 받는 것을 보여주었다. 그리고 제3집단은 강화도 처벌도 받지 않는 내용을 보여주었다. 영화를 상영한 후, 각 집단의 아동들에게 영화에서 보았던 보보인형을 주고 놀도록 하고, 각 집단의 아동들이 인형에 대해 보이는 공격성을 관찰하였다. 그 결과, 공격으로 인해 강화를 받은 것을 보았던 제1집단 아동들이 가장 공격적이었고, 벌을 받는 것을 봤던 제2집단 아동들의 공격성이 가장 낮았다. 실험을 통하여 제1집단은 대리강화(vicarious reinforcement)를 받은 것이고, 제2집단은 대리처벌(vicarious punishment)을 받은 것이다.

반두라는 이 실험 결과를 근거로 학습은 직접적인 강화에 의한 경험을 통해서 이루어지기도 하지만 타인의 행동을 관찰만 해도 새로운 행동을 학습할 수 있다는 대리적 학습(vicarious learning)을 주장하였다(이주희 외, 2012). 그리고 대리적 경험에 의한 관찰학습은 주의집중(attention), 파지(retention), 운동재생(motor reproduction), 동기화(motivation)의 과정을 통해 진행된다고 하였다(Bandura, 1971).

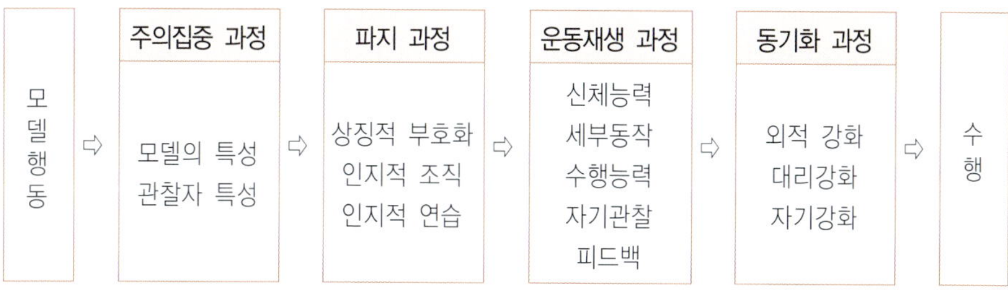

▍그림 8-4 ▍ 관찰학습의 과정

3. 상담의 실제

1) 상담목표

행동주의적 상담의 목표는 내담자의 문제행동이나 부적응행동을 적응행동으로 변화시키는 것에 있다. 그러기 위해 상담자는 내담자의 문제행동을 정확히 파악하고 평가하여 체계적이고 구체적인 계획에 따라 적절한 상담기법을 사용하여 부적응행동을 감소하고 적응행동을 증가시키는 데 목표를 둔다. 즉, 상담자는 내담자의 자극-반응-결과(SRC : Stimulus-Response-Consequences)를 평가하여 이를 바탕으로 내담자와 함께 변화시키고자 하는 목표를 설정하고, 구체적인 계획에 따라 상담기법을 찾아 적용한다. 이때 가장 중요한 것은 행동에 초점을 둔 상담목표를 구체적으로 명확하게 정하는 것이다. 이 과정에서 내담자는 어떤 행동을 변화시킬 것인지를 결정해야 하고, 상담자는 그 행동을 어떻게 변화시킬 것인지를 결정해야 한다.

행동주의적 상담에서 구체적으로 다루어야 할 문제들은 다음과 같다. 첫째, 내담자의 행동 목록에서 결함이나 문제점을 찾아서 이를 극복한다. 둘째, 바람직하고 적응적인 행동을 강화하고, 부적응행동을 약화하거나 제거한다. 셋째, 불안반응을 약화시키고, 이완할 수 있는 능력을 향상시킨다. 넷째, 자기표현능력이나 효과적인 사회적 기술을 향상시킨다. 다섯째, 성적 기능의 적절성을 검토하고, 자기통제능력을 향상시킨다. 여섯째, 부적절한 사고에 대해 인지적 재구조화를 한다 (Nelson-Jones, 2006).

2) 상담과정

행동주의적 상담은 내담자의 부적절한 행동을 수정하고 바람직한 행동을 학습하도록 하는 데 그 목적이 있다. 행동주의적 상담에서는 상담자가 상담자로서 역할뿐만 아니라 교사, 자문가, 조언가, 촉진자의 역할을 한다. 칸퍼와 쉐프트 (Kanfer & Schefft, 1988)는 행동주의적 상담의 과정을 역할 구조화와 치료동맹, 변화를 위한 다짐하기, 행동 분석, 상담목표와 방법 협상, 상담 실행 및 동기 유지, 상담효과 조정 및 평가, 상담효과의 유지 및 종결의 7단계로 구분하였다. 임수진 등(2023)은 관계 형성과 상담 구조화, 문제 탐색과 행동 분석, 목표설정과 방법 협상, 행동 실행과 유지, 상담효과 조정과 평가, 효과 유지 및 종결의 6단계로 구분하였다. 이와 같이 행동주의적 상담은 내담자의 문제행동을 변화시키기 위해 내담자의 행동에 초점을 두고 긍정적인 변화를 지속시키는 것을 목표로 한다. 행동주의적 상담은 일반적으로 다음과 같은 과정을 통해 이루어진다.

(1) 상담 관계 형성과 구조화

행동주의적 상담은 다른 상담이론들에 비해 상담자와 내담자 간 관계의 질을 덜 중요시한다. 즉, 상담의 기본조건인 신뢰, 수용, 긍정적 존중, 공감적 이해, 일치성 등은 행동 변화를 일으키기 위한 필요조건은 되지만 충분조건은 아니라고 본다. 첫 단계는 상담자와 내담자 간의 신뢰와 협력관계를 구축하는 데 초점을 둔다. 상담자는 내담자에게 상담의 목적과 절차를 명확하게 설명하고, 상담자와 내담자의 역할을 구조화한다. 이 과정에서 치료동맹(therapeutic alliance)의 형성이 중요하다. 이것은 내담자가 상담자에게 마음을 열고 문제를 해결할 의지를 가지도록 돕는 핵심 요소이다. 치료동맹이 잘 형성될수록 내담자는 상담과정에 적극적으로 참여하게 된다.

(2) 문제행동의 탐색과 분석

이 단계에서는 내담자의 문제행동을 구체적으로 탐색하고 분석한다. 상담자는 기능분석(functional analysis)을 통해 내담자가 호소하는 문제의 본질을 파악하고, 그 문제를 일으키는 행동, 그에 따른 사고와 감정, 문제행동을 일어나게 하는 선행상황, 문제행동의 결과 등을 구체적으로 분석한다. 이는 내담자의 행동 변화를 위한 기초자료를 수집하기 위한 것이다.

(3) 목표설정 및 계획 수립

이 단계에서는 내담자의 문제행동을 수정하기 위한 구체적인 목표를 설정하고 행동수정 계획을 수립한다. 목표는 구체적이고 측정 가능해야 하며, 내담자가 동의할 수 있도록 설정한다. 이 과정에서 내담자와 행동계약서(behavioral contract)를 작성하기도 한다. 목표를 설정한 후에는 행동 변화를 위한 세부적인 계획을 수립하고, 어떤 행동을 강화하거나 소거할지에 대한 전략을 논의한다. 예컨대, 내담자가 하루에 평균 10회 이상 공격성을 드러내는 아동이라면, 공격행동을 하루 3회 이내로 줄이는 것으로 상담목표를 설정하고, 아동이 공격행동을 하지 않았을 때 부모가 아동에게 보상을 주기로 하는 계획을 수립할 수 있다.

(4) 행동 실행 및 유지

목표를 설정하고 구체적인 행동수정 계획이 수립되고 나면, 내담자는 목표에 따라 계획한 행동을 실제 실행하게 된다. 이 단계에서는 변화를 위한 행동의 실질적인 실행과 유지에 중점을 둔다. 이 과정에서 상담자는 내담자가 목표 행동을 꾸준히 실천할 수 있도록 긍정적 지지, 피드백 제공 등 바람직한 행동을 촉진하는 강화를 제공하여 긍정적인 변화를 유지하도록 돕는다.

(5) 상담효과 조정 및 평가

상담이 진행되는 과정에서 상담자는 내담자의 행동 변화를 평가하고, 필요에 따라 상담계획을 조정할 수 있다. 이 단계는 상담의 효과를 높이기 위한 중요한 과정으로, 상담이 적절하게 진행되고 있는지 점검하는 데 중점을 둔다. 상담자는 수시로 상담목표를 달성해 나가고 있는지와 문제행동이 얼마나 개선되고 있는지를 평가하고, 이 과정에서 내담자가 겪는 어려움이 있다면 그에 맞는 새로운 전략을 수립한다. 예컨대, 하루에 평균 10회 이상 공격성을 드러내는 아동의 상담목표를 2주 이내에 하루 3회 이내로 줄이는 것으로 설정했는데 2주 상담 후 아동의 공격행동이 하루에 8회로 줄었다면, 상담의 효과가 미약하거나 상담의 목표가 지나치게 높았던 것으로 평가할 수 있다. 이때 상담자는 공격행동을 하루 5회 이내로 줄이는 것으로 목표를 조정하고, 행동수정의 방법을 추가하거나 다른 방법으로 바꿀 수 있다.

(6) 상담효과의 유지 및 종결

이 단계에서는 상담이 종료된 후에도 내담자가 상담을 통해 학습한 긍정적인 행동 변화를 유지할 수 있도록 돕는다. 상담자는 내담자가 스스로 문제를 해결할 수 있는 능력을 갖추었는지 평가하고, 상담을 종료한 후에도 그 효과를 잘 유지하고 관리하는 방법을 지도한다. 상담목표가 달성되었다고 판단되면 상담의 종결을 준비한다. 상담자는 내담자와 종결을 위한 상담을 진행하고, 필요에 따라 후속 상담을 제공하거나, 스스로 변화한 행동을 유지할 수 있도록 독려하는 자원을 제공한다.

3) 상담기법

(1) 체계적 둔감화

체계적 둔감화(systematic desensitization)는 1950년대 말 심리학자 조셉 월프(Joseph Wolpe)가 개발한 행동수정 방법으로, 주로 불안이나 공포와 같은 특정 자극에 대한 부정적·정서적 반응을 감소시키는 데 많이 사용한다. 불안이나 공포는 신체적 긴장과 밀접한 관련이 있으므로 이완된 상태에서 불안이나 공포 자극을 떠올리거나 실제로 경험하게 하여 불안이나 공포반응을 약화시키거나 제거하는 방법이다. 체계적 둔감화는 고전적 조건형성 원리에 기초한 기법으로, 부적응 행동도 조건형성에 의해 형성된 것이기 때문에 그것을 역조건형성(counter-conditioning)에 의해 적응행동으로 바꾸도록 새롭게 학습시키는 방법이다.

체계적 둔감화는 신경체계가 작동하는 일반적인 과정인 상호억제(reciprocal inhibition) 원리를 이용한다. 즉, 완전히 이완된 상태에서 불안을 일으키는 자극에 노출되면 불안이 이완 상태에 의해 억제된다. 이러한 원리로 불안을 느끼는 상황에서 이완 상태를 유지하게 하여 불안을 감소시키는 것이다. 또한 점진적 노출(gradual exposure)을 통하여 내담자에게 낮은 수준의 공포 자극부터 단계적으로 높은 수준의 공포 자극에 노출되는 방식으로 불안을 점진적으로 줄여나간다. 체계적 둔감화는 내담자가 불안을 느낀다고 하는 상황을 묘사하는 상상적 장면과 이완을 짝짓는 방법을 통해 이루어진다. 즉, 심한 불안이나 공포를 느끼는 상황을 상상 속에서 견딜 수 있다면 실제 상황에서도 거의 느끼지 않을 것이라고 가정한다.

체계적 둔감화의 절차는 일반적으로 다음 세 단계의 과정을 통해 이루어진다. 1단계는 내담자에게 이완 훈련(relaxation training)을 한다. 내담자가 불안한 상황에서도 이완을 유지할 수 있도록 근육 이완, 심호흡, 명상 등의 방법으로 신체의 긴장을 해소하고, 긴장을 느낄 때 이완하는 방법을 반복적으로 훈련한다. 2단계는 불안 위계표(hierarchy of anxiety-provoking stimuli)를 작성한다. 내담자가 가장 높은 불안을 느끼는 자극이나 상황부터 가장 적은 불안을 느끼는 상황까지 불안 자극의 위계표를 만든다. 이 목록은 내담자를 점진적으로 불안 자극에 노출시키기 위한 기초가 된다. 예컨대, 거미에 대한 공포가 있는 경우, '거미 그림 보기'부터 '살아있는 거미 만지기'까지 공포를 일으키는 정도에 따라 여러 단계로 위계를 정한다. 3단계는 점진적 노출 및 둔감화(gradual exposure and desensitization)를 실시한다. 내담자가 이완된 상태에서 낮은 위계의 불안 자극부터 상상하게 하거나 실제 자극을 제시한다. 내담자가 불안을 느끼지 않으면 점차 더 강한 불안 자극에 노출시킨다. 다음 단계에서 불안을 느끼면 상상을 멈추고 다시 이완 훈련을 한다. 반복적인 둔감화의 과정에서 내담자는 점차 불안 자극에 대해 둔감해지고, 결국 가장 불안을 유발하는 상황에서도 불안을 느끼지 않거나 현저히 낮아진 불안을 경험하게 된다.

(2) 행동 조성

행동 조성(shaping)은 유사한 행동을 강화하여 그 유사한 정도를 근접시켜 가는 방법이다. 계기적 근사법(successive approximation)이라고도 하며, 복잡한 행동을 학습할 때 단계적으로 쉬운 행동부터 학습하여 점진적으로 목표 행동에 도달하도록 하는 방법이다. 주로 동물 훈련이나 아동 교육, 새로운 학습을 하는 상황에서 사용되며, 목표에 근접하는 행동을 강화하여 점점 더 복잡하고 정교한 행동을 학습하게 한다. 이 과정은 조작적 조건형성(operant conditioning)의 원리에 기반하고 있으며, 행동의 변화 과정을 체계적으로 관찰하고 강화하는 것이 핵심이다. 처음에는 내담자가 목표 행동과 가까운 행동을 할 때마다 보상을 주고, 점차 목표 행동에 점점 더 근접한 행동만 강화한다. 이를 통해 최종적으로 원하는 행동을 학습하게 된다.

행동 조성은 차별 강화와 계속적 접근을 통해 이루어진다. 차별 강화(differential reinforcement)는 목표 행동에 가까워질수록 보상을 주고, 목표 행동과 거리가 먼 행동은 강화하지 않는 방법이다. 계속적 접근(continuous approach)은 원하는 방향으로 근접할 때만 강화하는 방법이다. 내담자가 목표 행동에 근접하게 되면 거리가 먼 행동에 대한 강화를 점차 줄이거나 중단한다. 이를 통해 내담자는 더 복잡한 목표 행동에만 집중할 수 있게 된다. 행동 조성 방법들은 내담자의 동기를 유지하면서 효과적으로 행동을 변화시키는 데 유용하다. 대표적인 행동 조성의 방법에는 토큰경제법과 프리맥의 원리가 있다.

토큰경제법(token economy)은 목표 행동을 할 때마다 토큰을 제공하고, 이 토큰을 모으면 큰 보상으로 교환할 수 있게 하는 방법이다. 이 방법은 즉각적인 보상이 없더라도 토큰이라는 중간 보상을 통해 행동 변화를 장려하는 방법이다. 예컨대, 커피숍에서 고객이 커피를 살 때마다 스탬프나 쿠폰을 주고 일정한 개수를 모으면 무료 커피 한잔으로 교환해 주는 것은 토큰경제법을 적용한 마케팅 전략이다. 유치원이나 초등학교 교사가 학생들이 바람직한 행동을 하면 스티커를 주거나 수업시간에 발표를 잘한 학생에게 '참 잘했어요'라는 스탬프를 찍어주는 것도 토큰경제법을 활용한 것이다. 이 방법은 주로 나이가 어린 내담자의 행동수정에 유용한 방법이다.

프리맥의 원리(Premack principle)는 내담자가 자주 하고 싶은 행동을 보상으로 제공함으로써 목표 행동을 유도하는 행동수정 방법이다. 즉, 즐거움이 큰 선호하는 행동을 하기 위해 어쩔 수 없이 싫어하거나 덜 선호하는 행동을 하게 만드는 방법이다. 이 원리의 핵심은 내담자가 더 선호하는 행동이 목표 행동의 강화물로 사용된다는 점이다. 예컨대, 어떤 아이가 게임을 좋아한다면, "숙제를 다 하면 게임을 할 수 있다."라고 하거나, 밤늦게 게임을 하느라 항상 늦잠을 자는 아이에게 "아침 7시에 일어나면 게임을 할 수 있다."라고 규칙을 정하면 게임이 숙제하는 것이나 아침 일찍 일어나는 행동을 강화할 수 있다.

(3) 노출치료

노출치료(exposure therapy)는 불안이나 공포 등 부정적 정서를 유발하는 자극에 반복적으로 노출하여, 시간이 지남에 따라 이러한 자극에 대한 두려움이 줄어들게 하는 방법이다. 이 방법은 부정적 정서를 회피하는 것이 오히려 그 두려움을 강화하고, 반대로 두려운 자극에 대해 반복적으로 직면하면 불안이 점차 감소하거나 두려움을 느끼지 않게 된다는 소거(extinction)의 원리에 기반을 두고 있다. 부정적 정서를 회피하는 것은 단기적으로는 불안을 줄여주지만, 장기적으로는 그것이 유지되거나 오히려 강화시키는 경향이 있으므로, 노출치료는 이러한 회피학습(avoidance learning)의 부작용을 역전시키는 것이 핵심 목표이다. 노출치료는 임상 장면에서 불안장애, 강박장애, 외상 후 스트레스 장애(PTSD), 공포증 등의 치료에서 높은 성공률을 보이는 행동치료 기법이다. 치료 과정에서 내담자는 두려운 자극에 점차 익숙해지고, 그로 인한 불안과 스트레스가 줄어드는 경험을 하게 된다.

노출치료는 노출의 방식에 따라 점진적 노출과 몰입형 노출로 구분된다. 점진적 노출(gradual exposure)은 내담자가 두려움을 느끼는 가장 낮은 수준의 자극에서 시작하여 점차 강도 높은 자극에 노출하는 방법이다. 몰입형 노출(flooding)은 내담자가 두려움을 느끼는 가장 강한 자극에 노출하는 방법이다. 그리고 노출하는 자극의 종류에 따라 상상적 노출, 현실적 노출, 가상현실 노출로 구분된다. 상상적 노출(imaginal exposure)은 내담자가 두려움을 느끼는 자극을 상상하게 하는 방법으로, 외상 후 스트레스 장애(PTSD) 치료에서 자주 사용된다. 현실적 노출(in vivo exposure)은 내담자가 두려운 대상이나 상황에 실제 노출되는 방법이다. 이 방법은 내담자의 심리적 부담이 크기 때문에 몰입형 노출보다는 점진적 노출을 통해 실시한다. 예컨대, 고소공포증이 있는 사람에게 점차적으로 높은 곳에 올라가는 상황에 노출한다. 가상현실 노출(virtual reality exposure)은 가상현실(VR)을 이용하여 내담자가 두려운 상황을 체험하게 하는 방법이다. 예컨대, 비행기 공포증이 있는 사람에게 가상현실에서 비행기를 타는 경험을 통해 불안을 줄이는 방법이다. 대표적인 노출치료에는 타임아웃, 홍수법, 혐오치료 등이 있다.

타임아웃(time-out)은 바람직하지 않은 행동을 하면 정적 강화를 박탈하여 문제행동을 감소시키는 방법으로, 처벌의 일종이다. 예컨대, 학교 수업시간에 떠드는 학생을 5분 동안 복도에 서 있게 하거나, '생각하는 의자'에 앉아서 스스로 감정을 조절하는 시간을 주는 것은 부적절한 행동에 대한 강화 자극을 제거하여 부적 처벌(negative punishment)을 하는 것이다. 그러나 공부하기 싫은 학생에게는 복도에 서

있는 것이 오히려 정적 강화(positive reinforcement)가 될 수도 있으므로 주의하여 사용해야 한다.

홍수법(flooding)은 노출치료의 방식 중 몰입형 노출을 통한 행동치료 방법이다. 체계적 둔감화와 반대되는 방법으로, 내담자를 가장 불안하거나 공포를 유발하는 상황에 노출시켜 두려움을 홍수처럼 몰아붙여 감정을 마주하게 한다. 이 과정에서 그 상황을 피하지 못하게 하여 불안이나 공포를 회피하는 행동이 조건화되는 것을 막는 방법이다. 예컨대, 자동차를 무서워하는 사람을 몇 시간씩 차에 태우고 다니거나, 엘리베이터 공포가 있는 사람을 강제로 엘리베이터에 타게 하는 것이다. 홍수법은 심장질환이 있거나 심한 불안이 위험한 결과를 초래할 수 있는 사례에는 사용하면 안 된다.

혐오치료법(aversion therapy)은 특정한 행동에 대해 혐오감을 형성시켜서 그 행동을 억제하려는 행동치료 방법이다. 즉, 제거되어야 할 특정 행동을 할 때마다 불쾌한 자극을 제시하여 그 행동을 제거하는 방법이다. 혐오치료는 주로 약물중독, 강박장애, 섭식장애 등 임상 장면에서 이상행동 치료에 많이 사용된다. 이 치료법에 주로 사용되는 혐오자극은 전기와 화학 약물이다. 전기치료에서는 환자가 바람직하지 않은 행동을 할 때마다 약간 고통스러운 전기충격을 가한다. 이 방법은 변태성욕을 치료하는 데 흔히 사용해 왔다. 혐오자극 치료는 알코올이나 마약을 포함한 약물중독 환자에게 그것을 섭취하면 구토를 일으키는 약물을 사용하여 알코올에 대한 혐오감을 학습하게 하는 방법이다. 이 방법은 중독이나 부적절한 행동을 줄이는 데 주로 사용된다.

홍수법과 혐오치료는 모두 행동치료 방법이지만, 두 방법은 치료의 목표와 적용 방식에서 차이가 있다. 홍수법은 불안이나 공포를 치료하는 기법으로, 두려움이나 공포를 유발하는 특정 자극에 노출하는 기법이고, 혐오치료는 주로 중독이나 강박적 행동 등과 같은 부정적인 행동을 억제하는 데 목표를 두고 혐오자극과 특정 행동을 연관시켜서 부적절한 행동을 교정하는 데 사용된다. 즉, 홍수법은 주로 불안이나 공포증을 치료하는 데 사용되고, 혐오치료는 중독이나 잘못된 습관 교정에 사용된다.

(4) BASIC-ID

BASIC-ID는 라자르스(Arnold Lazarus)가 개발한 다중양식치료(multimodal therapy)의 핵심 개념이다. 다중양식치료에서는 사람들은 여러 가지 개인적인 특수한 문제들로 고통을 받기 때문에 그 문제를 다룰 때도 다양한 방법을 동원해야 한다는 것이다. BASIC-ID는 인간의 일곱 가지 특성(행동, 정서, 감각, 심상, 인지, 대인관계, 생물학적 행동)을 나타내는 약어로, 각 영역은 개인의 삶과 행동에 영향을 미치는 주요 요소들을 포괄한다.

다중양식치료는 내담자의 일곱 가지 기능을 평가하여 프로파일을 작성하고 각 기능 간의 상호작용을 분석한다. 이를 바탕으로 내담자가 가지고 있는 일곱 가지 기본적 특성 중 가장 우선적인 문제가 무엇인지 파악하여 내담자의 문제를 치료하는 가장 효과적인 방법을 찾아낸다. BASIC-ID는 내담자의 심리적 문제를 다양한 각도로 평가하고 이해하기 위한 틀로, 상담자나 심리치료사들이 내담자의 문제를 더 폭넓고 깊이 있게 분석할 수 있도록 돕는다. BASIC-ID는 상담자가 다중양식치료를 사용하지 않더라도 개인의 일곱 가지 특성을 파악하는 데 유용하게 사용될 수 있다.

〈표 8-1〉 BASIC-ID의 구성요소

영 역	구성요소	평가내용(예)
행동 B(Behavior)	행동, 습관, 문제행동 등	• 얼마나 활동적인가? • 어떤 행동을 증가시키고 싶은가? • 어떤 행동을 그만두고 싶은가?
정서 A(Affect)	감정, 정서, 기분	• 주로 어떤 감정을 경험하는가? • 자신을 기쁘게 하는 것은 무엇인가? • 자신을 슬프게 하는 것은 무엇인가?
감각 S(Sensation)	기본감각(오감), 감정적 반응	• 불쾌한 감각을 느끼는가? • 보고 맛보는 것들이 어떻게 느껴지는가?
심상 I(Image)	꿈, 기억, 환상 등	• 계속 반복되는 꿈이 있는가? • 생생한 기억은 무엇이 있는가?
인지 C(Cognition)	생각, 신념, 통찰, 가치관 등	• 가장 의미 있는 가치는 무엇인가? • 인생에서 이루고자 하는 것은 무엇인가?

대인관계 I(Interpersonal relationship)	사교성, 친밀감, 상호작용, 대인관계 문제	• 얼마나 사교적인가? • 사람들에게 무엇을 기대하는가? • 변화를 원하는 인간관계가 있는가?
약물/ 생물학 D(Drug/ biology)	약물, 영양학적 습관, 운동 유형, 신체적 건강상태	• 복용하고 있는 약물이 있는가? • 섭식습관은 어떤가? • 운동을 하는가? • 건강상태는 어떠한가?

(5) 자기관리

자기관리(self-management)는 개인이 자기 행동을 스스로 관찰하고 조절하여 원하는 목표에 도달하도록 조력하는 과정이다. 이 방법은 행동주의 심리학의 원리에 기반하여 내담자의 행동을 변화시키기 위한 다양한 전략을 활용한다. 자기관리는 주로 금연, 금주, 다이어트, 운동하기 등 습관의 교정, 과업이나 학업의 목표 달성 등 다양한 분야에서 사용된다. 자기관리의 목표는 내담자가 자기조절(self-regulation)을 통해 자기 행동에 대한 통제권을 가지도록 하는 것에 둔다. 내담자는 자기관리를 통해 스스로 자기 행동을 변화시키고 주도적으로 자신의 문제를 해결할 수 있는 능력을 기르게 된다. 자기관리는 자기관찰, 자기평가, 자기강화의 세 단계로 진행된다.

첫째, 자기관찰(self-monitoring) 단계는 자기 행동을 스스로 관찰하고 기록하는 과정이다. 이는 문제행동과 관련한 자신의 사고·감정·행동, 그리고 환경과의 관계 등을 관찰하여 그 행동이 언제, 어디서, 어떻게, 왜 발생하는지를 파악하는 데 도움을 준다. 예컨대, 다이어트를 하는 사람이 자신의 식사 습관을 기록하는 방식으로 자신을 관찰할 수 있다.

둘째, 자기평가(self-evaluation) 단계에서는 자기관찰을 통해 얻은 결과를 바탕으로 하여 문제와 관련한 사고·감정·행동, 그리고 환경과의 관계 등을 평가한다. 그리고 수행 준거와 실제 수행 정도를 비교하여 표적행동을 설정하고, 이를 바탕으로 목표를 수립한다. 목표는 구체적이고 측정이 가능하도록 수립해야 하며, 이를 달성하기 위한 장단기적 행동 변화 계획을 수립한다. 예컨대, 흡연량을 줄이기 위해 하루에 흡연 횟수를 정하고, 점진적으로 줄여나가는 계획을 세울 수 있다.

셋째, 자기강화(self-reinforcement) 단계에서는 수립한 목표를 잘 실천하도록 동기화하는 과정이다. 장기적 목표를 실천하는 과정에서 자기 행동이 단기적, 초단기적 목표에 도달했을 때 자신에게 보상을 준다. 자기강화를 할 때는 사전에 보상받을 적절한 수행 수준과 강화물 결정이 필요하다. 자기강화는 평소에 가지고 싶었던 물건을 사서 자신에게 선물하기, 영화 보기, 여행하기 등과 같은 물질적 강화도 있고, 언어적 자기강화(예 자신을 스스로 칭찬하기)나 신체적 자기강화(예 휴식, 수면 보충)도 있다. 자기강화는 목표 달성의 동기를 부여하고, 긍정적인 행동을 지속할 수 있도록 도움을 준다. 반면 목표에 도달하지 못하거나 바람직하지 않은 행동을 했을 때 자기처벌(self-punishment)을 통해 자기에게 일정한 제재를 스스로 가할 수도 있다.

자기관리를 통한 효과적인 목표 달성을 위해서는 문제행동을 유발하는 환경적 자극을 조절할 필요가 있다. 예컨대, 다이어트를 할 때 유혹이 될 만한 음식들을 없애고 식사 모임에 가는 것을 자제하거나, 금연을 할 때 흡연을 유발하는 특정 상황을 피할 필요가 있다. 이와 같이 행동을 유발하는 환경적 자극을 조절하는 것을 자극통제(stimulus control)라고 한다.

행동계약(behavioral contract)을 통해 정해진 목표를 달성하는 것을 약속하는 것도 효과적인 자기관리 전략이다. 행동계약은 목표 달성에 대한 책임감을 높여주어 행동 변화를 더 일관되게 이끌 수 있도록 한다. 행동계약을 할 때는 계약기간과 목표 행동을 구체적으로 작성해야 한다. 예컨대, '공부를 열심히 해서 성적을 올린다.'라는 목표보다는 '이번 학기에 매일 밤 ○시부터 ○시까지 ○○과목(또는 책)을 ○시간 동안 ○페이지씩 읽고, ○○문제 ○개를 틀리지 않게 푼다.'라는 식으로 작성하는 것이 좋다. 행동계약서에는 계약기간과 목표 행동 명세화, 보상 선택, 계약서 작성 및 서명, 관련된 사람들에게 계약서 사본 배부, 상담자 확인 등이 포함되어야 한다.

(6) 사회적 기술 훈련

행동주의적 상담에서는 개인이 일상생활이나 대인관계에서 필요한 기술을 학습하고 연습하는 다양한 사회적 기술 훈련(SST : Social Skills Training)을 개발하여 운영한다. 이 훈련들은 바람직한 행동을 습득하고, 사회적 상황에서의 불안이나 갈등을 효과적으로 다루는 데 초점을 맞춘다. 사회적 기술 훈련은 목적과 내용에 따라 다양한 방법들이 있으나 여기에서는 모델링, 자기표현훈련, 자기교습훈련, 스트레스 예방훈련에 대해 살펴본다.

모델링(modeling)은 관찰학습의 한 방법으로, 내담자가 다른 사람의 행동을 보고 그 행동을 모방하는 과정을 의미한다. 상담자는 사회적으로 바람직한 행동이나 기술에 대한 시범을 보이고, 내담자는 이를 관찰한 후 그것을 따라 하도록 학습한다.

자기표현훈련(assertiveness training)은 개인이 자기 생각과 감정을 적절하고 명확하게 표현하는 방법을 배우는 훈련이다. 이 훈련은 지나치게 수동적이거나 공격적인 의사소통 방식을 가진 사람들에게 효과적이다. 자기표현훈련을 통해 내담자는 타인의 권리를 침해하지 않으면서도 자신의 의견을 표현할 수 있는 기술을 배운다. 자기표현훈련의 주요 내용에는 수동적이거나 공격적인 대처에서 벗어나기, 자신의 감정과 생각을 명확히 표현하기, 갈등 상황에 효과적으로 대처하기 등이 있다.

자기교습훈련(self-instructional training)은 내담자가 자기 내면의 대화를 조절하고, 자신을 긍정적이고 건설적인 방식으로 이끌어서 자기지도력을 향상하는 방법을 배우는 훈련이다. 이 훈련의 목적은 부정적이거나 불안한 상황에서 자기 자신과 내면의 대화를 통해 문제를 효과적으로 해결하는 능력을 기르는 것이다. 자기교습훈련을 통해 내담자는 부정적인 생각을 긍정적인 생각으로 전환하고, 어려운 상황에서도 평정심을 유지하여 효율적으로 대처할 수 있게 된다. 이 훈련의 주요 내용에는 내면의 대화를 통한 문제 해결하기, 부정적인 사고를 긍정적으로 전환하기, 스트레스 상황을 자기강화의 도구로 사용하기 등이 있다.

고 무엇보다도 중요한 점은 두 심리학의 세력 모두 인간의 자유에 대한 문제를 중요하게 다루지 않았다는 것이다.

인본주의 심리학자들은 인간을 정교하고 세련되게 만들어진 기계 이상의 어떤 존재라고 보았다. 즉, 인간은 다른 동물에서 볼 수 없는 자유의지를 가지고 있고, 이를 통해 자신의 의지를 통제할 수 있으며, 더 나아가 자기성장 및 자기실현을 하고자 하는 동기가 있는 존재라는 것이다. 그러므로 과학적 연구만으로는 인간을 충분히 설명할 수 없고, 주관적이고 내적인 준거체계를 사용하는 현상학적 접근이 필요하다고 본다. 이들은 관찰 가능하고 측정 가능한 행동보다는 감정, 태도, 신념, 목적, 가치 등 인간 개개인을 뚜렷이 구별하고 독특한 인간으로 만드는 내면적 행동에 더 많은 관심을 가진다(권재환, 2022).

로저스가 창시한 인간중심 상담은 오늘날 대표적인 상담이론 중의 하나로 자리매김하고 있다. 로저스의 인간관은 프로이트와 마찬가지로 정서적으로 장애가 있는 사람들을 치료했던 임상경험을 바탕으로 하고 있다. 그러나 그는 인간이 스스로 통제할 수 없는 어떤 힘에 이끌리는 존재라기보다는 생물학적인 본능을 극복할 수 있고 자기 행동을 결정할 수 있는 미래지향적인 존재로 본 점에서 프로이트와 전혀 다른 관점을 가지고 있다.

인간중심 상담은 1942년 비지시적 상담(non-directive counseling)이라는 이름으로 창시되었다. 당시에는 상담 및 심리치료 분야에서 정신분석적 상담과 행동주의적 상담이 주류를 이루고 있었는데, 두 상담모형 모두 상담자나 치료자 중심의 지시적 상담이었다. 로저스는 상담자나 치료자가 내담자를 통제하지 않고 허용적이고 자유로운 분위기를 형성하면 내담자는 스스로 자신을 변화시킬 수 있다는 가정 아래 자신의 상담모형을 비지시적 상담이라고 명명하였다. 1951년에는 이름을 내담자중심 상담(client-centered counseling)으로 변경하였고, 1970년대 이후 인간중심이론(person-centered theory)이라고 명명하여 자신의 이론을 상담이나 심리치료에만 국한하지 않고 인간 삶의 전 영역에 적용하였다. 인간중심이론에 바탕을 둔 인간중심 상담은 오늘날 정신분석적 상담, 행동주의적 상담과 더불어 대표적인 상담이론이 되었다.

로저스는 인간에게 객관적 현실세계란 존재하지 않으며 주관적 현실세계만이 존재한다고 보았다. 개인의 주관적 현실세계가 사고와 감정과 행동을 지배하기 때문에 한 개인을 이해할 수 있는 유일한 방법은 그 사람의 주관적 세계 안에 있는 내적 참조 틀(internal frame of reference)을 이해하는 것이라고 생각하였다. 또한 인간은 누구나 자기실현(self-actualization)의 동기를 가지고 있다고 보았다. 인간은 기본적으로 자유로운 존재이고 자기 행동에 책임질 수 있으며, 합리적이고 건설적인 방향으로 성장할 수 있는 존재라는 것이다. 이와 같이 로저스는 인간의 주관적 경험을 강조하였고 인간은 누구나 자기 잠재력을 발휘할 수 있는 조건들이 적절히 갖추어진다면 무한한 성장과 발전을 할 수 있는 존재로 보았다.

로저스의 인간중심이론은 개인의 독특하고 주관적인 경험을 강조하고 있다. 그는 삶 속에서 사건들을 보고 해석하는 방식이 행동에 결정적인 영향을 준다고 믿었다. 즉, 개개인들은 자기 자신에 관해서는 세계 최고의 전문가이며 자신에 대한 최상의 정보를 가지고 있다는 것이다. 로저스는 인간의 행동이란 지각되는 장에서 경험하는 유기체의 욕구를 만족시키려는 유기체의 전형적인 목표지향적인 시도로 보았다(Rogers, 1951).

2. 주요 개념

1) 현상학적 장

인간중심 상담은 현상학(phenomenology)의 영향에 의해 형성되었다. 현상학은 의식으로 경험한 현상을 인과적으로 설명하거나 어떤 전제를 가정하지 않고 직접 기술하고 연구하는 것을 일차적 목표로 삼는 20세기 철학의 사조로서, 개인의 주관적 경험, 감정, 그리고 세계와 자기 자신에 대한 개인적 견해 및 사적 개념(private concept)을 탐구하는 학문의 경향을 말한다.

심리학에서의 현상학적 접근은 인간의 주관적 세계를 연구하는 접근방법이다.

객관적으로 동일한 현상도 개개인에 따라 그것을 다르게 지각하고 경험하기 때문에 개인에게는 현상학적 장(phenomenal field)만이 존재한다고 보는 것이다. 즉, 눈에 보이는 객관적 세계보다 개인이 그것을 어떻게 느끼는가의 주관적인 세계가 행동의 원천이 된다고 본다. 인간 개개인에게는 어떤 대상이나 사건 자체보다는 그 대상이나 사건을 어떻게 지각하고 이해하는가에 따라 사고·감정·행동에 영향을 미치기 때문에 개인의 주관적 지각이 객관적인 현실보다 인간을 이해하는 데 더 중요하다는 것이다. 그러므로 개인의 현상학적 장이야말로 그 사람에게는 유일한 현실이고, 지금-여기에서 그 사람이 어떻게 생각하고 느끼는지가 행동을 결정하는 유일한 요소라고 본다.

로저스는 우리가 경험하는 의식 혹은 자각은 경험하는 어떤 것을 상징화하는 것이므로 현상학적 장은 의식의 장과 같지 않다는 것을 지적하였다. 즉, 어떤 특정한 순간의 현상학적 장은 의식적(상징화된 것) 및 무의식적(상징화되지 않은 것) 경험으로 구성된다. 그러므로 개인은 상징화되지 않는 어떤 경험을 변별하고 그러한 경험에 반응할 수 있다(노안영·강영신, 2018). 개인의 경험은 어떤 특정한 순간에 유기체(organism) 내에서 진행되고 있으며, 이러한 경험의 총합이 그 유기체의 현상학적 장을 구성한다. 이 현상학적 장은 개인의 내적 참조 틀로서 개인의 행동방식은 모두 개인의 현상학적 장, 즉 주관적 현실에 의존하며 외적 현실에 의존하지 않는다.

현상학에서는 개인의 지각과 경험들이 개인의 진실(reality)을 구성할 뿐만 아니라 그의 행동에 기초를 형성한다고 본다. 인간은 사건을 어떻게 지각하여 해석하는가에 따라 그 사건에 반응한다. 예컨대, 사막에서 길을 잃고 목마른 사람에게는 신기루가 보인다. 어떤 사람에게는 학창시절의 수학여행이 평생 잊을 수 없는 추억이 되기도 하고, 어떤 사람에게는 즐겁지 않은 시간낭비로 기억될 수도 있다. 어떤 사람에게는 매우 중요한 일이 다른 사람에게는 전혀 안 중요한 일일 수도 있다. 즉, 동물의 행동은 어느 정도 예측할 수 있지만 인간의 행동은 개인이 세상을 어떻게 지각하느냐에 따라 전혀 달라진다는 것이다. 따라서 개인의 사고·감정·행동을 이해하기 위해서는 그가 세상을 어떻게 지각하고 해석하는가를 알 필요가 있으며, 개개인을 최대한 잘 이해하는 방법은 그 사람의 내적 참조 틀을 관찰함으로써 개인의 주관적 경험을 이해하는 것이다.

2) 자기와 자기개념

로저스는 유기체의 경험, 즉 개인의 현상학을 중요하게 생각하였다. 개인의 주관적 경험이 그 개인에게 현상학적 상을 만들고, 인간은 자신의 현상학적 상에 의존하여 행동하는 존재이기 때문에 로저스는 성격의 핵심을 자기(self)라고 보았다. 자기(self)란 자신을 다른 사람과 구별되는 자기 자신에 대해 가지고 있는 이미지, 즉 자기상(self image)을 의미한다. 따라서 자기라는 것은 주관적 경험의 자기 자신이다. 인간은 살아가면서 각성상태에서 경험하게 되는 수없이 많은 지각이 조직화되어 자기구조(self-structure)라는 틀을 형성하게 된다. 개인은 이것을 통해 자기 자신에 대한 통합적이고 전체적인 개념을 형성해 나가는데, 이를 자기개념(self concept)이라고 한다.

자기개념은 자신의 현재 모습에 대한 지각인 현실적 자기(real self)뿐만 아니라 자기가 되고자 하고 또한 되어야 한다고 생각하는 이상적 자기(ideal self)까지 포함한다. 로저스는 심리적으로 건강한 사람은 현실적 자기와 이상적 자기 두 가지가 일관성 있고, 이 두 가지 자기 간의 차이가 크거나 일관성이 없을수록 부적응적 성격이 형성된다고 하였다. 이와 같이 자기개념은 개인의 성격과 행동양식의 결정요인이므로, 성격의 변화를 원한다면 자기개념을 변형시켜야 한다.

3) 자기실현 경향성

실현화 경향성(actualization tendency)은 유기체가 자기 잠재력과 가능성을 실현하려는 타고난 경향성을 의미한다. 인간을 포함한 모든 유기체는 생득적으로 그 유기체 고유의 가능성을 건설적인 방향으로 성취하려는 경향성을 가지고 있다. 실현화 경향성은 유기체가 물이나 음식을 취하려고 하는 생리적 욕구와 같은 낮은 수준의 실현화 경향성에서부터 자기실현의 욕구처럼 높은 수준의 실현화 경향성까지 다양하다. 그런데 실현화 경향성은 유기체의 욕구와 긴장을 줄이려는 것만을 목적으로 하지 않고 때로는 긴장을 증가시키기도 한다. 예컨대, 어린아이가 걸음마를 배울 때 몇 걸음을 걷다가 넘어지면서도 고통을 감수하고 다시 일어나서 걸으려고 하는 것처럼, 그 행위가 성장과 발달을 위한 것이라면 일시적인 고통을 안겨주더라도 이를 회피하지 않고 오히려 고통을 감수하고 이겨내려고 한다. 이와 같이 실현화 경향성은 성숙의 단계에 포함된 성장의 모든 국면에 영향을 미친다. 따라서 실현화 경향성은 유기체를 유지하고 개발하고 성장하고자 하는 욕구이자 삶의 추진력이다.

로저스는 자기(self)와 자기실현(self-actualization)을 강조하였다. 그는 인간을 결정론으로 보는 프로이트의 견해와 달리 끊임없이 변화하고 성장하는 존재로 보았다. 인간도 이 실현화 경향성이 있으므로 자신에게 주어진 상황에 최선을 다하고 생활 속에서 직면하게 되는 고통이나 성장의 방해 요인을 극복할 수 있는 성장 지향적인 유기체로 보았다. 그는 실현화 경향성 중에서 자기를 유지하고 향상하고자 하고 실현화하고자 하는 경향성을 자기실현 경향성(self-actualization tendency)이라고 하였다.

4) 긍정적 존중의 욕구와 가치의 조건화

인간은 사회적 동물이기 때문에 다른 사람들로부터 긍정적 존중을 받고자 하는 욕구(need for positive regard)가 있다. 그리고 이 욕구의 만족 또는 좌절 여부에 따라 자기존중감이 높아지거나 낮아진다. 긍정적 존중을 받으려는 욕구의 만족은 긍정적 자기존중감을 형성하게 하고, 반대로 욕구가 좌절되면 부정적 자기존중감을 형성하게 된다. 이와 마찬가지로 어린아이도 다른 사람들로부터 긍정적 존중을 얻기 위해 노력한다. 어린아이에게는 부모와의 관계가 생애 처음으로 가지게 되는 사회적 관계이기 때문에 부모로부터 긍정적 존중을 받고자 한다.

한편 아이의 부모는 자신의 가치판단에 따라 자녀에게 해야 할 것과 하지 말아야 할 것을 정해 놓는다. 아이들은 부모로부터 착한 아이라는 인정을 받기 위해서 부모가 원하지 않거나 싫어하는 것은 하지 않고, 부모가 원하는 것을 하게 된다. 즉, 부모로부터 긍정적 존중을 받기 위해 자신의 가치판단이 아닌 부모의 가치판단에 의해 행동하게 된다. 이때 아이는 나쁜 아이가 되지 않기 위해 자기가 경험하는 것들을 왜곡하고 부정하게 된다. 이와 같이 인간은 스스로 자기실현을 추구하는 존재이기는 하지만, 부모로부터 긍정적 존중을 받기 위해 자기개념을 발달시키는 과정에서 다른 사람들, 특히 부모에 의해 부여된 가치의 조건들에 길들여지게 된다. 즉, 부모의 사랑과 존중을 얻으려는 어린아이의 욕구는 어쩔 수 없이 자신의 내적 욕구와는 다른 가치를 추구하는데, 이를 가치의 조건화(conditions of worth)라고 한다.

어린아이가 부모나 중요한 타인들에 의해 부여된 가치기준을 따르는 것이 한편으로는 성장 과정에서 바람직한 사회화 과정으로 여겨질 수도 있다. 그러나 이러한 발달과정은 부작용을 낳을 수도 있다. 그 이유는 가치의 조건화가 아이의 자기실현 경향성을 끊임없이 방해할 수 있기 때문이다. 다행스럽게도 가치의 조건화와 자기실현 경향성이 조화를 이룬다면 바람직한 사회화 과정이 될 수도 있다. 그러나 가치의 조건화와 자기실현 경향성이 부조화하거나 심하게 불일치하는 경우 갈등과 불안 등 정서적 문제와 부적응을 유발할 수 있다.

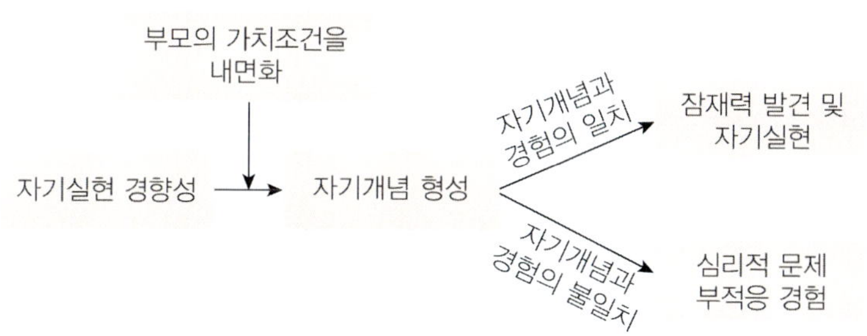

| 그림 9-1 | 인간중심이론 관점에서 부적응 형성 과정

5) 충분히 기능하는 인간

인본주의 심리학자들은 기본적으로 인간 본성에 대한 낙관적인 견해를 가지고 있고, 특히 심리적 건강에 대해 많은 관심을 가진다. 로저스는 심리적인 건강을 최종적 상태로 보지 않고 일생을 통해 변화하는 연속적인 과정으로 보았다. 그는 모든 유기체가 실현화 경향성을 가지고 있듯이 인간도 태어나면서부터 성장과 자기 발전을 위하여 끊임없이 노력하는 존재이고, 삶의 과정에서 직면하는 고통이나 방해들도 스스로 극복할 수 있는 성장 지향적 유기체라고 생각하였다. 인간은 성장 지향적 동기와 퇴행적 동기를 모두 가지고 있지만 성장 지향적 동기가 더 기본적인 동기이므로 두 가지 동기 중 어느 하나를 선택해야 하는 상황에 놓이게 되면 성장 지향적 동기인 자기실현의 욕구가 더욱 강하게 작용한다고 보았다.

로저스는 자신의 임상적 경험을 통해 최적의 심리적 적응과 성숙을 이룬 사람을 충분히 기능하는 인간(fully functioning person)이라고 불렀다. 그는 "충분히 기능하는 사람은 최적의 심리적 적용, 최적의 심리적 성숙, 완전한 일치, 경험에 대한 완전한 개방을 갖춘 사람이다. 이러한 사람의 특성은 정적이지 않고 과정 지향적이다. 즉, 충분히 기능하는 사람은 계속 변화하는 과정 중에 있는 사람이다."라고 정의하였다(Rogers, 1959). 그가 제시한 충분히 기능하는 인간의 특성은 다음과 같다.

첫째, 충분히 기능하는 인간은 자신의 경험에 대한 개방성(openness to experience)이 있다. 그들은 긍정적 또는 부정적 감정을 민감하게 인식하고 이를 억압하지 않으며 자유롭게 표현하거나 받아들일 수 있고 타인과의 관계에서 자신을 완전히 개방할 수 있다.

둘째, 충분히 기능하는 인간은 매 순간에 충실한 실존적 삶(existential living)을 영위한다. 그들은 현재에 충실하고 자신이 사는 매 순간에 주의를 기울이는 능력이 있다. 또한 자신의 본질을 스스로 이루어 나가야 하는 것을 알기 때문에 자발성이 있고 자기 경험을 소중하게 여긴다.

셋째, 충분히 기능하는 인간은 자신을 신뢰(trust in one's own organism)한다. 그리고 어떤 결정을 해야 하는 상황에서 다른 사람들의 판단에 의존하지 않고 자신의 유기체적 경험을 판단의 기준으로 삼는다. 자신에 대한 신뢰는 개인적 자유감에 이르도록 하며 행동과 결과에 대해서도 책임을 지는 능력을 갖추도록 해준다.

넷째, 충분히 기능하는 인간은 어떤 제약이나 억제 없는 선택이나 행동의 자유감(sense of freedom)을 가진다. 그들은 자신의 느낌과 반응에 따라 경험적인 자유를 누리고 그에 대한 책임을 질 수 있다. 따라서 더욱 많은 선택의 기회를 가지게 되며, 자신이 원하는 것은 무엇이든지 실제로 행할 수 있다고 느끼므로 자기 삶과 미래를 스스로 결정할 수 있다.

다섯째, 충분히 기능하는 인간은 창조성(creativity)이 있다. 그들은 자신이 속한 환경이나 문화에 구속되거나 수동적으로 동조하는 것이 아니라 자신의 욕구를 만족시키기 위해 삶의 모든 영역에서 독창적인 창작물을 만들어 내고 창조적 삶을 통해 삶의 희열을 경험하며 살아간다.

로저스는 어린 시절의 경험이 어떻게 자기개념과 실제 경험 간의 일치 또는 불일치를 촉진하는지 관심을 가졌다. 인간은 유아기 초기에 다른 사람으로부터 긍정적 존중을 받고자 하는 기본적 욕구를 발달시킨다. 생애 초기에는 이 욕구에 대한 충족은 거의 부모로부터 받게 되는데, 어린아이들은 어떤 행동이 부모의 인정을 받고 어떤 행동이 부모의 인정을 받지 못하는지 학습하게 된다. 이에 따라 자신의 어떤 행위가 가치 있는 것이고, 다른 어떤 행위가 가치 없는 것인지 알게 된다. 아이들은 부모나 다른 사람들로부터 칭찬이나 긍정적 존중 등과 같은 정적 보상을 받기 원한다. 그러므로 자신이 가치 없다고 여겨지는 경험을 억제하거나 봉쇄하는 경향이 있다. 이렇게 가치의 조건화가 된 아이는 어른으로 성장하는 과정에서도 더 확장된 대인관계에서 의미 있는 사람들로부터 긍정적 존중을 받기 위해 자기 경험을 왜곡시킨다. 이에 따라 자기개념과 실제 경험 간의 간격은 주위 사람들의 판단적 행동에 대한 하나의 반작용으로 점점 확대되어 간다.

로저스는 부모의 자녀에 대한 애정이 매우 조건적이고 긍정적 존중에 대한 욕구가 지나친 사람들은 현실왜곡와 불일치의 가능성이 증가한다고 보았다. 즉, 자녀를 부모의 기대에 맞추어 순종하도록 한 결과 지각된 자기(perceived self)와 실제 경험(actual experience) 간의 괴리가 커지면 심리적 불안과 혼란스러움을 겪는다는 것이다. 반대로 부모의 자녀에 대한 애정이 비교적 무조건적이고 긍정적이면 타인으로부터 받는 거부에 대해서도 덜 민감하게 되기 때문에 타인의 평가에 의존하지 않고 일치되는 자기개념을 형성해 나가며 충분히 기능하는 인간이 될 수 있다는 것이다.

3. 상담의 실제

1) 상담목표

상담이론들은 대부분 내담자의 문제에 초점을 두지만, 인간중심 상담은 내담자의 문제보다는 인간 자체에 초점을 둔다. 인간중심 상담은 내담자의 문제를 해결하는 것보다 내담자의 현재 당면문제와 미래에 직면하게 될 문제들을 스스로 극복하고 해결할 수 있도록 개인의 성장을 촉진하고자 한다. 인간중심 상담은 내담자가 자기실현을 할 수 있도록 돕는 것에 목표를 둔다. 여기서 자기실현이란 개인이 자기 잠재력을 최대한 발휘하고 진정한 자기 자신이 되는 것을 의미한다.

인간중심 상담은 성장 과정에서 잘못된 가치의 조건화에 물들여져서 위축되고 왜곡된 자기개념을 변화시키고, 사회화의 과정을 통해 발달시킨 가면을 벗을 수 있도록 돕는다. 상담의 과정에서 여기-지금(here & now) 진행되는 내담자의 모든 내적 경험을 상담자가 진정성, 공감적 이해, 무조건적 긍정적 존중을 바탕으로 왜곡 없이 수용할 때 비로소 내담자는 이전까지 보지 못했던 자신의 참모습을 발견할 수 있게 된다는 것이다. 따라서 인간중심 상담의 궁극적인 목표는 내담자가 충분히 기능하는 인간이 되도록 돕는 데 있다.

인간중심 상담의 세부적인 목표는 다음과 같다. 첫째, 내담자가 자기 자신을 이해하고 그것을 있는 그대로 받아들이며, 자신의 감정과 욕구를 수용하도록 돕는다. 둘째, 내담자가 자신의 내적 갈등이나 감정을 자유롭게 탐색할 수 있는 환경을 제공하여, 자신에 대한 깊은 통찰을 얻도록 돕는다. 셋째, 내담자가 자신의 삶을 주도적으로 이끌어 갈 수 있는 자율성을 향상하도록 돕는다. 넷째, 내담자의 억눌린 감정을 표현하고, 그로 인한 내적 갈등을 해소하여 정서적으로 자유로울 수 있도록 돕는다.

2) 상담과정

인간중심 상담은 비지시적인 접근을 통해 내담자가 스스로 성장할 수 있는 환경을 조성한다. 이 과정에서 상담자는 내담자가 자신을 탐색하고 이해하도록 조력한다. 이를 위해 상담자는 내담자가 자신과 세상을 어떻게 지각하는지 이해하기 위해 노력해야 한다. 그리고 내담자가 자신의 현재 내면에서 진행되고 있는 경험과 접촉할 수 있도록 도와주어야 한다. 인간중심 상담의 과정은 다음과 같다.

(1) 초기단계

인간중심 상담에서 가장 중요한 것은 상담자와 내담자 간의 신뢰관계이다. 상담자는 내담자를 수용하고 존중하는 태도로 내담자를 맞이하여 내담자가 자신을 있는 그대로 자유롭게 표현할 수 있는 안전한 상담환경을 조성한다. 이때 상담자는 내담자를 판단하거나 비판하지 않고, 내담자의 감정과 생각을 무조건적인 긍정적 존중(unconditional positive regard)으로 대하는 태도를 유지한다. 내담자는 상담자가 자신을 존중해 주고 있다는 것을 느끼게 되면 편안한 분위기에서 자기개방을 하게 된다.

(2) 중기단계

상담이 진행됨에 따라 내담자는 자신이 이해받고 있다고 느끼면서 자기 경험에 더 개방적으로 임하게 된다. 내담자는 자신의 감정, 욕구, 생각에 대해 자유롭게 탐색할 수 있게 된다. 상담자는 내담자가 스스로 자신의 문제를 깨닫고, 해결 방안을 찾아가는 데 도움을 준다. 상담자는 내담자와의 관계에서 진실한 태도를 유지해야 한다. 이는 상담관계에서 내담자뿐만 아니라 상담자도 자신의 감정과 생각을 솔직하게 표현하고 내담자에게 진실하게 다가가야 한다는 것을 의미한다.

또한 상담자는 내담자의 경험과 감정을 내담자의 입장에 서서 이해하고 공감해야 한다. 상담자의 공감적 이해는 내담자가 느끼는 감정을 깊이 이해하고 반영하는 것을 말한다. 상담자는 내담자의 감정을 정확히 파악하고, 이를 내담자에게 전달하여 그들이 자신의 감정을 명확하게 인식하도록 도와야 한다. 이러한 과정을 통해서 내담자는 점차 자기 자신을 잘 이해하고 이전에 인정하지 않았던 감정들을 수용하게 되면서 자기의 문제에 대한 원인을 스스로 깨닫고 더 나은 선택을 할 수 있게 된다.

(3) 종결단계

상담자는 내담자가 자신의 내적 갈등을 해소하고, 자신이 원하는 삶의 방향을 명확히 하며, 더 자율적이고 만족스러운 삶을 영위할 수 있도록 조력한다. 내담자는 자기 자신을 충분히 탐색하고 이해함에 따라, 자신의 현실을 왜곡하지 않고 있는 그대로 받아들이게 된다. 내담자가 상담자의 도움 없이 자신의 문제를 스스로 해결해 나가는 힘이 생기고 충분히 기능하는 인간으로 성장할 수 있게 되면 상담을 종결한다.

3) 상담기법

(1) 상담자의 역할

인간중심이론은 인간을 합리적 · 사회적 · 발전적 · 현실적 존재로 본다. 즉, 인간은 이미 자기실현을 하고자 하는 기본적 동기와 능력을 가지고 있는 것으로 가정한다. 다만, 세상을 살아가면서 그러한 능력이 가려졌을 뿐이라고 본다. 인간중심 상담에서는 인간은 누구나 크고 작은 문제를 가지고 있으며, 자신의 문제에 대해서는 자기 자신만큼 뛰어난 전문가가 없다고 본다. 따라서 상담자는 내담자가 자신의 문제를 스스로 발견하도록 도움을 주는 역할을 해야 한다고 본다. 상담자는 내담자가 자신의 내적 감정, 욕구, 생각을 자유롭게 탐색할 수 있도록 돕는 것이 중요하다. 상담자는 내담자가 자기 내면을 탐색하는 과정을 지지하고, 그 과정에서 내담자가 스스로 통찰을 얻고 문제를 해결할 수 있도록 조력해야 한다.

인간중심 상담은 내담자를 변화시키기 위한 구체적인 기법보다는 내담자에 대한 상담자의 태도를 중요시한다. 즉, 인간은 자신의 문제를 스스로 해결할 수 있는 능력을 지니고 있으므로, 상담자는 교사나 분석가가 아닌 조력자 내지는 촉진자의 역할을 해야 한다고 본다. 또한 인간중심 상담은 상담의 과정에서 무엇보다도 상담자와 내담자 간의 관계를 중요하게 생각한다. 그 이유는 상담이론들은 대부분 내담자의 문제에 초점을 두고 이를 해결해 나가는 데 목표를 두지만, 인간중심 상담은 내담자와 내담자의 주관적 경험에 초점을 두기 때문이다. 즉, 인간중심 상담은 내담자의 문제를 해결하는 것보다는 내담자가 현재 직면한 문제들과 앞으로의 문제들을 극복할 수 있도록 그들의 성장 과정을 촉진하는 것에 중점을 둔다. 그러므로 인간중심 상담은 시종일관 내담자의 경험을 강조한다. 그것은 내담자의 내면에서 진행하는 경험 속에 문제해결을 위한 답이 있다고 보기 때문이다. 그러므로 내담자가 자신의 내면적 경험을 명확히 지각하고, 있는 그대로 수용할 수 있을 때 심리적 문제해결과 인간적 성장이 가능하다는 것이다.

(2) 내담자의 변화를 위한 기본조건

로저스는 내담자를 돕기 위한 상담자의 기본태도로 일치성, 무조건적 긍정적 존중, 그리고 공감적 이해를 제시하였다. 즉, 상담자가 일치성이 있고 무조건적으로 긍정적인 존중을 하며 공감적으로 이해한다면 내담자는 성장적인 변화가 일어날 것이라고 보는 것이다. 로저스가 강조한 상담자의 할 세 가지 기본태도는 다양한 상담이론 중 단지 하나의 기법이 아니라 오늘날 모든 상담 장면에서 상담자가 지녀야 할 기본적인 태도로 인식되고 있다.

① 상담자의 일치성

일치성(congruence)은 진실성 또는 진솔성이라고도 하며, 상담자 자신이 경험하고 있는 것과 표면적으로 드러나는 행동이 일치해야 한다는 것을 의미한다. 즉,

일치성은 상담자가 내담자를 대할 때 가식이나 왜곡이나 겉치레가 없이 진실하고 정직한 모습으로 다가가는 것을 말한다. 상담자의 일치성에는 두 가지 측면이 있다. 첫째는 내담자를 대함에 있어 더하거나 빼지 않고 있는 그대로 느끼고 경험하는 것이다. 둘째는 내담자에게 느낀 것을 있는 그대로 표현하는 것이다.

② 상담자의 무조건적 긍정적 존중

무조건적 긍정적 존중(unconditional positive regard)은 상담자가 내담자를 그 어떠한 가치기준도 적용하지 않고, 있는 그대로를 수용하고 존중해야 한다는 것을 의미한다. 여기서 무조건적이라는 말은 내담자의 어떤 문제도 경멸하지 않고 내담자 삶의 자연스러운 부분으로 인정해야 한다는 의미이다. 상담자의 무조건적 긍정적 존중은 내담자가 자기 자신을 스스로 탐색하고 진정한 자기 자신을 발견해 나갈 수 있도록 해준다.

③ 상담자의 공감적 이해

공감적 이해(empathic understanding)는 내담자의 내면세계에서 진행되고 있는 심층적 경험 내용을 상담자가 정확히 이해하여 전달해 주는 것을 말한다. 즉, 내담자의 현재 내면적 감정을 그것이 마치 상담자 자신의 감정인 것처럼 느끼는 것을 의미한다. 일치성과 무조건적 긍정적 존중이 내담자를 대하는 기본적 자세나 태도를 말하는 것이라면, 공감적 이해는 인간중심 상담의 핵심이라고 할 수 있다. 상담자의 공감적 이해를 통해서 내담자는 제대로 이해되지 않았던 자신의 감정에 대한 의미를 비로소 이해하고 드러낼 수 있게 된다. 상담자 자신의 감정이나 생각들이 개입된 공감적 이해는 상담자의 일방적인 의견 전달이 되어버릴 수 있다. 공감적 이해를 잘하기 위해서는 상담자가 내담자의 입장에 서보는 것이 중요하다.

10
CHAPTER

인지적 상담

1. 인간에 대한 관점

인지적 상담은 행동주의 심리학의 한계를 극복하기 위해 등장한 인지주의 심리학(cognitive psychology)의 흐름 속에서 발전하였다. 인간의 행동을 자극과 반응의 연합에 의한 과정으로 설명하는 행동주의 심리학은 인간의 단순한 행동 원리를 이해하는 데는 무리가 없었지만, 복잡한 행동과 사고 과정을 설명하는 데는 부족하였다. 행동주의 심리학은 관찰 가능한 외현적 행동 변화에 관심을 두었다면, 인지주의 심리학은 인간의 사고 과정에 초점을 두고 인간의 발달을 근본적인 인지구조의 변화로 본다. 인지주의 심리학에서는 감정과 행동도 중요하지만, 그것들은 생각의 영향을 받는다고 주장한다. 즉, 인간의 감정과 행동은 모두 인지에서부터 나온다는 것이다. 이러한 입장을 인지의 우선성 또는 인지적 결정론(cognitive determinism)이라 부른다.

인지적 상담이론은 인간은 사건 자체보다는 사건에 부여한 의미에 의해서 고통을 받는다는 명제에 근거한다. 즉, 개인의 비합리적 신념체계나 역기능적 사고와 같은 독특한 인지활동이 심리적 부적응을 유발하는 중요한 요인으로 본다. 따라서 인지적 상담은 개인의 비합리적이거나 왜곡된 사고방식을 찾아서 그것을 수정함으로써 부정적인 감정이나 행동을 개선하는 치료적 접근법이다. 인지적 상담이론에서는 인간은 기본적으로 자신의 사고를 통해 감정과 행동을 통제할 수 있는 존재로 본다. 인간은 논리적 사고를 할 수 있는 능력이 있고, 비합리적인 사고도 이를 인식하고 수정함으로써 극복할 수 있다고 본다. 그리고 인간은 자기 변화를 이루어 낼 수 있다는 믿음을 바탕으로, 자신의 문제를 스스로 해결하고 성장을 이룰 수 있는 존재로 본다.

▌그림 10-1▐ 심리적 문제에 대한 인지이론적 설명모형

인지적 상담이론의 기본가정은 다음과 같다. 첫째, 사고가 감정과 행동을 결정한다. 즉, 어떤 사건 자체보다는 그 사건에 대한 해석과 생각이 인간의 감정과 행동을 결정한다. 둘째, 비합리적 사고는 심리적 문제를 유발한다. 비합리적이거나 왜곡된 사고는 불안, 우울 등과 같은 심리적 고통을 유발할 수 있다. 셋째, 인간의 사고는 변화할 수 있다. 인간은 자기 생각을 스스로 인식하고 그것을 변화시킬 수 있는 능력이 있다. 넷째, 인지를 변화시키면 감정과 행동이 변한다. 역기능적 사고를 기능적 사고로, 비합리적 신념을 합리적 신념으로 변화시키면 그에 따른 감정과 행동도 긍정적으로 변화할 수 있다.

인지적 상담의 대표적 이론으로는 엘리스(Albert Ellis)가 창시한 인지·정서·행동치료(REBT)와 벡(Aaron Beck)의 인지치료(cognitive therapy)가 있다. 이들은 인간의 감정과 행동이 외부 자극 자체보다는 이를 해석하는 방식, 즉 인지의 영향을 더 많이 받는다고 보았다. 엘리스의 인지·정서·행동치료(REBT)는 상담자는 내담자가 가지고 있는 비합리적 신념이나 왜곡된 사고를 현실적이고 합리적인 사고로 수정할 수 있도록 조력하는 상담모형이다. 벡의 인지치료(cognitive therapy)는 내담자가 가지고 있는 인지적 왜곡을 인식하고 이를 개선하도록 하는 상담모형이다.

2. 인지·정서·행동치료

인지·정서·행동치료(REBT)는 미국의 심리학자 앨버트 엘리스(Albert Ellis)가 창안하였다. 원래 정신분석학자였던 엘리스는 정신분석학이 피상적이고 비과학적 치료법이라고 결론짓고 1953년 정신분석을 포기하였다. 그리고 단기적이면서도 효과적인 심리치료 방법을 개발하고자 노력하여 1955년 인지치료(RT : Rational Therapy)를 창안하였다. 그 후 자신의 이론을 수정하여 1961년 인지·정서치료(RET : Rational Emotive Therapy), 1993년 인지·정서·행동치료(REBT : Rational Emotive Behavior Therapy)로 발전시켰다.

1) 주요 개념

(1) 성격의 세 가지 측면

엘리스는 인간의 성격을 생리적 측면, 사회적 측면, 심리적 측면으로 구분하였다. 성격의 세 가지 측면은 인간의 성격을 이해하고 다양한 심리적 문제를 해결하는 데 중요한 역할을 한다. 성격은 개인의 생리적 욕구, 사회적 관계, 그리고 심리적 사고 과정이 상호작용하면서 형성되기 때문에 개인의 문제를 이해하고 해결하기 위해서는 이 세 가지 측면을 모두 고려하는 통합적인 접근이 필요하다고 보았다.

① 성격의 생리적 측면

인간은 생득적으로 쾌락을 추구하고 고통을 피하려는 경향이 있다. 이러한 인간의 본능적인 생물학적 충동은 성격 형성에 많은 영향을 미친다. 이는 기본적인 생존의 욕구와 관련이 있으며, 신체적·생리적 욕구는 감정과 행동에 많은 영향을 미친다. 그리고 이러한 생물학적 충동을 적절히 조절하지 못하면 지나치게 즉각적인 만족을 추구하거나 비합리적인 행동을 할 수 있게 된다. 즉, 인간은 자신이 원하는 것을 얻지 못한다고 여길 때, 자신과 타인, 그리고 세상을 두루 비난하고, 생득적인 자기파괴(self-sabotaging) 방식으로 자기 자신을 파괴하기도 한다.

② 성격의 사회적 측면

엘리스는 인간은 사회적 존재라는 점을 강조하였다. 그는 인간은 다른 사람들과의 사회적 관계에서 인정받고 사랑받고 싶은 욕구가 강하다고 보았다. 인간은 타인과의 관계를 통해 자신의 가치를 확인하고, 타인에게 긍정적인 평가를 받으려고 노력한다. 그러나 이 욕구가 지나치게 커지면 타인의 평가에 지나치게 의존하게 되어 자기존중감이 낮아지거나 타인의 비판을 두려워하게 될 수 있다. 엘리스는 이러한 사회적 압박이 불안이나 우울 등 심리적 문제를 유발할 수 있다고 보았다.

③ 성격의 심리적 측면

사람들은 대부분 크고 작은 비합리적 신념을 가지고 있으며, 비합리적 신념은 정서적 혼란을 유발한다. 정서적 혼란은 불안이나 우울과 같은 정서적 문제나 증상을 발생시키고, 이는 다시 정서적 혼란을 유발하는 악순환에 빠지게 된다. 이때 감정에 초점을 맞출수록 더 부정적인 감정이 발생할 가능성이 커지기 때문에 개인의 정서적 혼란을 생성하는 신념체계를 탐색해야 한다. 따라서 인지·정서·행동치료는 내담자의 부정적인 감정을 차단하는 것보다 자신의 비합리적 사고를 인식하고 이를 합리적인 사고로 수정함으로써 감정과 행동을 변화시키는 것에 초점을 둔다.

(2) 비합리적 신념

인간은 합리적이기도 하지만, 동시에 비합리적이기도 하다. 비합리적 신념(irrational beliefs)은 현실을 왜곡하거나 과장되게 해석하는 생각으로, 정서적 문제나 행동 문제를 유발하는 부정적 사고방식을 의미한다. 비합리적 신념은 절대적이고 비현실적인 요구를 특징으로 하며, 이 신념은 인간에게 상황과 현실을 잘못 해석하여 부정적인 감정을 느끼게 하고, 나아가 부적응적인 행동을 하게 만든다. 비합리적 신념은 몇 가지 공통적인 특징을 가지고 있다.

첫째, 비합리적 신념은 당위성(must, should)을 내포하고 있다. 당위성에 기반한 당위적 사고(must thinking)는 "반드시 ~해야만 한다."라는 강박적인 생각을 말한다. 이러한 신념은 자신이나 타인에게 비현실적인 기준을 강요하게 한다. 당위적 사고는 자신에 대한 당위성, 타인에 대한 당위성, 그리고 조건에 대한 당위성을 포함한다. 예컨대, 자신에 대한 당위성(I must)은 "나는 반드시 모든 사람에게 인정받아야 한다.", "나는 실패해서는 안 된다." 등과 같이, 사람들은 수많은 당위적 사고에 사로잡힌 경우가 많다. 그리고 자신의 당위적 사고가 이루어지지 않으면 자기 파멸이라는 생각을 가지게 된다. 타인에 대한 당위성(others must)은 "부모니까 나를 사랑해야 한다.", "자식이니까 내 말을 들어야 한다.", "직장 동료니까 항상 일에 협조해야 한다." 등과 같은 신념이다. 타인에 대한 당위성이 이루어지지 않으면 인간에 대한 불신감을 가지게 된다. 조건에 대한 당위성(conditions must)은 "나의 가정은 항상 사랑으로 가득 차야 한다.", "나의 방은 항상 깨끗해야 한다." 등과 같이, 주어진 조건들이 자신이 원하는 방향으로 돌아가야만 한다는 생각이다. 그러나 우리가 바라고 원하는 것처럼 지속되는 당위적 조건은 거의 없다.

둘째, 비합리적 신념은 과장성(catastrophizing)을 내포하고 있다. 과장적 사고는 현실을 있는 그대로 보지 못하고 사건이나 상황을 실제보다 훨씬 더 심각하게 받아들이는 사고방식를 말한다. 예컨대, "만약 실패하면, 내 인생은 완전히 끝난다."와 같이 '~은 끔찍한 일이다.', '~하면 큰일이 일어날 것이다.', '~하면 나는 죽을 것이다.' 등과 같은 생각들이다.

셋째, 비합리적 신념은 낮은 인내력(low tolerance)을 내포한다. 낮은 인내력을 가진 사람은 작은 고통이나 불편도 견딜 수 없다고 생각하고, 특히 좌절이나 어려운 상황을 극복할 수 없다고 믿는다. 예컨대, "이 일은 너무 힘들어서 나는 절대 그것을 할 수 없다.", "이번 시험은 너무 어려워서 나는 절대로 합격하지 못할 것이다." 등과 같이, 이 신념에는 과업에 대한 회피나 포기 등의 의미도 포함되어 나타난다.

비합리적 신념은 비현실적이고 절대적인 사고에 기초한다. 비합리적 신념은 현실을 왜곡하고 감정적으로 과잉 반응하게 만든다. 이 신념은 사람을 불행하게 만들고, 자신이나 타인에 대한 부정적인 평가를 초래할 수 있다. 반면 합리적 신념은 현실적이고 유연한 사고방식에 기초한다. 합리적 신념은 긍정적이고 감정과 행동에서 균형을 유지하게 만든다. 그리고 스트레스를 잘 관리하게 하고, 자신과 타인을 현실적으로 받아들일 수 있게 한다.

〈표 10-1〉 비합리적 신념과 합리적 신념의 비교

비합리적 신념	합리적 신념
인간은 중요한 모든 사람으로부터 사랑받고 인정받고 이해받아야 가치 있는 사람이다. 만약 그렇지 않다면 이는 끔찍한 일이다.	자기를 존중하고 실제적인 일에 대해 인정받고, 사랑받기보다는 사랑하는 것에 신경을 쓰는 것이 바람직하고 생산적이다.
자신이 가치 있다고 인정받으려면 모든 영역에 대해 완벽한 능력이 있고 성공해야만 한다.	자신은 인간적인 제한점이 있고 실수를 범하기도 하는 불완전한 존재라는 것을 받아들이는 것이 좋다.
어떤 사람들은 나쁘고 사악하며, 그들의 사악함은 반드시 비난받고 처벌받아야만 한다.	사람들은 비윤리적으로 행동하는 경우가 흔하며, 이들을 비난하고 처벌하기보다는 그들의 행동을 변화시킬 수 있도록 도와주는 것이 더 좋다.
일이 뜻대로 진행되지 않는다면 그것은 무시무시하고 끔찍한 일이다.	일이 내 뜻대로 된다면 좋겠지만, 내가 원하는 대로 되지 않는다고 해서 끔찍할 이유는 없다.
불행이란 외부 사건들 때문에 생기며 우리는 통제할 능력이 거의 또는 전혀 없다.	현재 내가 겪고 있는 정서적인 괴로움은 주로 나의 책임이며, 내가 사건들을 보고 평가하는 방식을 변화시킴으로써 나의 감정을 조절할 수 있다.
만약 어떤 사람에게 위험하거나 두려운 일이 일어날 가능성이 있다면 그는 그 일에 대해 염려해야 하고, 그것이 일어날 가능성에 대해 늘 생각하고 있어야 한다.	걱정한다고 해서 어떤 일이 사라지는 것은 아니다. 일어날 가능성이 있는 괴로운 일에 대해서는 처리하기 위해 최선을 다할 것이며, 만약 다루기가 불가능하다면 그 일이 어쩔 수 없다고 받아들이겠다.
인생에서의 어려움에 부딪힐 때는 책임 있게 해결하기보다 피해 가는 것이 편하다.	해야 할 일을 피하는 것이 실제로 그것을 하는 것보다 더 어렵고 고통스러운 경우가 많다. 해야 할 일은 불평 없이 해야 한다.
다른 사람에게 의지해야 하고, 의지할 수 있는 누군가가 있어야 한다.	다른 사람들과 친밀하게 지내는 것을 즐기지만, 생활을 도와줄 사람은 원하지 않는다. 자기 사신을 믿고 의지할 수 있다.
한 개인의 과거사는 현재 행동을 결정하는 가장 중요한 요인이며, 그 일이 큰 영향을 주었기 때문에 이후로도 계속 유사한 영향을 끼칠 것이다.	나는 과거의 일들에 대한 지각과 과거의 영향에 대한 해석을 재평가함으로써, 과거의 영향을 극복할 수 있다.
사람은 다른 사람의 문제와 어려움에 대해 함께 괴로워하고 속상해야 한다.	다른 사람이 어려움을 겪을 때 도울 수 있으면 좋지만, 반드시 도움이 되어야 하거나 돕지 못하다고 큰일이 나는 것은 아니다.
인간의 문제에는 완전한 해결책이 있다. 만약 그 해결책을 발견할 수 없다면 이는 끔찍한 일이다.	세상은 불확실하다. 삶을 즐기기 위해 아무런 보장이 없더라도 어떤 결정을 내리고 위험을 무릅쓴다.
세상은 반드시 공평해야 하며, 정의는 반드시 승리해야 한다.	세상에는 불공평한 경우에 불만을 갖기보다는 이를 시정하게끔 노력하는 편이 낫다.

항상 고통 없이 편안해야 한다.	고통 없이 얻을 수 있는 것은 아무것도 없다. 그러므로 비록 좋아하지는 않아도 불편을 참고 견딜 수 있다.
나는 아마 미쳐가고 있는지도 모른다. 그러나 미쳐서는 안 된다. 왜냐하면 그것을 견딜 수 없기 때문이다.	정서적 곤궁이 즐거운 것은 아니지만 대체로 참을 수 있다.

(3) ABC 모형

엘리스는 인간이 경험하는 선행사건(A : Activating event) 자체가 결과(C : Consequence)에 영향을 미치는 것이 아니라 신념체계(B : Belief system)가 매개요인으로 작용하여 반응으로서의 결과에 영향을 미친다고 보았다. 그러므로 잘못된 사고의 뿌리에는 왜곡되고 비합리적인 신념이 깔려있다는 것이다. 비합리적 신념체계를 가지고 있는 사람은 일어난 사건에 대하여 비합리적으로 해석을 하고 그 결과로 바람직하지 않은 정서적·행동적 결과를 경험하게 된다. 엘리스의 인지·정서·행동치료(REBT)는 인간의 정서적·행동적 결과에 영향을 미치는 원인으로 사건 자체보다 신념체계의 중요성을 강조한다는 점에서 ABC 이론이라고도 한다(노안영, 2005).

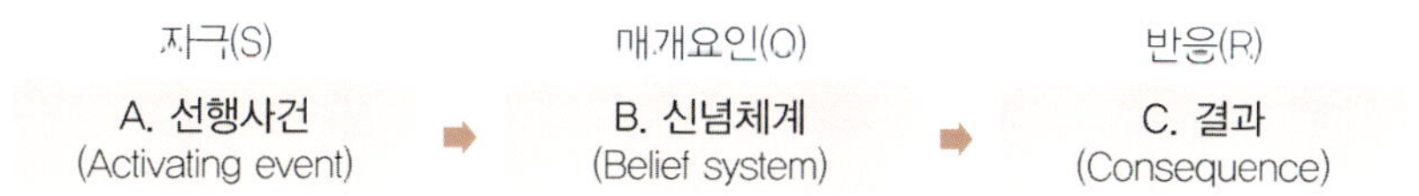

❙ 그림 10-2 ❙ ABC 모형

2) 상담의 실제

(1) 상담목표

인지·정서·행동치료(REBT)는 내담자의 비합리적 신념을 합리적인 사고로 바꾸어 심리적 문제를 해결하는 것을 목표로 한다. 인지·정서·행동치료(REBT)의 궁극적인 목표는 내담자가 자신의 비합리적 신념을 인식하고, 이를 합리적 신념으로 수정하여 건강하고 행복한 삶을 영위하도록 돕는 것에 있다. 즉, 내담자가 그동안 가지고 있었던 자기 패배적 인생관을 제거하고 인지·정서·행동이 조화로운 합리적 인생관을 획득하도록 돕는다.

인지·정서·행동치료(REBT)의 세부 목표는 다음과 같다. 첫째, 내담자가 자신의 비합리적 사고방식을 이해하고 그것이 불필요한 정서적·행동적 고통을 야기하고 있다는 것을 인식하도록 돕는다. 둘째, 내담자의 비합리적 신념체계를 교정함으로써 불안이나 우울 등과 같은 부정적인 감정과 회피나 공격성 등과 같은 부적응적인 행동을 긍정적으로 변화시킨다. 셋째, 완벽하지 않은 자신을 있는 그대로 수용하고, 자신과 타인 및 조건의 한계를 현실적으로 받아들이는 사고를 기른다.

(2) 상담과정

엘리스는 인지·정서·행동치료(REBT)의 과정에서 내담자의 비합리적 신념을 확인하고, 활성화된 선행사건(A)과 결과(C) 사이에 있는 비합리적 신념체계(B)를 논박(D)을 통해 합리적 신념으로 수정하여 효과(E)를 통한 새로운 감정(F)까지의 일련의 과정을 ABCDEF 모형이라고 하였다. 인지·정서·행동치료(REBT)의 상담과정은 ABCDEF 모형에 따라 진행된다.

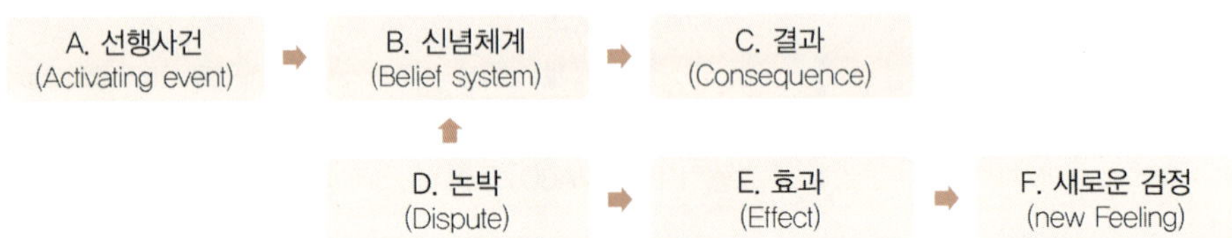

| 그림 10-3 | ABCDEF 모형

① 초기단계

먼저 상담자와 내담자 간 편안하고 신뢰할 수 있는 관계를 수립한 후, 내담자가 호소하는 문제를 탐색한다. 인지·정서·행동치료(REBT)에 익숙하지 않은 내담자에게는 상담자가 이론에 대한 간단한 설명과 상담과정에서 내담자의 역할을 설명해 준다. 그리고 내담자의 호소 문제와 그에 따른 정서적·행동적 결과(C)를 탐색하고, 상담목표를 설정한다. 상담의 결과적 목표는 건강한 정서와 행동의 획득에 두지만, 과정적 목표는 내담자의 비합리적 신념을 합리적 신념으로 변화시키는 것에 둔다.

② 중기단계

상담목표가 설정되고 나면, 내담자의 정서와 행동에 부정적 반응을 유발하는 선행사건(A)을 탐색한다. 사건과 관련하여 주요 문제점으로 부각이 되는 환경, 상황, 그리고 내담자의 태도를 탐색한다. 이때 상담자의 역할은 먼저 내담자의 활성화된 사건(A)과 그 사건에 대한 비합리적 신념으로 느끼게 되는 정서적·행동적 결과(C)를 확인한다. 이 과정에서 상담자는 정서적·행동적 결과와 내담자의 사고와의 관계(B-C)를 설명해 준다. 즉, 내담자의 정서적·행동적 문제를 일으키는 원인이 선행사건이 아닌 내담자의 신념에 기인한 것을 우화, 유추, 은유 등의 방법을 활용하여 설명하고 교육한다.

다음으로 활성화된 사건에 대한 내담자 개인의 생각을 확인하고 그 안에 들어 있는 사고방식, 철학, 가치관 등을 파헤친다. 이때 부정적 결과를 일으키는 원인이 되는 역기능적 사고를 탐색하고, 그것이 어느 인지수준에서 작동하는지 내담자의 신념체계(B)를 분석한다. 내담자의 비합리적 신념체계(B) 안에는 반드시 당위성(must, should)이 들어 있다. 상담자는 내담자의 비합리적 신념을 논박(D)한다. 논박이란 내담자의 비합리적 신념을 다시 검토하도록 상담자가 촉구하는 것을 말한다. 비합리적 신념을 논박할 때는 논리성, 현실성, 실용성의 세 가지 사항을 고려해서 한다. 나아가 융통성과 논박의 파급효과도 고려할 필요가 있다.

〈표 10-2〉 합리적 사고와 비합리적 사고의 차이

비교기준	합리적 사고	비합리적 사고
논리성	논리적 모순이 없다.	논리적 모순이 많다.
현실성	경험적 현실과 일치한다.	경험적 현실과 일치하지 않는다.
실용성	삶의 목적 달성에 도움이 된다.	삶의 목적 달성에 방해가 된다.
융통성	융통성 있고, 경직되어 있지 않다.	절대적·극단적이고 경직되어 있다.
파급효과	적절한 정서와 행동을 유도한다.	부적절한 정서와 행동을 유도한다.

상담자는 논박을 통해서 내담자가 자신의 신념체계에 대한 지적 통찰뿐만 아니라 정서적 통찰을 할 수 있도록 인지적 · 정서적 · 행동적 기법을 다양하게 사용한다. 효과적인 논박은 내담자의 비합리적 신념을 합리적 신념으로 바꾸고, 당위성(must)을 소망(wish)이나 희망(want)으로 바뀌게 하는 효과(E)가 있다. 합리적 신념으로의 변화는 내담자에게 새로운 감정(F)과 바람직한 행동을 할 수 있게 한다. 이 과정에서 상담자는 내담자의 비합리적 신념을 뿌리 뽑고, 합리적 신념의 내재화를 위해 내담자에게 숙제를 내주거나 독서요법 등을 사용할 수 있다.

③ 종결단계

상담의 종결이 가까워지면 상담자는 종결의 적절성과 종결 시기를 검토한다. 상담자는 내담자가 새로운 삶에 적응할 준비를 할 수 있도록 그동안 자신이 가졌던 비합리적 신념을 스스로 논박하는 것을 반복적으로 연습시킨다. 이는 상담이 종결된 후에도 내담자가 또 다른 심리적 문제를 만났을 때, 이를 스스로 잘 대처할 수 있는 역량을 기르도록 하는 것이다.

(3) 상담기법

인지 · 정서 · 행동치료(REBT)는 다른 상담이론들에 비해 대단히 적극적이고, 지시적이고, 교육적이다. 기본적인 상담기법은 적극적 · 지시적 교수법으로서, 인지적 · 정서적 · 행동적 기법을 내담자 개개인에게 맞추어 다양하게 사용한다. 대표적인 기법은 다음과 같다.

① 인지적 기법

- **논박**(debating) : 내담자의 비합리적 신념에 논리적으로 도전하여 그 신념이 비현실적임을 깨닫게 한다. 이를 통해 내담자의 신념을 합리적인 것으로 재구성한다. 상담자는 해석을 자유로이 구사하고 내담자의 저항에 지나친 관심을 기울이지 않는다.
- **대안적 신념 제시**(alternative belief) : 내담자에게 현실적이고 합리적인 신념을 제시하고, 이를 통해 신념체계를 교정한다. 내담자에게 인지적 과제

를 부여하여 내면화된 비합리적 자기 메시지 대신 긍정적 자기 진술을 생활 속에서 반복적으로 이행해 보도록 한다.

- **자기대화 기술**(self-talk technique) : 내담자의 비합리적인 자기 대화를 교정하는 연습을 하게 한다. 예컨대, "~해야 한다."를 "~하고 싶다."로, "만약 ~한다면 두려울 거야."를 "만일 ~한다면 좀 불편할 거야."로 바꾸는 연습을 통하여 무기력하고 자기 패배적인 언어 형태에 변화를 주도록 한다.

② 정서적 기법

- **유머 기법**(humor) : 지나치게 심각한 생각을 하는 내담자에게 유머를 사용하여 불안을 감소시키고, 비합리적 신념을 가볍게 바라볼 수 있도록 돕는다.
- **상상 기법**(imagery) : 내담자가 상상 속에서 자신의 비합리적 신념이 극단적으로 발현되는 장면을 경험하도록 하여, 그것이 얼마나 비현실적이고 불필요한지 깨닫도록 한다.

③ 행동적 기법

- **역할 연습**(role playing) : 내담자가 자신의 비합리적 신념과 마주하는 상황을 실제로 연기하며, 이를 통해 새로운 방식으로 대처하는 방법을 배우도록 한다.
- **노출 기법**(exposure) : 내담자가 두려워하거나 회피하는 상황에 점진적으로 노출하여, 그 상황에서 비합리적 신념을 현실적으로 극복할 수 있도록 한다.
- **과제 수행**(homework) : 내담자에게 상담에서 배운 내용을 일상생활에서 적용할 수 있는 과제를 주어, 현실에서 변화를 경험하도록 한다.

3. 인지치료

아론 벡(Aaron Beck)의 인지치료(cognitive therapy)는 생각이 감정과 행동에 영향을 미친다는 기본가정을 바탕으로 한다. 특히 개인의 부정적이고 왜곡된 인지양식을 심리적 문제의 근원으로 본다. 인지치료는 내담자가 자신의 왜곡된 사고를 인식하고 수정함으로써 부정적 감정을 극복하도록 돕는 데 중점을 둔다. 인지치료는 1977년 처음으로 치료 효과를 분석한 연구가 발표되었고, 그 후 우울증, 범불안장애, 사회공포증, 물질남용, 섭식장애 등 여러 심리적 증상의 치료 효과가 입증되었다. 특히 교육수준, 소득수준, 성장배경, 연령 등에 관계없이 효과가 있는 치료방법이다.

1) 주요 개념

(1) 기본가정

벡의 인지치료는 모든 심리적 장애에서 왜곡된 역기능적인 사고는 환자의 정서와 행동에 영향을 미친다고 본다. 즉, 인간의 감정을 결정하는 것은 상황 자체가 아니라 상황을 해석하는 방식에 달려 있다는 것이다. 인지치료의 기본가정은 다음과 같다. 첫째, 인지치료에서는 사고가 감정과 행동을 결정한다고 가정한다. 개인의 감정과 행동은 사건 자체가 아니라 그 사건에 대한 인지적 해석에 의해 결정된다. 즉, 현실보다 그 현실을 어떻게 해석하는지가 감정에 영향을 미친다. 둘째, 인지치료에서는 부정적 사고가 심리적 문제를 일으킨다고 가정한다. 우울증이나 불안장애와 같은 심리적 증상은 왜곡된 인지양식에 의해 유발된다. 부정적 인지양식은 현실을 왜곡하여 부정적인 감정을 유발하고 역기능적 행동으로 이어진다. 셋째, 인지치료에서는 인간의 사고는 변화가 가능하다고 가정한다. 사람들은 자신의 부정적 사고를 인식하고, 이를 수정하여 보다 건강한 사고방식을 형성할 수 있다.

(2) 인지수준

벡은 인간의 인지수준(levels of cognition)은 다층적으로 형성되어 있다고 보았다. 그는 인지수준을 자동적 사고, 중재적 신념, 핵심 신념, 그리고 스키마의 네 수준으로 분류하였다.

① 자동적 사고

자동적 사고(automatic thoughts)는 일상에서 자동적으로 떠오르는 생각으로, 사람들은 대개 이것을 인식하지 못한 채 경험하게 된다. 이러한 자동적 사고가 부정적인 내용일 경우 우울증과 같은 심리적 문제의 원인이 될 수 있다. 예컨대, "나는 쓸모없어." 또는 "모두 나를 싫어할 거야."와 같은 생각들이 이에 해당한다. 우울증상을 경험하는 사람들의 자동적 사고는 대개 자신에 대한 비관적 생각, 앞날에 대한 염세주의적 생각, 세상에 대한 부정적 생각의 세 가지 내용으로 수렴된다. 자동적 사고는 개인의 신념(belief)으로부터 나온다.

자극(S)		매개요인(O)		반응(R)
상황	➡	자동적 사고 (상황의 지각)	➡	감정 (감정적 반응)

| 그림 10-4 | 자동적 사고

② 중재적 신념

중재적 신념(intermediate beliefs)은 중간 수준의 신념으로, 개인의 자동적 사고를 형성하는 태도(attitude), 규칙(rule), 가정(assumption)들이다. 예컨대, "무능력하다는 것은 끔찍한 일이다(태도).", "나는 항상 열심히 일을 해야 한다(규칙).", "열심히 일을 한다면, 다른 사람들이 쉽게 할 수 있는 일들을 나도 할 수 있게 될지 모른다(가정)." 등과 같이 자동적 사고를 유발하는 기본적인 인지양식이다. 자동적 사고는 주로 조건적 가정으로 표현되며, "만약 ~한다면, ~일 것이다."와 같은 형식을 취한다.

③ 핵심 신념

핵심 신념(core beliefs)은 한 개인의 가장 중심적인 생각으로, 자기개념이나 세상에 대한 가장 깊은 수준의 믿음이다. 핵심 신념은 아주 근원적이고 깊은 수준의 믿음으로 흔히 자기 자신조차도 인식하지 못한다. 사람들은 이러한 믿음을 의문 없이 당연한 것으로 여기고 절대적인 진리로 받아들인다. 핵심 신념은 개인의 태도, 규칙, 가정 등을 구성하는 중재적 신념의 형성에 영향을 주고, 자동적 사고에도 영향을 미친다. "나는 무가치하다." 또는 "세상은 위험하다." 등과 같은 부정적인 핵심 신념은 삶에서 경험하는 문제의 근본적인 원인이 될 수 있다.

④ 스키마

스키마(schema)는 핵심 신념을 수반하는 정신 내의 인지구조로, 정보처리와 행동을 지배하는 구체적 규칙이다. 즉, 스키마는 자신, 세계, 미래를 보는 개인의 특유하고 습관적인 방식을 의미한다. 스키마는 인간이 세상을 이해하고 해석하는 방식에 영향을 미친다. 스키마는 어린 시절부터 쌓여 온 경험을 바탕으로 형성되며, 외부 정보를 선택하고 해석하는 데 중요한 역할을 한다. 부정적인 스키마는 왜곡된 방식으로 세상을 바라보게 만들어, 내담자의 감정과 행동에 부정적인 영향을 미친다. 벡은 스키마 작업을 인지치료 과정의 핵심이라고 보았다.

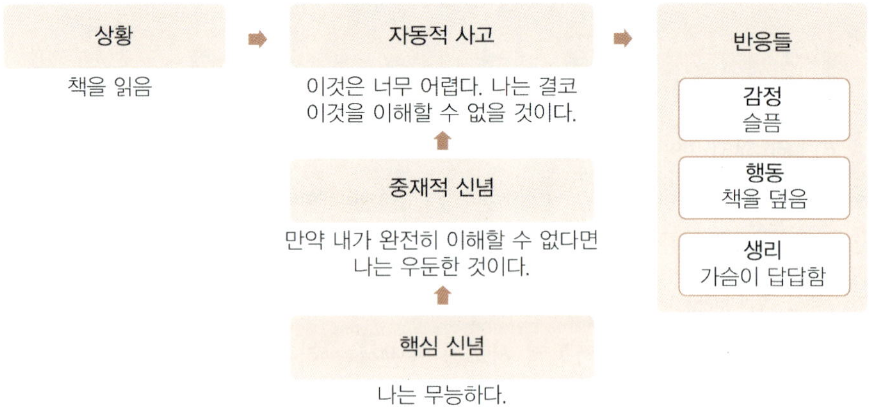

❙그림 10-5❙ 인지모형

(3) 인지 왜곡

인지 왜곡(cognitive distortions)은 그릇된 가정이나 잘못된 개념화로 이끄는 사고의 체계적 오류를 말한다. 즉, 인지 왜곡은 현실을 왜곡하여 부정적으로 해석하게 만드는 비합리적 사고방식이다. 벡은 사람들의 심리적 문제를 일으키는 주요 요인으로 인지 왜곡을 제시하였다. 사람들에게 흔히 나타나는 인지 왜곡은 다음과 같다.

① 자의적 추론

자의적 추론(arbitrary inference)은 객관적인 증거가 없거나 충분하지 않은 상황에서 부정적인 결론을 내리는 인지 왜곡이다. 예컨대, 친구와 의견이 안 맞으면 그 친구가 자신을 싫어하는 것이 분명하다고 결론짓는다. 자의적 추론은 상황에 대하여 최악의 시나리오나 비극적인 결말을 생각하게 만든다.

② 선택적 추상

선택적 추상(selective abstraction)은 전체적인 상황에서 일부 부정적인 정보에만 선택적으로 집중하고, 나머지 긍정적인 정보는 무시하는 인지 왜곡이다. 예컨대, 팀 프로젝트에서 전반적으로 좋은 평가를 받았음에도 불구하고 작은 실수를 크게 부각하는 경우이다. 이 왜곡은 어떤 사건이나 상황의 주된 내용은 무시한 채 일부 상황만을 가지고 결론을 내리고, 전체적인 맥락은 간과해 버린다.

③ 과잉 일반화

과잉 일반화(over-generalization)는 단 하나의 사건을 근거로 형성된 극단적인 신념을 유사하지도 않은 다른 사상이나 장면에 부적절하게 적용하는 인지 왜곡을 말한다. 예컨대, 시험이 실패한 학생이 앞으로의 모든 시험에도 실패할 것으로 생각하는 경우이다. 이 왜곡은 단 한 번의 사건을 근거로 하여 그것이 모든 상황에 적용된다고 생각하게 만든다.

④ 극대화 또는 극소화

극대화(magnification)와 극소화(minimization)은 어떤 경우나 상황을 실제 가치보다 더 크게 또는 더 작게 지각하는 것을 말한다. 예컨대, 작은 실수를 했을 때 그것을 대단히 큰 문제로 생각하거나, 자신의 성과를 지나치게 낮게 평가하는 것이다. 이 왜곡은 자신의 성공이나 장점을 과소평가하고, 실패나 단점을 과대평가하게 만든다.

⑤ 개인화

개인화(personalization)는 관련지을 만한 근거가 없을 때조차 외적 사상들과 자기 자신을 관련짓는 것을 말한다. 예컨대, 어떤 모임에 간 사람이 "사람들이 즐겁지 않은 것은 내가 분위기를 망쳤기 때문이야."라고 생각하는 경우이다. 이 왜곡은 잘못된 귀인(attribution)을 하게 하여 자신과 상관없는 사건을 자신 탓으로 돌리게 만든다.

⑥ 이분법적 사고

이분법적 사고(dichotomous thinking)는 상황을 흑백논리로 사고하고 해석하거나 경험을 어느 한 극단으로 범주화하는 인지 왜곡이다. 예컨대, "나는 완벽해야 한다. 완벽하지 않으면 나는 실패자다."라는 생각이 그 예에 해당한다. 이 왜곡은 모든 일을 극단적인 것에 초점을 맞춰 좋은 것과 나쁜 것으로만 구분하고 둘 사이의 중간 지점은 무시한다.

⑦ 정서적 추론

정서적 추론(emotional reasoning)은 자신의 정서적 경험에 근거하여 자신이나 세계 혹은 미래에 관하여 추론하는 왜곡이다. 예컨대, "내가 불안하니까, 이 일이 반드시 잘못될 거야."라고 추론하는 것이다. 정서적 추론은 자신이 느끼는 감정이 곧 현실이라고 믿는 인지 왜곡이다.

⑧ 긍정 격하

긍정 격하(disqualifying the positive)는 자신의 긍정적인 면을 격하시켜 평가하는 것을 말한다. 예컨대, "그 일은 내가 잘해서 좋은 결과가 나온 것이 아니라 우연히 잘된 거야."라고 추론하는 것이다. 즉, 긍정적인 경험이나 성공을 무시하고 부정적인 측면만을 강조하는 인지 왜곡이다.

⑨ 파국화

파국화(catastrophizing)는 자신이 걱정하는 한 사건에만 주목하여 지나치게 과장하여 두려워하는 것을 말한다. 예컨대, "작은 실수 하나가 나의 인생을 망칠 거야."라고 추론하는 것이다. 이 인지 왜곡은 상황을 실제보다 훨씬 더 끔찍하게 생각하고, 항상 최악의 결과를 예상한다.

⑩ 명명 또는 잘못된 명명

명명(labeling)과 잘못된 명명(mislabeling)은 불완전성과 과거의 실수에 근거하여 자신이나 타인의 정체감을 묘사하고 이를 자신이나 타인의 진정한 정체성으로 정의하는 것을 말한다. 예컨대, “내가 그 일을 하지 못했으니, 나는 무능한 사람이다.”, “그 사람이 잘못했으니, 그 사람은 나쁜 사람이다.” 등과 같이 하나의 행동이나 실수를 통해 자신이나 타인 또는 특정한 상황 전체를 평가해 버린다.

2) 상담의 실제

(1) 상담목표

벡의 인지치료는 자동적 사고, 중재적 신념, 핵심 신념, 스키마라는 다층적 인지구조에 바탕을 두고, 부정적 사고가 감정과 행동에 영향을 미친다는 기본가정을 하고 있다. 또한 사람들이 가지고 있는 여러 유형의 인지 왜곡이 현실 인식을 왜곡하게 하여 부정적인 감정과 심리적 문제를 유발한다고 본다. 벡의 인지치료는 내담자의 왜곡된 사고를 인식하게 하고, 더 현실적이고 합리적인 사고로 교정하는 데 목표를 둔다.

인지치료의 구체적인 상담목표는 다음과 같다. 첫째, 내담자의 부정적인 자동적 사고를 찾아서 그것을 적응적인 사고로 수정한다. 둘째, 내담자의 사고 과정에서 인지적 오류를 찾아내어 그것을 수정한다. 셋째, 내담자의 역기능적 인지도식을 융통성 있고 현실적인 것으로 바꿔서 일상생활에서의 적응능력을 향상시킨다.

(2) 상담과정

벡의 인지치료는 고정된 절차나 과정에 의해 이루어지기보다는 상황에 따라 융통성 있게 진행되는 것이 특징이다. 인지치료의 과정은 시간제한을 두는데, 일반적으로 4~14회기의 단기적 치료로 진행된다(오만록, 2017). 벡은 인지치료의 과정에서 상담자가 검토해야 할 사항으로 인지모형에 근거한 사례 개념화, 협동적 경험주의, 소크라테스식 대화, 안내된 발견이라는 네 가지 핵심 지침을 제시하였다(권석만, 2012).

① 상담 초기

인지치료는 인지모형에 근거한 사례 개념화(case conceptualization)를 통해 시작된다. 사례 개념화는 인지치료 전반의 방향을 설정하는 중요한 과정으로, 내담자의 인지구조와 인지 왜곡을 파악하여 문제를 분석하고, 내담자의 정서 및 행동적 반응이 사고와 어떻게 관련되는지 탐색하는 과정을 말한다.

인지치료는 일반적으로 첫 회기가 시작되기 전에 심리검사와 면접 질문을 한다. 상담자는 첫 회기 시작 전에 심리검사의 결과와 면접 질문의 내용을 검토하여 어느 정도 상담의 구조화를 한다. 첫 회기에 내담자의 호소문제를 탐색하고 사례 개념화를 통해 문제의 본질을 파악한다. 이를 바탕으로 상담목표를 수립한다.

② 상담 중기

인지치료는 상담자와 내담자 간 협동적 경험주의(collaborative empiricism)를 강조한다. 상담자와 내담자는 협력적으로 문제를 탐구하고, 내담자의 생각과 신념이 현실에 부합하는지 검증한다. 상담자는 내담자가 자신의 사고를 비판적으로 검토하여 스스로 문제를 발견하도록 유도한다. 상담자는 내담자의 인지적 변화를 촉진하기 위해 주로 다양한 질문을 통해 대화하는 방식인 소크라테스식 대화(Socratic dialogue)를 사용한다. 상담자는 질문을 통해 내담자가 새로운 사고와 행동방식을 발견하도록 유도한다.

상담 중기에는 내담자의 자동적 사고를 포함한 인지구조를 탐색하고, 인지 왜곡을 분석하여 대안적 사고를 개발하는 것에 목표를 둔다. 이 과정에서 상담자는 내담자의 역기능적 사고방식을 내담자 스스로 발견하고 새로운 통찰을 얻을 수 있도록 소크라테스식 질문을 통해 유도해야 한다. 이를 벡은 안내된 발견(guided discovery)이라고 하였다. 상담 중기에 다루는 주요 내용은 다음과 같다. 첫째, 내담자가 특정 상황에서 자신도 인지하지 못한 채 발생하는 자동적 사고를 파악하고 기록하게 한다. 둘째, 내담자의 심리적 고통을 유발하는 인지 왜곡을 분석하고, 이를 논리적으로 반박하는 훈련을 한다. 셋째, 내담자가 가지고 있는 인지 왜곡을 현실적이고 긍정적인 사고로 바꾸는 연습을 통해 대안적 사고를 개발한다.

넷째, 내담자에게 상담과정에서 배운 내용을 실제 상황에 적용해 보는 과제를 부여하여 대안적 사고를 내면화한다.

③ 상담 종결

상담을 종결하기 전에 목표 달성 여부를 평가하고, 종결단계에서 스스로 문제를 해결할 수 있는 능력을 갖추었는지 점검한다. 상담을 통해 내면화한 대안적 사고를 통해 자신의 문제를 해결할 수 있는 실행계획을 세우고, 이를 일상생활에서 실천하도록 조력한다.

(3) 상담기법

벡의 인지치료 기법들은 내담자의 자동적 사고나 비합리적 신념을 해석하는 것이 아니라, 논리적 분석을 통해 내담자가 가지고 있는 부적절한 사고방식을 내담자 스스로 분석하여 긍정적이고 현실적인 사고를 개발하도록 돕는 데 사용된다. 또한 대안적 사고를 일상에서 실천하는 훈련과 연습을 통해 상담 종결 후 재발을 방지하는 것에도 중점을 둔다. 벡의 인지치료에서 많이 사용하는 기법들은 다음과 같다.

① 역기능적 사고 기록지

역기능적 사고 기록지(DTR : Dysfunctional Thought Record)는 내담자가 자신의 부정적인 감정과 그것을 유발한 사고를 기록하는 도구이다. 내담자는 특정 상황에서 어떤 생각이 떠올랐고, 그 생각이 어떤 감정을 불러일으켰는지 기록한다. 이를 통해 내담자가 가지고 있는 사고와 감정의 연결을 분석한다. 또한 그 사고에 대한 대안적 사고를 추가로 작성하게 하여, 부정적인 사고를 교정할 기회를 제공한다. 사고 기록지는 내담자가 자신의 역기능적 사고방식을 명확하게 인식할 수 있도록 돕는다.

〈표 10-3〉 역기능적 사고 기록지

일시	상 황	감 정	자동적 사고	합리적 반응	결 과
	불쾌한 감정을 유발한 실제 사건, 상상, 기억 내용을 기록	불쾌 감정을 구체적으로 기록. 감정의 강도를 1~100 숫자로 평가	감정에 선행한 자동적 사고를 기록. 사고의 확신 정도를 0~100 숫자로 평가	자동적 사고에 대한 합리적 반응과 그 확신 정도를 0~100 숫자로 평가	자동적 사고의 확신 정도와 결과적 감정 강도를 0~100 숫자로 재평가

작성방법 : 당신이 불쾌한 감정을 경험했을 때, 그 감정을 유발한 상황을 기록하십시오. (만약 당신이 어떤 생각이나 상상을 할 때, 그러한 불쾌한 감정을 경험하였다면 그 내용을 적으십시오.) 그러고 나서 그 감정과 연관된 자동적 사고를 기록하십시오. 그 사고 내용을 확신하는 정도에 따라 0~100의 숫자(0='전혀 확신 없다'; 100='절대 확신한다')로 평정하십시오. 감정의 강도 역시 1~100의 숫자(1='매우 미미함'; 100='매우 강함')로 평정하십시오.

출처 : 권석만(2012).

② 소크라테스식 대화

소크라테스식 대화(Socratic dialogue)는 상담자가 내담자에게 소크라테스식 질문을 통해 내담자의 역기능적 사고와 신념을 스스로 자각하고 평가할 수 있도록 하는 기법이다. 상담자는 내담자에게 "그 생각이 항상 옳다고 생각하나요?", "당신의 그 생각을 증명할 수 있는 증거가 있나요?", "그 상황을 다르게 볼 수 있는 방법이 있을까요?" 등과 같은 질문을 해서 내담자가 자기 생각이 왜곡된 것임을 인식할 수 있도록 유도한다. 이 대화 방식은 상담자가 내담자의 사고를 논박하지 않고 일련의 신중한 질문을 통해서 내담자가 자신의 문제를 논리적으로 분석하게 하여 자발적인 변화를 끌어낼 수 있다.

③ 행동 실험

행동 실험(behavioral experiment)은 내담자의 비합리적인 사고나 인지 왜곡이 실제 현실 상황에 맞는지 검증하는 기법이다. 이 방법은 내담자의 사고를 현실적으로 평가하는 데 도움을 준다. 내담자는 자기 생각이 실제 상황에서 얼마나 맞는지 실험을 통해 확인한다. 예컨대, "사람들이 나를 무시할 것이다."라는 생각을 가진 내담자를 특정 사회적 상황에 참여하게 하고, 그 결과를 기록하게 한다. 이를 통해 내담자는 자기 생각이 과장되었거나 잘못되었음을 깨닫게 된다.

④ 이성적-감정적 역할연기

이성적-감정적 역할연기(rational emotional role play)는 내담자가 자신의 감정적 반응과 이성적 사고 사이의 차이를 경험하도록 돕는 기법이다. 이 기법은 내담자와 상담자가 역할을 나눠서, 내담자는 특정 상황에서 느끼는 감정을 주장하고, 상담자는 그 상황에 대한 이성적인 생각을 주장한다. 그리고 두 입장을 논의한 후 서로의 역할을 바꿔서 다시 논의한다. 이러한 역할연기를 통해 내담자는 자신의 감정적 반응을 재구성하고 더 현실적인 대안을 찾게 된다. 이 기법은 내담자가 자기 생각이 역기능적이라고 하는 것을 이성적으로는 이해를 했지만, 감정적으로는 아직 받아들이지 못한 경우에 사용한다.

⑤ 대처 카드

대처 카드(coping card)는 내담자가 스트레스를 받거나 불안을 느끼는 상황에서 사용할 수 있는 전략을 적어두는 카드이다. 카드의 한쪽 면에 내담자의 부적응을 일으키는 역기능적 자동적 사고를 적고 뒷면에는 적응적 사고를 적거나, 특정한 문제상황에서 효과적으로 대응할 수 있는 행동전략을 적는다. 그리고 그것을 쉽게 볼 수 있는 곳에 붙여두고 수시로 읽거나 되뇌도록 한다. 예컨대, "긴장될 때는 심호흡을 한다."와 같은 구체적인 행동 지침을 적어놓고 그것을 큰 소리로 읽거나 말함으로써 그러한 사고를 내면화할 수 있다. 대처 카드는 내담자의 스트레스나 불안에 대응할 수 있는 실질적인 방법을 제시하는 효과가 있다.

⑥ 활동 계획표

인지치료에서는 활동 계획표(activity scheduling)를 사용하여 내담자가 매일 자신이 좋아하는 구체적인 활동을 계획하여 생활하도록 돕는다. 활동 계획을 수립하는 것은 생활의 활력과 삶의 의욕을 증진해 줄 뿐만 아니라 하루의 일과를 구조화해 준다. 활동 계획표는 내담자가 좋아하는 활동을 계획하고 실행하도록 돕는 기법으로, 우울증 환자에게 특히 유용하며, 일상적인 활동을 통해 삶의 즐거움을 다시 찾을 수 있도록 돕는다. 그리고 계획표에 적힌 활동을 실행하며 작은 성취감을 느끼게 한다.

⑦ 인지적 과제

과제 부여(assigning homework)는 내담자에게 다양한 과제를 주는 방법으로, 직접 상담하는 시간 이외에도 상담과정을 지속할 수 있는 효과가 있다. 예컨대, "이번 주에 역기능적 사고 기록지를 작성해 보세요."와 같은 과제를 부여하여 내담자가 자신의 사고를 직접 분석하는 기회를 준다. 상담자가 부여한 과제는 내담자가 상담과정에서 배운 내용을 꾸준히 실천하는 데 중요한 역할을 한다.

11 CHAPTER

현실치료

1. 인간에 대한 관점

현실치료(reality therapy)는 윌리엄 글래서(William Glasser)가 창시한 상담 및 심리치료 모형으로, 선택이론(choice theory)에 바탕을 두고 있다. 미국의 정신과 의사였던 글래서는 정신과 수련의 과정 중 전통적인 정신분석적 치료가 장기간에 소수의 환자만 퇴원하는 것을 보고 실망하여 새로운 이론 및 치료 절차가 절실함을 느끼고 현실치료를 창시하였다. 글래서의 현실치료는 인간은 행동뿐만 아니라 사고나 감정에 대해서도 책임이 있다는 기본개념 위에 성립되어 있다. 현실치료에서는 인간의 모든 행동은 자신의 기본적 욕구를 충족하기 위해 선택한 결과라는 가정하에 현재의 행동이 욕구를 충족시키지 못하고 있으면 더 효과적인 행동을 획득할 수 있도록 심리적 힘을 개발할 수 있게 하는 조건을 제공하는 데 목적을 둔다. 비교적 단기간의 상담 및 심리치료로 효과가 있어서 오늘날 폭넓게 활용되고 있다.

현실치료라는 명칭은 과거보다 현실에 초점을 두고 미래를 계획하는 상담 및 심리치료라는 의미를 담고 있다. 글래서는 인간을 긍정적인 관점에서 보았으며 결정론적 입장을 반대한다. 현실치료는 인간이 자기 결정력을 가지고 성장하며, 책임을 지고 기본적 욕구를 충족시키는 존재라는 관점에 바탕을 두고 있다. 글래서의 인간관은 다음과 같이 여섯 가지로 정리할 수 있다.

첫째, 인간은 자신을 성장시키려는 힘(growth power)을 가지고 있다. 인간은 자신을 발전시키려는 강한 내적 동기가 있고, 이러한 동기는 단순한 생존을 넘어서 인간이 자기 자신을 더욱 발전시키고 더 나은 삶을 추구하게 한다. 현실치료에서는 인간은 이러한 힘이 있으므로 행동 변화도 가능하다고 본다.

둘째, 인간은 자기결정(self-determining)이 가능한 존재이다. 인간은 자신의 행동과 선택을 스스로 결정할 수 있는 존재로, 외부 환경에 의해 좌우되지 않고 자신이 원하는 방향으로 삶을 이끌어갈 능력을 지니고 있다. 즉, 현실치료에서는 인간이 유전이나 환경의 영향보다는 스스로 결정하는 것이 더 강력하다고 본다. 이는 인간이 수동적인 존재가 아니라 능동적으로 자신의 삶을 설계할 수 있음을 강조하는 것이다.

셋째, 인간은 자신이나 환경을 통제(control)할 수 있는 존재이다. 현실치료에서는 인간이 자기 행동과 환경을 통제할 수 있는 존재라고 본다. 인간은 자신이 처한 상황이나 외부 자극에 대해 반응하는 방식을 스스로 선택할 수 있으며, 이를 통해 자신이 원하는 삶을 실현할 수 있는 존재이다.

넷째, 인간은 자신에 대해 책임(responsibility)질 수 있는 존재이다. 현실치료에서는 개인의 행동에 대한 책임은 자신이 져야 한다는 점을 강조한다. 개인의 행동과 선택에 따른 결과는 본인이 스스로 감당해야 하며, 이것은 개인이 자신의 삶을 더 나은 방향으로 변화시키기 위한 필수적인 요소로 본다.

다섯째, 인간은 성공적인 정체감(identity)을 발전시킬 수 있는 존재이다. 글래서는 성공적인 정체감을 발전시키는 것이 중요하다고 보았다. 성공적인 정체감이란 자신을 긍정적으로 생각하고 만족스러움을 느끼는 상태를 의미한다. 인간은 자신의 성공적인 정체감을 통해 자기존중감을 높이고 건강한 인간관계를 유지할 수 있게 된다.

여섯째, 인간은 기본적 욕구(basic need)를 충족시키려는 존재이다. 글래서에 따르면 인간은 생존의 욕구뿐만 아니라 소속감, 힘, 자유, 즐거움과 같은 기본적 욕구를 충족시키기 위해 행동한다. 이러한 욕구를 충족시키기 위한 과정에서 인간은 자신을 성장시키고, 책임 있는 선택을 통해 삶을 통제하며, 성공적인 정체감을 형성해 나간다.

2. 주요 개념

현실치료의 창시자 글래서는 현실치료를 통해 많은 환자를 치료하면서 그 효과를 설명할 수 있는 이론으로 파우어스(Powers, 1973)의 저서인 『행동 : 지각의 통제(Behavior: The control of Perception)』를 바탕으로 통제이론(control theory)을 발전시켰다(권석만, 2012). 이 이론에서 통제(control)의 의미는 인간이라는 생명체가 하나의 통제체계(control system)로서 뇌의 작용으로 자기 행동을 스스로 통제하는 것을 말한다. 그러나 통제라는 용어가 힘을 가진 소수가 상대적으로 힘이 없는 사람들을 지배하는 부정적인 개념으로 잘못 인식될 수 있다는 점을 고려하여 1996년 자신의 이론을 통제이론에서 선택이론(choice theory)으로 수정하였다.

글래서는 선택이론을 바탕으로 하여 인간이 왜, 그리고 어떻게 행동하는지를 설명한다. 선택이론에 의하면 인간은 소속감, 힘, 자유, 즐거움, 생존의 욕구와 같은 기본적 욕구 중 어느 하나 혹은 그 이상의 욕구를 만족시키기 위해 행동한다. 이는 인간 행동의 동기가 욕구 만족을 위한 내적 동기라는 점과 모든 행동은 유기체가 선택한 행동임을 설명해 준다. 인간의 모든 행동은 언제나 최선의 선택이고, 어떤 선택을 할 때는 기본적 욕구 중 한 가지나 그 이상의 욕구를 충족시키기 위한 것이다. 따라서 선택은 인간에게 삶의 성취감을 주고, 또한 자신의 삶을 통제하는(I'm in control of my life) 긍정적인 요인으로 작용한다.

1) 인간의 기본욕구

현실치료에서는 인간의 기본욕구(basic need)를 뇌의 기능과 관련하여 설명한다. 인간의 뇌는 크게 두 부분으로 구성되어 있는데, 하나는 크기가 작고 의식기능이 없는 구뇌(old brain)이고, 다른 하나는 크고 의식기능이 활발한 신뇌(new brain)이다. 구뇌는 생물학적 욕구와 관련되고, 신뇌는 대뇌피질로서 인간이 의식하는 것들의 중심부이며 모든 자발적 행동의 원천이 된다. 구뇌와 신뇌는 서로 끊임없이 상호 교류작용을 한다.

인간의 기본욕구는 신뇌에 자리한 4개의 정신적인 욕구인 소속감 욕구(belonging need), 힘 욕구(power need), 자유 욕구(freedom need), 즐거움 욕구(fun need)와 구뇌에 자리한 생존 욕구(survival need)의 다섯 가지로 구성되어 있다. 이 욕구들은 인간의 행동을 유발하는 근원이 되고, 이 욕구 중 구뇌의 작용인 생존 욕구는 인간이 무의식적으로 하는 행동, 즉 생존하기 위해 숨을 쉬는 것과 같은 가장 기본적이고 절박한 것들을 포함한다. 이 욕구들은 인간의 삶에서 중요한 동기적 요소로 작용하며, 이 욕구를 충족하지 못할 때 스트레스나 심리적 문제를 겪게 된다. 인간의 다섯 가지 기본 욕구들을 살펴보면 다음과 같다.

(1) 소속감 욕구

소속감 욕구(belonging need)는 다른 사람과 관계를 맺고, 사랑을 주고받으며, 그룹의 일원이 되고 싶은 욕구를 의미한다. 인간은 사회적 동물로, 가정, 학교, 직장, 그리고 다양한 사회집단에 소속되어 다른 사람들과의 관계를 유지하면서 관심과 사랑을 주로 받고, 나누고 협력하고자 하는 욕구가 있다. 예컨대, 사람들은 가족, 친구나 또래, 연애와 결혼, 직장생활, 각종 친목 모임이나 동호회 등의 구성원이 되고 싶고, 관계 속에서 사랑, 우정, 돌봄, 관심을 받고자 한다. 소속감 욕구는 생존 욕구보다는 절박한 욕구는 아니지만 인간이 살아가는 데 원동력이 되는 기본욕구이다. 인간은 이 욕구가 충족되지 않을 때, 고립감이나 외로움을 느끼게 된다.

(2) 힘 욕구

힘 욕구(power need)는 능력과 성취, 권위와 통제력을 원하는 욕구이다. 자신이 중요한 존재로 인식되고, 타인으로부터 인정받고, 자기 능력을 발휘하고 싶은 욕구로도 설명된다. 힘 욕구는 인간에게 성취감을 주며, 자기존중감을 높이는 데 중요한 역할을 한다. 힘 욕구는 성취감, 존중, 인정, 기술, 능력 등의 욕구를 포함한다. 학생의 좋은 성적, 직장에서 승진, 사회적 지위나 권력 등은 힘 욕구와 관련이 있다. 그러나 사람들은 힘 욕구를 추구하는 과정에서 종종 다른 기본욕구와 직접적인 갈등을 겪기도 한다. 예컨대, 연애와 결혼은 소속감 욕구를 얻을 수 있지만, 가끔 연인이나 부부 사이에서 힘 욕구를 추구하기 위해 서로를 통제하다가 관계를 악화시키기도 한다. 또 다른 예로, 직장에서 승진을 위해 가족과 약속한 휴가를 반납하고 지나치게 직장의 일에 몰두하여 가족과 갈등을 경험하는 직장인이 있다면, 힘 욕구에 치중하다가 소속감 욕구에 문제가 생긴 경우라고 할 수 있다.

(3) 자유 욕구

자유 욕구(freedom need)는 선택, 독립, 자율성 등으로 표현된다. 자유 욕구는 자신의 삶을 스스로 결정하고 선택하며, 통제하고 싶은 욕구이다. 즉, 자신이 원하는 곳에서 살고 자유롭게 이동하며, 자기 생각을 마음대로 표현하고 싶고, 자신의 삶을 어떻게 영위해 나갈지를 스스로 선택하고자 하는 욕구를 말한다. 자유롭게 생각하고 표현하는 것은 인간의 자율성을 실현하는 중요한 요소이다. 인간은 이러한 자유가 제한될 때 스트레스를 느끼게 된다.

(4) 즐거움 욕구

즐거움 욕구(fun need)는 재미와 기쁨을 추구하는 욕구로, 놀이를 통해 즐기고 새로운 것을 배우고자 하는 속성을 포함한다. 글래서는 즐거움 욕구는 놀이의 즐거움(playing fun)도 있지만, 인간이 새로운 것을 알게 되었을 때 기쁨과 만족감을 주는 학습의 즐거움(learning fun)도 즐거움을 주는 중요한 욕구 충족 활동이라고 하였다. 인간은 놀이, 학습, 창의적 활동 등을 통해 즐거움과 재미를 느끼고, 이를 통해 스트레스를 해소하면서 삶의 에너지를 얻는다. 그러나 즐거움 욕구는 다른 욕구들과 갈등을 일으키기도 한다. 즐거움을 주는 취미에 빠져서 휴일에도 가족들과 지내기 거부하는 것, 자신의 학업이나 연구가 재미있어서 결혼을 지연시키는 것 등이 그 예이다. 어떤 사람들은 즐거움 욕구를 충족시키기 위해 때로는 위험을 감수하면서 과감하게 그 일을 수행하기도 한다. 예컨대, 자동차 경주 선수

(car racer)나 암벽 등반가(rock climber)는 생명의 위험을 감수하면서 그것에 도전한다.

(5) 생존 욕구

생존 욕구(survival need)는 살고자 하고 생식(reproduction)을 통해 자기 확장을 하고자 하는 속성을 포함한다. 생존 욕구는 가장 기본적이고 본능적인 욕구로, 음식, 물, 휴식과 같은 유기체의 생존에 필요한 본능적 욕구와 안전과 건강을 유지하려는 욕구를 포함한다. 생존 욕구는 호흡, 소화, 땀 흘리는 것, 혈압조절 등과 같은 신체 구조를 움직이고 신체 건강을 유지하는 과업을 수행하는 구뇌(old brain)로부터 생성된다.

2) 현실세계와 인식된 세계

인간이 경험하는 현실세계(real world)는 시각, 청각, 촉각, 후각, 미각을 포함하는 감각체계(sensory system)와 지식여과기(knowledge filter)와 가치여과기(value filter)로 구성된 지각체계(perceptual system)를 거치면서 특별한 사진기로 찍혀서 지각세계(인식된 세계; percieved world)에 전달된다. 이때 지각된 현실은 긍정적 또는 부정적으로, 혹은 무의미하게 인식한다. 이렇게 지각세계에 전달된 수많은 정신적 사진(picture) 중에서 자신 자신에게 맞거나 실현되기를 원하는 최상의 사진들은 질적 세계(좋은 세계; quality world)라는 정신적 사진첩(picture album)에 늘 간직된다. 질적 세계는 개인의 욕구와 소망이 충족되는 세계로, 글래서는 이것을 '우리가 원하는 모든 것으로 이뤄진 세계(all we want world)'라고 불렀다.

인간은 다섯 가지의 기본욕구에 의해 끊임없이 행동한다. 인간의 기본욕구는 유전적 속성이 있어서 모든 사람이 공통으로 가지고 태어나지만, 그 욕구를 충족하는 방법으로서의 바람(원함; want)은 개인마다 차이가 있다. 인간은 살아가면서 순간순간 경험하는 현실을 인식하고, 자신이 나름대로 최선이라고 판단되는 창의적인 방법을 찾아서 자기 자신의 욕구를 충족시킨다. 이때 인간은 자신의 욕구 충족을 위한 수단과 방법을 자신의 질적 세계에 보관된 심리적 사진을 필요할 때마다 꺼내서 쓴다. 그리고 질적 세계에 있는 사진들이 현실과 일치하는지 불일치하는지에 따라 만족도가 달라진다.

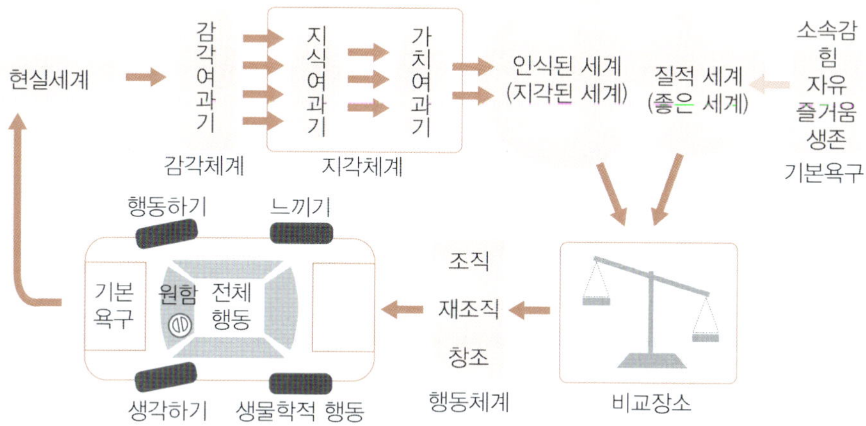

┃그림 11-1┃ 선택이론 : 통제체계로서 뇌의 작용과 행동의 순환과정

3) 전체행동

글래서는 인간의 행동체계를 행동하기(doing), 생각하기(thinking), 느끼기(feeling), 그리고 생물학적 행동(biological behavior)의 네 가지로 구성되어 있다고 설명하고, 이를 전체행동(total behavior)이라고 불렀다. 글래서는 인간의 전체행동을 자동차에 비유하여 설명하였다. 개인의 기본욕구는 자동차의 엔진이 되고, 바람(원함; want)은 자동차의 핸들이 되어 전체행동이라는 자동차가 되어, 자신이 가고 싶은 방향으로 가게 되어 있다. 전체행동은 자동차의 앞바퀴에 해당하는 행동하기(doing)와 생각하기(thinking), 뒷바퀴에 해당하는 느끼기(feeling)와 생물학적 행동(biological behavior)의 네 가지 요소로 구성되어 있다. 이 요소들이 모여 하나의 행동으로 나타나기 때문에 모든 행동에는 네 가지 요소가 반드시 포함되어 있다.

인간은 자신이 원하는 것을 얻고 싶을 때 전체행동을 통해 원하는 것을 얻으려고 노력한다. 선택이론에서는 전체행동 중 행동하기는 개인이 거의 완전한 통제력을 가지고 있고, 생각하기는 약간 통제력을 가지고 있다고 본다. 그러나 느끼기는 거의 통제력이 없고, 생물학적 행동은 더욱 통제력이 없다고 본다. 따라서 앞바퀴인 행동하기를 구체적으로 변화시킨다면 나머지 세 바퀴는 자동으로 변화가 따라오게 된다. 즉, 개인이 적극적인 활동에 많이 관여할수록 좋은 생각과 즐거운 감정, 그리고 신체·생리적으로도 편안함이 수반된다는 것이다. 따라서 선택이론은 심리적 변화의 핵심을 행동과 생각을 새롭게 선택하는 것에 둔다.

4) 선택이론과 현실치료

(1) 선택이론의 원리

인간은 자신의 바람(원함; want)과 현실세계에서 지각되는 것 사이에 차이를 느끼게 되면 갈등이 생기면서 어떤 행동을 선택하려는 동기가 생기게 된다. 그리고 자신이 원하는 것을 얻을 때까지 계속해서 특정한 활동을 하게 된다. 우볼딩(Robert Wubbolding, 1991)은 현실치료를 발전시키는 과정에서 선택이론의 원리를 다섯 가지로 정리하였다.

첫째, 모든 인간은 욕구(need)와 바람(원함; want)을 충족하기 위하여 행동한다. 인간은 다섯 가지 기본욕구를 충족하기 위해 끊임없이 행동한다. 욕구는 인간의 생태적이고 보편적인 것으로 유전인자 속에 지시된 것이지만, 바람은 개인적인 것이다. 인간은 자신이 원하는 것을 얻으면 만족하고, 자신이 원하는 것을 얻지 못하면 부적응적 행동을 하게 된다. 현실치료는 내담자가 자신의 욕구와 바람을 인식하고, 그것을 충족시키기 위한 더 나은 방법을 선택하도록 돕는다.

둘째, 인간의 모든 행동은 개인의 선택으로 결정된다. 개인은 의식적이든 무의식적이든 자신의 행동을 선택하며, 현재 상황에서 최선이라고 생각되는 방법을 통해 목표를 추구하고자 한다. 이 원리는 내담자가 선택의 변경을 통해 행동을 변화시킬 수 있음을 강조하는 것이다. 현실치료는 내담자에게 행동은 개인이 스스로 선택할 수 있고, 그 선택을 통해 삶을 변화시킬 수 있다는 점을 인식하도록 돕는다.

셋째, 인간의 모든 행동은 전체행동을 통해 설명될 수 있다. 인간은 행동하기, 생각하기, 느끼기, 그리고 생물학적 행동으로 구성된 전체행동의 네 가지 요소가 결합하여 실제 행동으로 나타난다. 이 중에 가장 쉽게 통제할 수 있는 것은 행동하기와 생각하기이므로, 행동과 생각을 변화시키면 느끼기와 생물학적 반응 또한 긍정적으로 변화시킬 수 있다고 본다.

넷째, 과거보다 현재의 행동에 초점을 둔다. 선택이론에서는 과거에 일어났던 일은 바꿀 수 없으므로, 현재 선택할 수 있는 행동을 통해 미래를 변화시킬 수 있다는 점을 강조한다. 현실치료에서는 내담자가 현재의 행동에 집중하고, 현재의 선택을 변화시키는 것이 미래의 결과에 긍정적인 영향을 미칠 수 있음을 인식할 수 있도록 한다.

다섯째, 모든 변화는 내담자의 선택에 달려 있다. 선택이론에서는 인간은 자기 행동을 통제하고 선택할 수 있으므로 자신의 선택과 행동을 변화시킴으로써 삶의 문제를 해결할 수 있다고 본다. 우볼딩(Wubbolding, 1991)은 내담자들이 상담 장면에 가지고 오는 모든 불행한 문제들은 실제로는 자신의 선택이라고 보았다. 그러나 내담자는 자신이 그 고통을 선택했다는 사실을 모르기 때문에 상담자는 내담자가 자신의 문제를 발견하고 직면할 수 있도록 포기하지 않고 같은 질문을 반복해야 한다. 그리고 상담자는 내담자의 행동에 초점을 두고 바람직하고 덜 고통스러운 선택을 할 수 있도록 조력해야 한다.

(2) 현실치료의 특징

현실치료는 정신분석적 상담과 달리 인간을 결정론적인 존재로 보지 않고, 행동의 도덕성과 책임을 강조한다. 현실치료는 비교적 단기간의 직접적이고 분명한 상담방법으로, 개인 삶의 효율성 향상, 교육현장에서의 생활지도, 청소년 문제, 위기상담, 자녀를 둔 가정의 부모역할, 직장에서의 인사관리, 자신을 다른 사람들의 부적절한 행동의 희생자라고 여기는 사람 등 다양한 집단에서 효과적으로 작용하며, 상담 및 심리치료 관련 기관에서 성공적으로 사용되고 있다. 현실치료의 특징은 다음과 같다.

첫째, 현실치료는 정신질환의 개념을 부정한다. 즉, 내담자가 겪는 문제를 무책임의 결과로 본다. 따라서 현실치료에서는 심리적 진단을 배제하고 내담자의 무책임한 행동을 정신질환과 동일한 것으로 보며, 정신건강을 책임감 있는 행동으로 간주한다.

둘째, 현실치료는 감정과 태도보다는 현재 행동에 초점을 둔다. 감정과 태도도 중요하지만, 그보다 더 중요한 것은 현재 행동의 지각이라고 본다. 따라서 현실치료는 통찰력에 의존한 태도의 변화보다 행동의 변화에 따른 사고와 감정의 변화를 지향한다.

셋째, 현실치료는 상담의 초점을 현재에 둔다. 그렇다고 해서 과거를 무시하는 것이 아니라, 내담자의 과거사가 현재 행동과 관련이 있을 때는 그것을 충분히 논의할 수 있다.

넷째, 현실치료는 내담자의 가치관을 강조한다. 내담자가 겪고 있는 문제의 원인이 무엇인지 파악하기 위해서는 내담자의 지각체계와 전체행동을 관찰하여 내담자가 진정으로 원하는 것이 무엇인지 깨달을 수 있도록 해야 한다. 이를 바탕으로 현재의 비현실적 행동방식을 보다 나은 것으로 바꾸어서 긍정적인 변화가 일어날 수 있도록 돕는다.

다섯째, 현실치료는 전통적인 정신분석학의 전이 개념을 중요한 것으로 보지 않는다. 상담자는 내담자의 전이 인물이 아니라, 있는 그대로의 모습으로 내담자와 인격적이고 협력적 관계를 구축함으로써 내담자의 바람을 달성하는 조력자가 될 수 있다.

여섯째, 현실치료는 내담자의 무의식적 갈등이나 그 원인에 관심을 두지 않고 의식을 강조한다. 즉, 무의식을 강조하는 것은 내담자가 자기 책임을 회피하고 현실도피를 위한 수단일 뿐이라고 본다. 현실치료는 현재 내담자의 문제가 무엇이고, 그것을 변화시키기 위해 무엇을 할 것인지를 강조한다.

일곱째, 현실치료는 처벌을 배제한다. 내담자의 행동 변화가 일어나지 않거나 계획한 것을 내담자가 실천하지 못한 것에 대한 처벌은 내담자에게 패배적인 정체감을 강화한다. 현실치료는 처벌을 사용하는 대신 내담자 행동의 자연스러운 결과를 내담자가 스스로 경험할 수 있도록 하는 것이 효과적이라고 본다.

여덟째, 현실치료는 책임감을 강조한다. 현실치료는 내담자가 자신의 바람과 욕구를 충족하는 과정에서 타인의 권리를 침해하거나 방해하지 않아야 한다는 점을 강조한다. 책임감 있는 사람은 자신의 권리뿐 아니라 다른 사람의 권리도 존중하기 때문이다. 글래서는 내담자에게 책임감을 가르치는 것을 현실치료의 핵심으로 보았다.

3. 상담의 실제

1) 상담목표

현실치료에서는 과거보다는 현재의 문제에 집중하여 내담자의 비생산적인 행동을 수정하고 내담자가 자신의 삶을 책임지고 바람직한 행동을 선택하도록 돕는다. 이 과정에서 내담자가 자신의 선택을 인식하고 더 나은 삶을 위해 책임 있는 결정을 내리는 것을 매우 중요하게 본다. 현실치료의 상담목표는 내담자의 바람(원함; want)을 파악하여, 이를 바람직한 방향으로 달성할 수 있도록 조력하는 것이다. 이를 위해 내담자가 자기 전체행동을 인식하고, 그것이 자신의 기본적 욕구(소속감, 힘, 자유, 즐거움, 생존)를 얼마나 충족시키는지를 평가한 후, 바람직하고 생산적인 방향으로 행동을 선택하도록 돕는다. 내담자는 상담과정에서 자기 삶에 대한 통제력을 회복하고, 비효율적이거나 파괴적인 행동을 책임감 있는 행동으로 바꾸는 것을 배우게 된다. 이를 통해 삶의 질을 높이고 자신이 원하는 목표를 달성할 수 있도록 한다.

현실치료에서는 상담목표를 달성하기 위해 책임감, 현실감, 옳거나 그름을 강조하는데, 이를 영문의 앞 글자를 따서 '3R'이라고 한다. 첫째, 책임감(Responsibility)은 행동에 대한 책임을 지는 것을 의미한다. 현실치료는 내담자의 책임감을 중요시한다. 글래서는 책임 있는 행동만이 정신건강을 가져온다고 주장하였다.

현실치료는 내담자가 자신의 선택이 자신과 타인에게 미치는 영향을 이해하고, 더 책임 있는 행동을 선택하도록 조력한다. 둘째, 현실감(Reality)은 내담자가 자신의 현실을 직시하고, 비현실적이거나 불가능한 기대를 버리는 것을 의미한다. 현실치료는 내담자가 자신이 처한 상황을 현실적으로 직면하고, 현재 상황에서 어떤 선택이 가장 효과적인지 파악할 수 있도록 돕는다. 이를 통해 내담자는 자신의 문제를 회피하거나 변명하는 대신, 문제를 해결하기 위한 현실적인 방법을 찾는 데 집중하게 된다. 셋째, 현실치료는 옳거나 그름(Right or wrong)과 가치판단 기준을 중요하게 여긴다. 즉, 다른 사람에게 해가 되지 않는 올바른 판단을 통해 자신의 바람(원함; want)을 달성해야 한다는 것이다. 내담자는 자기 행동이 옳거나 그른지를 판단하고, 그에 따른 결과를 받아들일 수 있어야 한다. 이는 단순히 사회적 규범이나 법적 기준을 따르는 것이 아니라, 자기 행동이 자신과 타인에게 해를 끼치는 것인지를 평가해야 한다는 것을 의미한다. 현실치료는 내담자가 자기 행동이 옳거나 그르다는 것을 스스로 판단하고, 더 나은 선택을 할 수 있도록 돕고자 한다.

2) 상담과정

현실치료는 먼저 상담환경을 조성한 후 내담자의 행동 변화를 인도하는 두 과정으로 이루어진다. 상담자는 이 두 과정을 조화롭게 엮어내어 내담자가 자신의 삶을 스스로 평가하고 바람직한 행동 방향의 선택을 결심하도록 함께 작업해야 한다.

(1) 상담환경의 조성

현실치료는 내담자와 진실한 관계를 조성하는 노력에서부터 시작된다. 내담자에 대한 긍정적이고 진심 어린 상담자의 관심과 태도는 효과적인 상담의 필수 요소이다. 현실치료에서 상담환경을 조성할 때의 권장사항과 금지사항은 다음과 같다.

① 권장사항

첫째, 주의를 기울이는 행동하기(use attending behaviors) : 내담자와 자연스럽게 시선 접촉하기, 진지한 관심 기울이기, 열린 마음으로 내담자를 수용하기, 내담자의 언어적 행동을 반영하고 비언어적 행동에 주의를 기울이기, 내담자의 말과 의견을 다른 말로 표현하기(바꾸어 말하기) 등은 현실치료에서 내담자와의 관계를 형성하는 기본이 된다.

둘째, AB 법칙 실시하기(practice the AB-CDEFG) : AB 법칙은 내담자와 지속적인 우호적 관계를 형성하는 데 도움을 준다. 이 법칙은 '항상 ~할 것(always be)'이라는 다섯 가지 법칙으로 구성된다. ① 항상 침착하고 예의 바를 것(Always Be Calm & Courteous), ② 항상 신념을 가질 것(Always Be Determined), ③ 항상 열정적일 것(Always Be Enthusiastic), ④ 항상 확고할 것(Always Be Firm), ⑤ 항상 진실할 것(Always Be Genuine).

셋째, 판단을 보류하기(suspend judgement) : 상담자는 내담자의 행동을 판단하거나 비난하지 않고 1차 수준의 지각을 통하여 내담자의 행동을 이해해야 한다. 상담자는 내담자의 행동이 내담자 자신의 욕구를 충족시키려는 최선의 노력이라고 보고, 일단 내담자의 행동에 대한 판단을 보류한다.

넷째, 예상하지 않은 행동하기(do the unexpected) : 때로는 상담자의 예상하지 않은 반응이 내담자와 우호적인 상담환경을 조성하는 데 도움을 준다. 흔히 내담자는 고통스러운 좌절과 갈등상태에서 상담실에 찾아오기 때문에 내담자가 그의 또 다른 내적 바람을 보게 하여 잠시나마 고통에서 벗어나도록 도와줄 필요가 있다. 즉, 문제를 직접 다루기보다는 그 문제를 잠시 옆으로 밀어두는 것도 도움이 된다.

다섯째, 유머를 사용하기(use humor) : 웃음은 인간의 고통을 치유하는 최상의 묘약이다. 현실치료는 가능한 한 건전한 유머를 적극적으로 사용하는 것을 권장한다.

여섯째, 자기답게 상담하기(be yourself) : 현실치료는 매우 조직적이고 엄밀한 과정이다. 그러나 상담자는 그것을 자신에 맞게 조절해야 한다. 현실치료는 상담자가 자기 모습 그대로 자기답게 상담하는 것을 권장한다.

일곱째, 자기 자신을 개방하기(share yourself) : 상담자의 진지하고 자기 개방적인 태도는 내담자의 자기개방을 촉진할 수 있다. 그러나 지나친 개방은 지양한다.

여덟째, 은유적 표현에 귀 기울이기(listen for metaphors) : 은유적 표현은 내담자에게 자연스럽게 나올 수도 있고 상담자가 그것을 제안할 수도 있다. 상담자는 내담자의 표면적인 표현 이면에 어떤 진심이 담겨있는지 살펴야 한다.

아홉째, 주제에 귀 기울이기(listen for themes) : 상담자는 내담자의 말을 잘 경청한 후 그 이야기의 주제를 확인하고 명료화하여 다시 반영한다. 이것은 상담의 방향을 설정하는 데 중요하다.

열째, 요약하기와 초점 맞추기(use summarize and focus) : 상담자는 내담자가 하는 말의 내용을 요약하여 내담자가 진심으로 원하는 것에 초점을 맞추어야 한다. 유능한 상담자는 내담자가 원하는 것, 아직 충족되지 못한 욕구, 내담자의 특별한 일, 내담자가 현실적으로 성취할 수 있는 것 등에 초점을 맞춘다. 초점 맞추기(focusing)는 현실치료의 과정 전반에 걸쳐 사용된다.

열한째, 결과를 허용하거나 떠맡기기(allow or impose consequences) : 늦잠을 자면 지각하게 되고, 공부하지 않으면 성적이 떨어진다. 즉, 바람직하지 않은 행동은 부정적인 결과를 초래한다는 것은 당연한 사실이다. 현실치료는 내담자의 바람직하지 않은 선택에 대해 스스로 책임질 수 있도록 한다.

열둘째, 침묵을 허용하기(allow silence) : 상담자는 상담 중의 침묵을 잘 다루어야 한다. 내담자는 침묵하는 동안 자기 생각을 정리하고 자신의 지각을 명백하게 정리하기도 한다. 상담자가 상담 중의 침묵을 깨기 위해 노력하는 것보다, 내담자가 먼저 자진해서 이야기하도록 허용하는 것이 효과적이다.

열셋째, 윤리적이기(be ethical) : 효과적인 상담은 상담자의 높은 윤리적 행동에 기초한다. 상담자는 상담자 윤리강령을 잘 준수하면서 상담에 임해야 한다.

② 금지사항

현실치료의 실행은 상담자의 진실하고, 따뜻하고, 관심 어린 관계를 만들려는 노력과 함께 시작되며, 상담자와 내담자 간의 친밀한 관계 형성이 매우 중요하다.

이에 현실치료는 상담관계에서 피해야 할 것들을 몇 가지 제시하고 있다. 상담환경을 조성할 때 금지해야 할 사항들은 다음과 같다.

첫째, 변명을 받아들이지 말기(don't accept excuse) : 사람들은 어떤 행동을 하는 순간에는 그 행동이 최선이라고 생각한다. 즉, 그 순간의 행동이 자신의 바람과 욕구를 충족하는 데 최선이었다고 여기기 때문이다. 이때 상담자의 '왜'라는 질문은 내담자의 무책임한 변명을 하게 만드는 원인이 된다. 따라서 상담자는 '왜'라는 질문을 지양하고, 내담자의 변명을 받아들이지 않도록 주의해야 한다.

둘째, 처벌하지 말고, 비판하거나 논쟁하지 말기 - 결과를 허용하기(don't punish, criticize, or argue : allow consequences) : 처벌은 처벌자의 화난 감정이 개입되고, 내담자의 방어나 분노 감정을 유발하여 좌절의 원인이 되기도 하므로 비생산적이고 비교육적이다. 논쟁은 자기 생각이 상대방의 생각보다 더 낫다는 것을 전제하기 때문에 이것 또한 비판의 일종이라고 할 수 있다. 상담자는 내담자를 비판하거나 처벌하지 말고 논쟁하지 말 것이며, 내담자가 저지른 행동의 결과에 대한 책임을 지도록 해야 한다.

셋째, 쉽게 포기하지 말기(don't give up easily) : 상담자는 내담자의 변화를 적극적으로 돕는 역할을 해야 한다. 상담자는 어떤 어려운 내담자라도 절대로 포기하지 않고 최선을 다하는 상담자로서 자기 모습을 정신적 사진첩(picture album)에 간직하고, 이를 실행할 필요가 있다.

넷째, 자문, 사후지도, 지속적인 교육(consultation, follow-up, continuing education) : 상담자는 상담효과에 대한 피드백을 얻기 위해 현실치료를 받은 사람의 자문을 들을 필요가 있다. 그리고 상담이 종결된 후에도 전화상담이나 재방문을 통해 내담자와 계속 교류하는 것이 바람직하다. 또한 상담자는 상담자로서의 성장과 전문성을 발전시키기 위해 끊임없이 노력해야 한다.

(2) WDEP 모형

현실치료는 내담자의 기본욕구를 파악하여 그것을 바람직한 방향으로 달성하도록 조력하는 과정이다. 글래서는 현실치료의 과정을 ① 내담자와의 관계 형성,

② 내담자의 바람과 현재 행동 파악, ③ 행동 평가, ④ 책임질 수 있는 행동 계획, ⑤ 계획 이행에 대한 약속, ⑥ 변명에 대한 불수용, ⑦ 처벌의 금지, ⑧ 지속적인 조력이라는 여덟 단계로 제시하였다(노안영, 2005). 글래서가 제시한 여덟 단계의 과정에는 상담자가 지켜야 할 원칙도 함께 포함되어 있다.

현실치료의 확산에 기여를 한 미국의 심리학자 우볼딩(Wubbolding, 1991)은 글래서가 제시한 상담과정 중 가장 핵심적인 부분을 간략하게 WDEP 모형으로 제시하였다. WDEP는 내담자의 욕구・바람・지각 탐색하기(Want), 현재 행동 탐색하기(Doing), 평가하기(Evaluation), 계획하기(Planning)의 네 단계를 의미한다.

① W(want) : 내담자의 욕구・바람・지각 탐색하기

이 단계는 내담자가 자신이 어떤 욕구나 목표를 추구하고 있는지 명확히 인식하도록 돕는 단계이다. 이를 위해 상담자는 내담자의 욕구와 바람, 그리고 내담자의 정신적 사진첩에 간직하고 있는 질적 세계(quality world)를 탐색한다. 내담자의 욕구와 바람뿐 아니라 내담자가 주변 사람이나 자신에게 원하는 것을 알아보고 자신의 기본욕구 중 충족된 것과 충족되지 않은 것을 탐색한다. 먼저 내담자에게 "무엇을 원하는가?"라는 질문을 통해 내담자가 자신의 질적 세계를 탐색하고, 이제까지 희미하게 알았던 자신의 바람을 확실하게 인식하도록 한다. "진정으로 원하는 것이 무엇인가?"라는 질문을 통해 내담자의 바람을 가장 원하는 것과 덜 중요한 것으로 나열해 보게 한다. 내담자가 자신의 진정한 바람이 무엇인지를 알게 되면 그것을 실현하고자 하는 동기도 높아진다. 이 질문들은 내담자의 정신적 사진첩 안에 있는 어쩌면 너무 이상적이고 비현실적인 그림을 내담자가 성취할 수 있는 현실적인 그림으로 바꿀 수 있도록 도움을 준다.

내담자에게 "사람들이 당신에게 원하는 것이 무엇이라고 생각하는가?"라는 질문을 하여 내담자가 자신에게 영향을 미치고 있다고 생각하는 사람들이 내담자를 어떻게 보고 있다고 생각하는지 파악하고, 그 사람들과 내담자가 원하는 것의 일치 여부를 탐색함으로써 내담자의 욕구와 바람이 무엇인지 더욱 확실하게 볼 수 있도록 한다. "당신은 어떤 시각으로 사물과 환경을 바라보는가?"라는 질문을 통

해 내담자의 지각세계(인식된 세계)를 탐색한다. 즉, 상담자는 내담자가 현실세계를 1차 수준의 지각(지식여과기)으로 보는지, 2차 수준의 지각(가치여과기)으로 보는지 알아보고, 내담자가 삶의 방향을 어떻게 바꾸기를 원하는지 탐색한다.

또한 "당신은 상담자에게 무엇을 바랍니까?"라는 질문을 통해 상담을 통해 바라는 점을 확인한다. 그리고 상담자도 현실치료 과정에 대해 간략한 설명을 해준다. "문제를 해결하기 위해 기꺼이 노력하겠습니까?", "당신이 원하는 것을 얻고 또한 당신이 자기 행동을 변화시키기 위한 노력과 에너지를 얼마나 많이 쏟을 수 있다고 생각합니까?" 등의 질문을 하여 상담에 적극적으로 참여할 것이라는 확약을 받는다.

② D(doing) : 현재 행동 탐색하기

이 단계에서는 내담자의 현재 행동을 파악하기 위해 내담자의 전체행동과 행동방향을 탐색한다. 전체행동을 탐색하는 것은 내담자가 어디로 가고 있는지를 알 수 있도록 도와주는 절차다. 현실치료는 내담자의 전체행동을 스스로 탐색할 것을 강조한다. 그 이유는 내담자가 자기 행동을 바꿈으로써 그의 생각과 감정, 그리고 생물학적 행동을 변화시킬 수 있기 때문이다.

"당신은 지금 무엇을 하고 있습니까?"라는 기본질문과 내담자의 전체행동(행동하기, 생각하기, 느끼기, 생물학적 행동) 방향을 탐색하는 질문을 한다. 이 질문에서 "당신은"이라는 단어는 내담자가 자기의 행동을 남의 탓이나 환경으로 돌리거나 변명하려는 것을 중단시키는 효과가 있다. "무엇을"은 내담자가 자기 행동에 대한 가치판단을 하거나 스스로 통제가 가능한 부분과 그렇지 않은 부분을 확인해 볼 수 있는 기회를 제공한다. "하고"는 내담자의 전체행동 중 사고나 감정보다는 내담자가 그동안 선택해 왔던 행동에 초점을 맞추는 것이다. "있습니까?"는 행동의 시점을 현재에 맞추기 위한 것이다.

③ E(evaluation) : 평가하기

이 단계는 내담자의 바람과 행동에 대한 평가를 하는 과정이다. 즉, 내담자의 현재 행동이 자신의 바람과 욕구 충족에 효과적인지 가치평가를 하도록 돕는 것을 의미한다. 일반적으로 가치평가는 윤리적인 기준에 의한 평가를 의미하지만, 현실치료에서의 평가는 내담자의 바람과 현재 행동의 관계를 점검해 보는 것에 초점을 둔다.

이 단계의 기본질문은 "당신의 현재 행동이 당신에게 도움이 됩니까?"이다. 내담자의 바람과 행동을 다양한 관점에서 평가할 수 있는 질문들은 다음과 같다. "당신이 현재 하는 것은 당신이 진정으로 원하는 것을 얻는 데 도움이 됩니까?", "당신의 행동은 그 규칙에 맞습니까?", "당신이 원하는 것은 현실적이거나 실현이 가능한 것입니까?", "그런 식으로 보는 것이 당신에게 도움이 됩니까?", "상담의 진행과 당신 인생의 변화에 대해 어떤 약속을 하시겠습니까?", "그것은 도움이 되는 계획입니까?"

④ **P(planning) : 계획하기**

이 단계는 내담자의 바람과 욕구를 충족시킬 수 있는 계획을 수립하는 과정이다. 그리고 수립한 계획을 실천하겠다는 약속을 하고, 그동안의 상담과정을 마무리한다. 이 단계의 기본질문은 "어떻게 더 나은 선택을 할 수 있을까요?"이다. 내담자는 대개 과거에 무언가에 실패했던 경험이 있으므로 새로운 계획을 세우고 실행하는 데 두려움을 가질 수 있다. 따라서 상담자는 내담자가 자신의 계획을 잘 실천할 수 있도록 자신감을 북돋아야 한다.

계획은 내담자의 욕구와 결합되어야 한다. 즉, 계획을 수립할 때 가장 중요한 것은 내담자의 욕구를 충족할 수 있는(need-fulfilling) 계획이어야 한다는 것이다. 따라서 내담자가 계획을 성공적으로 실행함으로써 얻을 수 있는 단기적이거나 장기적으로 충족되는 욕구가 무엇인지 중점을 두고 수립해야 한다. 계획을 세울 때는 다음과 같은 일곱 가지 구성요소(SAMIC3/P)를 고려하여 수립하면 효과적이다.

첫째, S(simple) : 계획은 단순해야 한다. 즉, 단순하고 이해하기 쉬운 계획을 세워야 한다. 여기서 단순함이란 개인의 연령이나 상황에 적합하게 단순해야 한다는 것이다. 부정적 감정에 깊이 빠져있는 내담자에게는 단순한 계획이 특히 더 중요하다. 그들은 자신의 감정에 대해서는 매우 잘 파악하고 있지만, 자기 행동에 대해서는 잘 알지 못한다. 따라서 자기 행동에 대한 인식을 명확히 한 후, 단순하고 이해하기 쉬운 계획을 통해서 행동을 서서히 바꾼다.

둘째, A(attainable) : 계획은 도달할 수 있어야 한다. 즉, 내담자가 실현할 수 있는 현실적인 계획을 세워야 한다. 계획의 실현 가능성은 내담자가 가진 에너지와 자원에 따라 다르므로, 효과적인 현실치료 상담자는 내담자의 상황을 잘 평가해야 한다. 또한 현실적으로 실현이 가능한 계획은 결과나 목표 중심적 계획보다는 진행 중심적(process-centered) 계획을 세우는 것이 바람직하다. 예컨대, "새로운 교우관계를 형성한다.", "몸무게를 10킬로그램 줄인다."라는 계획보다는 "매일 새로운 사람과 인사한다.", "아침 식사를 도넛 대신 선식을 먹는다." 등과 같이, 최종 결과와는 무관하게 현실적으로 실현 가능한 행동에 초점을 둔 진행 중심적 계획을 세운다.

셋째, M(measurable) : 계획은 측정할 수 있어야 한다. 계획은 그 실행 횟수를 숫자로 측정할 수 있는 계획이어야 한다.

넷째, I(immediate) : 계획은 즉각적이어야 한다. 계획은 가능한 한 빨리 수행할 수 있어야 한다. 일주일, 한 달 후 또는 일 년 후에 실행하는 계획을 세운다면 계획이 흐지부지될 가능성이 높다. 따라서 계획은 내담자가 지금부터(또는 오늘부터) 바로 실행할 수 있는 계획을 세울 필요가 있다.

다섯째, C(controlled) : 계획은 계획자에 의해 통제되어야 한다. 계획은 다른 사람에게 의존하지 않고 계획자 스스로 통제할 수 있는 계획을 세워야 한다.

여섯째, C(consistent) : 계획은 일관성이 있어야 한다. 계획은 매일 또는 주기적으로 실행을 반복할 수 있도록 주기적인 계획이어야 한다.

일곱째, C(committed) : 계획은 이행하겠다는 언약이 있어야 한다. 즉, 계획을 반드시 수행하겠다는 확고한 의지를 가지고 수행해야 한다.

여덟째, P(planner) : 이상의 모든 계획의 구성요소는 계획자의 책임에 달려 있다. SAMIC3/P의 'P(planner)'는 다른 구성요소의 분모에 해당한다. 이것은 계획의 수립과 그것을 이행하는 과정에서 모든 책임은 계획자인 내담자에게 있다는 것을 의미한다.

3) 상담기법

(1) 질문하기

현실치료는 WDEP 과정을 원활하게 진행하는 것이 가장 중요한 기법이라고 할 수 있다. 즉, 상담자는 WDEP 과정에서 숙련되고 상황에 적절한 질문(questioning)을 통하여 내담자가 자신의 현재 행동을 인식하여 변화를 위한 계획을 세워서 이를 실천하도록 돕는 것이 핵심이다. 현실치료는 다른 상담의 접근방법들보다 많은 질문을 사용하기 때문에 상담자는 많은 질문을 개발해야 한다. WDEP 단계별 가장 기본이 되는 질문은 다음과 같다.

- **W**(Want) : "당신이 원하는 것은 무엇입니까?"
- **D**(Doing) : "당신은 지금 무엇을 하고 있습니까?"
- **E**(Evaluation) : "당신의 현재 행동이 당신에게 도움이 됩니까?"
- **P**(Planning) : "어떻게 더 나은 선택을 할 수 있을까요?"

(2) 직면하기

직면하기(confrontation)는 내담자가 피하거나 회피하려는 문제를 직접적으로 다루도록 도와주는 기법이다. 상담자는 내담자가 문제나 갈등을 회피하거나 부정하는 것을 직면하게 하여 그동안 내담자의 행동이 얼마나 비효율적이고 문제를 악화시켰는지를 깨닫도록 하는 데 중점을 두어야 한다. 직면하기 기법은 내담자의 바람(원함; want)과 행동(doing)이 불일치할 때, 내담자가 자신이 수립한 계획(plan)을 실천하지 않고 변명을 늘어놓을 때 사용하면 효과적이다.

(3) 역설적 기법

역설적 기법(paradoxical intention)은 내담자가 기대하지 않은 방향에서 문제를 탐색하도록 하는 기법이다. 상담자가 내담자에게 그가 원하지 않는 행동이나 감정을 의도적으로 더 표현하도록 권장함으로써, 내담자가 스스로 그 행동이나 감정의 불합리성을 깨닫게 한다. 역설적 기법의 방법은 내담자의 문제행동을 과장해 보라고 할 수도 있고, 문제행동을 완벽하게 해보라고 할 수도 있다. 예컨대, 내담자가 불안을 느낀다고 하면 상담자는 "불안을 더 느껴보세요."라고 권유할 수 있다. 실수를 두려워하는 내담자에게는 일부러 실수를 더 하게 한다.

역설적 기법은 내담자가 계획을 세우려 하지 않고 저항을 보이거나 계획한 것을 실천하지 않을 때도 사용할 수 있다. 이러한 작업은 내담자가 자신의 문제에 대해 새로운 시각을 가지고, 그것이 자신에게 미치는 영향을 다시 생각하게 만드는 효과를 줄 수 있다.

(4) 유머 활용하기

유머 활용하기(using humor)는 상담자가 적절한 상황에서 유머를 사용하여 내담자가 긴장을 풀고 문제를 덜 심각하게 받아들이도록 돕는 기법이다. 유머는 상담 분위기를 유연하게 하고, 내담자가 자신의 문제를 더 편안하게 탐색할 수 있도록 돕는다. 단, 유머가 효과를 발휘하기 위해서는 시기적절해야 한다. 적절한 유머는 내담자의 감정을 풀어주지만, 그렇지 못하면 비난이나 조롱으로 들릴 수도 있다.

(5) 은유적 표현 사용하기

은유적 표현 사용하기(using metaphors)는 상담자가 내담자의 상황을 비유나 상징을 사용하여 설명하는 기법이다. 이것은 내담자가 자기 문제를 보다 더 쉽게 이해하고 새로운 관점을 가질 수 있도록 돕는 데 효과적이다. 현실치료에서는 상담자의 자질 중 하나로서 은유를 사용하는 능력을 꼽는다.

12
CHAPTER

게슈탈트 치료

1. 인간에 대한 관점

게슈탈트 치료(Gestalt Therapy)는 1950년대 독일의 정신과 의사인 프리츠 펄스(Fritz Perls)가 창시한 실존주의적이고 인본주의적인 상담 및 심리치료 모형이다. 펄스는 원래 정신분석학을 연구하였고, 1934년 남아프리카 정신분석학회를 창립할 정도로 정신분석에 깊이 관여하였다. 그러나 1936년 세계 정신분석학회에서 발표한 이론이 프로이트로부터 받아들여지지 않자, 프로이트의 보수적인 태도에 실망하여 정신분석으로부터 멀어지기 시작하였다. 결국 1942년 프로이트 학파와 결별하고 게슈탈트 치료를 창시하였다. 게슈탈트 치료는 1960년대에 들어 정신분석학이 점차 퇴조하면서 학계에서 인정받게 되었다.

펄스의 아내인 로라 펄스(Laura Perls)는 게슈탈트 치료의 발전에 중요한 역할을 한 학자이다. 그녀는 게슈탈트 치료의 이론적 토대와 실제 게슈탈트 치료에서 내담자와의 대화적 관계와 치료자의 지지적 역할을 구체화하는 데 기여하였다. 또한 문학가이자 사회학자인 폴 굿맨(Paul Goodman)은 펄스와 함께 게슈탈트 치료의 이론적 틀을 구성하는 데 기여하였다. 그는 인간의 자율성과 사회적 맥락을 강조하며, 게슈탈트 치료의 철학적 기초를 다졌다.

게슈탈트 치료에서는 인간은 선천적으로 자기실현을 향한 경향성을 가진 존재로 본다. 즉, 인간은 환경과 상호작용하면서 끊임없이 변화하는 존재로, 자신의 삶을 스스로 선택하고자 하는 자유의지를 가지고 있으며, 자기 행동에 책임을 질 수 있는 존재라는 것이다. 이를 위해 인간은 자신에게 가장 긴급하게 필요한 게슈탈트를 끊임없이 완성해 가며 살아간다. 그러므로 게슈탈트 치료는 지금-여기(now & here)에 초점을 둔다.

게슈탈트 치료의 인간관을 몇 가지로 정리하면 다음과 같다. 첫째, 인간은 자신의 환경, 즉 장(field)을 전경과 배경으로 구조화하여 지각한다. 즉, 객관적 사실도 자신이 가진 관심의 초점에 따라 다르게 경험한다. 둘째, 인간은 장(field)을 능동적으로 조직하여 의미 있는 전체로 지각하는 경향을 지니고 있다. 즉, 인간은 자신이 처한 현실을 게슈탈트 형성을 통해 지각한다. 셋째, 인간은 자신의 현재 욕구를 바탕으로 게슈탈트를 형성한다. 그러므로 게슈탈트 치료에서는 현재(지금-여기)에 초점을 둔다. 넷째, 인간은 미해결된 상황을 완결지으려는 경향을 지니고 있다. 즉, 인간은 자신에게 가장 긴급하게 필요한 게슈탈트를 완성하기 위해 끊임없이 노력한다. 다섯째, 인간의 행동은 인간이 처한 상황의 전체 맥락을 통해 이해된다. 즉, 부분은 전체의 맥락을 떠나서 그 자체로는 의미가 없다. 그러므로 개인의 단편적인 행동을 보고 그 사람 전체를 이해할 수 없다.

2. 주요 개념

1) 게슈탈트

게슈탈트(gestalt)는 '형태' 또는 '전체'라는 뜻의 독일어로, 어떤 의미체로 통합된 전체를 의미한다. 여기서 전체란 단순한 부분의 합이 아니라 부분의 합 이상이라는 의미가 담겨있다. 게슈탈트 심리학에서는 인간이 어떤 대상을 지각할 때 그것을 하나의 의미 있는 게슈탈트로 만들어 지각한다고 본다. 게슈탈트 심리학의 핵심 개념인 전경-배경의 원리(figure-ground principle)에 의하면, 우리가 어떤 특정한 부분을 주목하면 그것이 전경(figure)이 되고, 그 외의 나머지 부분은 의식의 뒤로 물러나서 배경(ground)이 된다. 즉, 우리가 어떤 대상을 지각하고 그것을 인지하기 위해서는 그 대상을 배경으로부터 분리를 시켜서 전경으로 가지고 와야만 가능하다. 예컨대, 현재 당신이 누군가와의 대화에 집중하고 있다면 주변의 소음이나 다른 자극들은 배경으로 물러나서 인식하지 못한다.

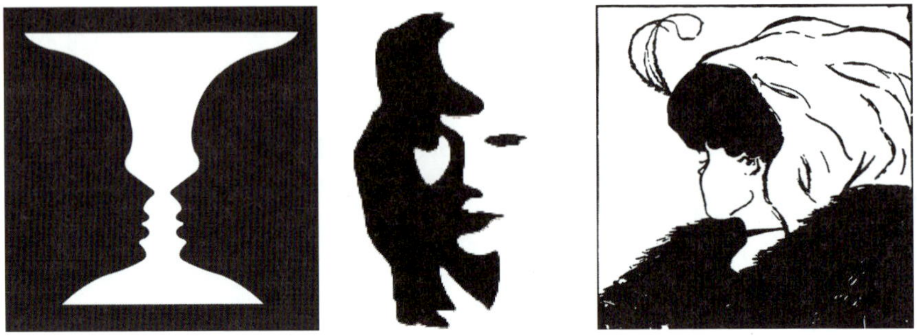

▍그림 12-1▍ 전경-배경의 원리

게슈탈트 치료에서 게슈탈트는 개인에 의해 지각된 욕구나 감정을 의미한다. 게슈탈트 치료에서는 인간은 모든 활동을 게슈탈트를 형성함으로써 조정하고 해결한다는 것에 기본 전제를 두고 있다. 또한 인간은 자신의 욕구나 감정을 하나의 의미 있는 전체로 조직화하여 지각한다고 본다. 즉, 개인의 사고·감정·행동을 별개의 요소로 보는 것이 아니라, 이것을 통합된 전체로 이해할 때 그 의미가 드러난다는 것이다. 이는 인간의 전체적 경험을 중요시하는 개념으로, 한 개인의 게슈탈트를 통해 그 사람의 삶에 대한 문제나 심리적 갈등을 더 깊이 이해할 수 있다는 의미를 내포한다. 게슈탈트 치료에서는 인간이 게슈탈트 형성에 실패하면 심리적·신체적 문제나 장애를 겪게 된다고 본다. 건강한 삶은 분명하고 강한 게슈탈트를 형성할 수 있는 능력에서 오는데, 이때 게슈탈트를 형성한다는 말은 개인이 자신의 욕구나 감정을 지각하여 전경으로 떠올린다는 것을 의미한다.

2) 미해결 과제

심리적으로 건강한 사람은 매 순간 자신에게 중요한 게슈탈트를 전경으로 떠올릴 수 있고, 그 욕구를 알아차리며, 그것을 충족시켜 해소하기 위해 적극적으로 활동한다. 반면 건강하지 못한 사람은 전경을 배경으로부터 명확히 구분하지 못하고, 그 결과 자신의 욕구를 알아차리지 못하여 결국 욕구를 충족하기 위한 활동을 하지 못하게 된다. 예컨대, 학생이 도서관에서 공부하다가 식사 시간이 되면, 배가 고프다는 사실이 전경으로 떠오르게 되고, 배고픔을 해결하기 위해 식당에 가서 밥을 먹는다. 그리고 배고픔이 배경으로 물러나면 다시 공부를 전경으로 떠올려 공부에 집중할 수 있게 된다. 그러나 밥을 먹지 않고 계속 공부를 하게 되면 배고픔이 계속 전경에 남아있으면서 공부에 집중하는 것을 방해한다. 이렇게 해결되지 않은 게슈탈트를 게슈탈트 치료에서는 미해결 게슈탈트 또는 미해결 과제라고 부른다.

미해결 과제(unfinished business)란 완결되지 않았거나 해소되지 않은 게슈탈트를 의미한다. 미해결 과제는 과거에 해소되지 않은 감정이나 해결되지 않은 문제가 현재에 영향을 미쳐서 현재 해결해야 할 게슈탈트의 인식이나 형성을 방해한다. 이러한 미해결 과제가 많아질수록 개인은 자신의 욕구나 당면문제를 전경으로 가져오는 데 실패하게 되고, 결국 심리적 문제나 장애를 겪게 된다. 따라서 게슈탈트 치료는 내담자가 무엇을 전경으로 떠올리고, 배경을 어떻게 처리하는지 탐색하는 것을 중요한 과정으로 본다. 그 이유는 전경에 머물러 있는 미해결 과제가 개인의 삶에서 중요한 부분이므로 거기에 문제해결의 실마리가 있다고 보기 때문이다.

3) 알아차림과 접촉

알아차림(awareness)은 자각 혹은 각성이라고도 하며, 개인이 현재 무엇을 생각하고 느끼는지 명확하게 인식하는 과정이다. 게슈탈트 치료에서 알아차림의 의미는 개인이 자신의 욕구나 감정을 지각하여 그것을 게슈탈트로 형성하여 전경으로 떠올리는 행위를 말한다. 알아차림은 지금-여기에 존재하는 것을 경험하는 것이다. 과거의 경험도 기억을 통해 알아차릴 수 있고, 미래의 희망이나 불안도 지금 알아차릴 수 있다. 현재는 시간이 지나서 과거가 되고, 미래는 다시 현재가 된다. 이렇게 현재는 매 순간 변화하기 때문에 알아차림은 멈추지 않고 계속해서 새롭게 변화한다. 알아차림은 자신에 대한 알아차림, 타인에 대한 알아차림, 그리고 환경에 대한 알아차림으로 구분할 수 있다. 또한 현상에 대한 알아차림과 행위에 대한 알아차림으로도 구분된다. 알아차림을 통해 게슈탈트가 형성되고, 개인은 이를 해소하기 위해 자신의 내적 상태와 외부 환경과 접촉한다.

접촉(contact)은 전경으로 떠오른 게슈탈트를 해소하기 위해 자신과 타인, 또는 환경과 상호작용하는 행위를 의미한다. 게슈탈트가 형성되어 전경으로 떠오른 게슈탈트도 접촉을 통해 해결하지 않으면 배경으로 사라지지 않고 계속 전경에 머물러 있게 된다. 예컨대, "몸이 아픈 자녀를 집에 두고 직장에 출근한 엄마가 있다. 아픈 자녀에 대한 걱정으로 직장 일이 손에 잡히지 않는다. 그래서 집에 전화를 걸어 자녀의 안부를 묻는다. 자녀가 나아졌다는 말을 듣고 안심이 되어 직장 일에 전념하게 된다." 이 상황에서 아픈 자녀에 대한 걱정이 아이 엄마의 전경으로 떠오른 미해결 과제이다. 이때 자녀의 안부를 알고 싶은 게슈탈트를 형성하고 집으로 전화를 걸어 자녀의 안부를 묻는 행위가 바로 접촉이다. 이제 아이 엄마는 자녀에 대한 걱정이 배경으로 물러나고, 직장 일이 전경으로 떠올라 일에 열중하게 된다. 이와 같이 인간은 매 순간 생성되는 게슈탈트를 자각(알아차림)하여 그 게슈탈트가 전경으로 떠오르면 접촉을 통해 그것을 해결하려고 시도하고, 그것이 해결되고 나면 그 게슈탈트는 배경으로 물러나고, 새로운 게슈탈트가 형성되는 것이다.

4) 알아차림-접촉 주기

알아차림-접촉 주기(awareness-contact cycle)는 게슈탈트가 형성되고 해소되는 반복적인 과정이다. 징커(Zinker, 1977)는 알아차림-접촉 주기를 7단계의 모형으로 제시하였다.

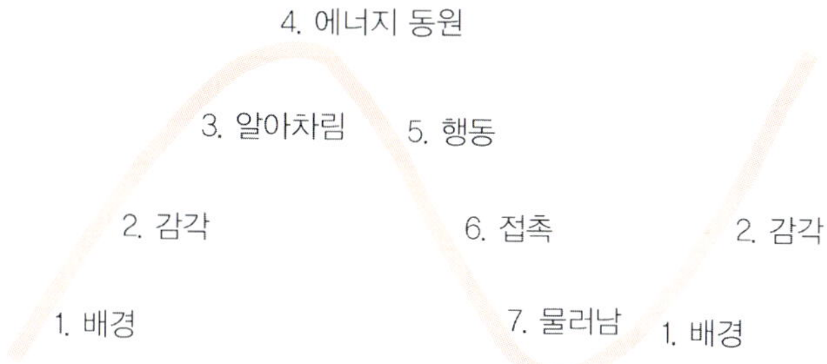

▎그림 12-2 ▎ 알아차림-접촉 주기

징커(Zinker, 1977)가 제시한 게슈탈트 경험 순환과정(gestalt experience cycle)은 다음과 같다. 1단계(배경)는 게슈탈트가 해소되었거나 아직 형성되지 않은 배경 상태이다. 즉, 특정한 게슈탈트가 떠오르지 않은 평안한 상태라고 할 수 있다. 2단계(감각)는 개인이 자신의 환경 변화를 감지하는 단계이다. 이 단계는 어떤 외부 자극의 출현이나 내면의 불균형으로 인한 유기체적 욕구나 감정이 신체감각의 형태로 나타난다. 3단계(알아차림)는 이러한 감각을 알아차림을 통해 게슈탈트를 형성하여 전경으로 떠올리는 단계이다. 4단계(에너지 동원)는 미해결 게슈탈트를 해소하기 위해 자신의 심리적 자원을 동원하는 단계이다. 5단계(행동)는 자신이 동원한 심리적 자원을 바탕으로 구체적인 행동을 실천하는 단계이다. 6단계(접촉)는 행동을 실천하기 위해 환경과 접촉하여 상호작용을 하는 단계이다. 이때 행동이 적절하면 동화를 통해 계속 환경과 상호작용이 일어나고, 행동이 부적절하면 적절한 거절을 통해 다른 대안적 행동을 찾게 된다. 7단계(물러남)는 환경과의 접촉을 통해 만족을 경험하면 욕구가 해소되고, 그것이 배경으로 사라지게 된다. 이 단계는 욕구가 해소된 후 휴식하거나 다음 욕구를 알아차리기 전 단계이다.

이러한 일련의 과정을 통해 게슈탈트가 해소되면 다시 새로운 욕구나 감정이 전경으로 떠오르고, 알아차림-접촉 주기가 되풀이된다. 이와 같이 인간의 삶은 게슈탈트 경험 순환과정이라고 할 수 있다. 인간은 알아차림-접촉 주기가 원활하게 진행될 때 자신의 욕구를 건강하게 충족할 수 있고, 이 주기가 막히거나 원활한 진행이 이루어지지 않으면 스트레스나 좌절을 경험하게 된다.

사람들이 투사를 사용하는 이유는 자기 내면에 있는 악(惡)을 자신의 안에 있는 것으로 인정하기보다는 밖에 있는 것으로 보는 것이 더 마음 편하기 때문이다. 즉, 타인과 싸우는 것이 자기 자신과 싸우는 것보다 쉽고, 자기 내부의 악과 대항하는 것보다 외부의 악에 대항하는 것이 더 쉽기 때문이다. 예컨대, 인종차별주의자를 싫어하는 사람은 자신이 인종차별주의자인 것을 위장하는 것일 수도 있다. 독재자를 타도하자고 외치는 사람은 자기 내면에 독재자의 성향이 꿈틀거리고 있을 수도 있다.

(3) 융합

융합(confluence)은 밀접한 관계에 있는 두 사람이 서로 간에 차이점이 없다고 느끼도록 합의함으로써 발생하는 접촉경계 혼란이다. 융합된 관계 속에서 사는 사람들은 고독감이나 공허함은 피할 수 있겠지만, 각자 자신의 욕구와 감정을 알아차리지 못하고, 따라서 환경과 접촉하지 못하므로 자신의 욕구와 감정을 제대로 해소할 수가 없어서 많은 미해결 과제를 축적하게 된다.

융합은 주로 부부 사이, 부모와 자식, 오랜 친구 사이, 특정 단체나 모임 등에서 많이 나타난다. 예컨대, '부부 일심동체'라는 말처럼 자신이 행복하다고 느끼면 배우자도 행복하다고 느끼고, 자신이 불행하다고 느끼면 배우자도 불행하다고 느끼는 현상이다. 이러한 관계에 있는 사람들은 겉으로 보기에는 서로 지극히 위해주고 보살펴 주는 사이인 것처럼 보이지만, 내면적으로는 서로 독립적으로 행동하지 못하고 의존관계에 빠져있는 경우가 많다. 즉, 융합된 관계는 자신의 개체성을 희생한 채 '우리'라는 보호막 안에 들어가서 안주하고, 융합을 깨뜨리는 행동은 금기로 되어 있다.

(4) 반전

반전(retroflection)은 타인이나 환경에 대하여 하고 싶은 행동을 자기 자신에게 하거나, 타인이 자기에게 해주기를 바라는 것을 자신이 스스로 자기에게 하는 것을 말한다. 예컨대, 타인에게 화를 내는 대신에 자기 자신에게 화를 내거나, 타인이 자기를 따뜻하게 보살펴 주기를 바라는 사람이 타인과의 관계를 통해 이를 얻는 대신에 스스로 자기 자신을 위하고 보살피는 행동을 하는 경우이다. 반전을 자주 하는 내담자는 상담 장면에서도 "나 자신이 부끄럽다.", "나 자신에게 화가 난다." 등과 같은 말을 많이 하며, 상담자와의 접촉도 회피하려고 한다.

반전은 억압적이거나 비우호적 환경에서 성장하여 부모나 환경과의 자연스러운 접촉을 하지 못하고 자란 경우에 부모나 환경의 태도를 자기 것으로 내사하기 때문에 일어난다. 개인은 반복되는 내사로 인하여 내면세계가 두 부분으로 분열되어 한쪽은 행위자로, 다른 한쪽은 비 행위자가 된다. 그리하여 원래는 개체와 환경 간의 갈등이었던 것이 개체의 내부 갈등으로 바뀌게 된 것이다(권석만, 2012).

(5) 자의식

자의식(egotism)은 지나치게 자기 자신에게 몰두하여 현재의 경험이나 타인과의 상호작용에 진정성 있게 참여하지 못하는 상태를 말한다. 자의식은 개인이 자기 행동에 대한 타인의 반응을 지나치게 의식하기 때문에 발생한다. 자의식은 방어기제의 일종으로, 타인과의 접촉에서 생길 수 있는 불편함이나 고통을 회피하기 위해 타인이나 환경과의 경계를 왜곡한다. 자의식이 강한 사람은 자기 자신을 외부의 관찰자처럼 바라보며, 자기 행동과 감정을 지나치게 분석하거나 조정하려고 한다. 이로 인해 타인이나 환경과의 자연스러운 연결이 차단된다.

자의식의 상태에서는 자신이 실제 느끼는 것보다 남들에게 어떻게 보이는지에 대한 생각이 더 우선시된다. 예컨대, 자의식이 지나치게 높은 학생은 수업 시간에 발표하는 동안 자기 모습이 타인에게 어떻게 비치는지에 대한 생각에 빠져서 발표 내용을 전달하는 데 집중하지 못한다. 이런 사람은 상담 장면에서도 자신의 감정을 솔직하게 표현하는 대신 끊임없이 상담자의 반응을 의식하며, "내가 지금 잘하고 있는 건가요?", "내 말이 이상한가요?"라고 말하는 등 자신이 진정으로 느끼는 감정보다 상담자에게 어떻게 보일지를 더 중요하게 생각한다.

(6) 편향

편향(deflection)은 타인과의 직접적이고 진정성 있는 상호작용을 회피하거나 분산시키는 것을 말한다. 편향은 감당하기 힘든 내적 갈등이나 외부 환경적 자극에 노출될 때, 이러한 경험으로부터 압도당하지 않기 위해 자기 감각을 둔화시키거나 회피적 행동을 함으로써 타인이나 환경과의 접촉을 약화시키는 접촉경계 혼란이다. 편향은 주로 거절에 대한 두려움 혹은 감정적 부담을 피하기 위해 자신의 감정을 회피하는 방식으로 나타난다. 그 결과, 개인의 사고와 감정이 상대방에게 정확하게 전달되지 못하여 관계의 문제가 발생하기도 한다. 타인의 긍정적 반응만 편향시키는 사람이 있는가 하면, 부정적인 반응만 편향시켜 버리는 사람도 있다. 그러나 어느 한쪽도 현실과 자연스러운 접촉이 되지 않는다.

편향은 대화 장면에서 많이 나타나는데, 말을 빙빙 돌림으로써 대화의 초점을 흐리는 것, 상대방과의 눈 맞춤을 피하는 것, 감정을 직접 표현하지 않거나 숨기는 것, 농담이나 추상적 언어로 진지한 상호작용을 회피하는 것, 상대방의 말에 집중하지 않거나 말머리를 돌리는 것 등 다양한 형태로 나타난다. 예컨대, 직장에서 스트레스를 받은 친구가 감정적 지지를 받기 위해 "요즘 회사 일이 너무 많아서 힘들어."라고 말할 때, "회사는 원래 다 그런 거야. 밥이나 먹으러 가자."라고 말하며 친구의 감정을 가볍게 여기거나 대화의 주제를 바꿔버린다. 이는 농담이나 격려를 가장한 편향으로, 상대방과의 감정적 접촉이 차단되어 대화가 진지한 방향으로 흐르지 않게 된다.

성장 과정에서 욕구좌절을 많이 경험한 사람은 자신의 욕구를 차츰 포기하는 것을 학습한다. 그 결과, 성인이 되었을 때 주위 사람들이 자기에게 긍정적인 반응을 보이며 접근해 오면, 이를 받아들이기 힘들어 편향시켜 버린다. 그 이유는 타인의 우호적인 접근이 그가 감당할 수 있는 한계를 넘어서기 때문이다. 이런 사람은 상담 장면에서 상담자가 "최근 가족과의 관계에서 어떤 감정을 느끼셨나요?"라고 말하면, "글쎄요? 다들 복잡하게 살죠. 아무튼 오늘 날씨가 참 좋네요!"라고 하면서 자신의 감정과 마주하지 않고, 날씨와 같은 다른 주제로 대화를 돌림으로써 진지한 감정 표현을 회피해 버린다.

3. 상담의 실제

1) 상담목표

게슈탈트 치료는 알아차림, 성장, 통합, 그리고 실존적 삶을 목적으로 하는 상담 및 심리치료 접근법이다. 이는 문제해결이나 증상 완화보다는 내담자의 성장과 성숙에 초점을 둔다는 것을 의미한다. 따라서 게슈탈트 치료는 내담자가 자신의 욕구와 감정을 분명히 알아차리고, 이를 환경과의 접촉을 통해 게슈탈트를 완성하도록 조력하는 것에 일차적 목표를 두고 있다. 그러기 위해 내담자가 지금-여기(now & here)에서 자신의 감정과 경험을 온전히 알아차리고 그것을 수용하도록 하며, 이를 통해 자신의 삶을 주체적으로 선택할 수 있도록 이끄는 것에 중점을 둔다. 게슈탈트 치료의 또 다른 목표는 내담자의 불안을 삶의 한 부분으로서 수용하고 이를 해결하도록 조력하는 것에 있다. 즉, 현재 내담자를 괴롭히는 과거의 미해결 과제를 찾아서 이를 해결하도록 조력하는 것이 이차적 목표이다. 따라서 게슈탈트 치료는 내담자의 단순한 문제해결을 넘어 성장과 알아차림을 통해 삶의 주도권을 회복하고, 자신의 욕구를 수용하며, 타인과도 조화롭게 관계 맺을 수 있도록 돕는 것에 궁극적인 목적을 둔다. 게슈탈트 치료의 구체적 목표는 다음과 같다.

첫째, 게슈탈트 치료에서는 내담자의 알아차림(awareness) 증진에 중점을 둔다. 성장과 통합을 위해서는 자신의 욕구, 감정, 신체적 반응, 그리고 행동양식을 알아차리는 것이 중요하다. 내담자는 알아차림을 통해 무의식적으로 반복하는 역기능적 행동에서 벗어나 더 주체적인 삶을 선택할 수 있게 된다.

둘째, 게슈탈트 치료에서는 내담자가 지금-여기(now & here)에 집중하도록 조력한다. 과거의 경험이나 미래의 불확실성에 매몰되지 않고 현재의 감정과 경험에 집중하게 함으로써 자신의 문제에 직접 다가갈 수 있도록 한다.

셋째, 게슈탈트 치료는 내담자의 책임감(responsibility) 강화에 중점을 둔다. 내담자가 자신의 문제를 타인이나 외부 환경 탓으로 돌리지 않고, 자기 행동과 감정에 책임을 지도록 한다. 이는 자신의 선택과 결과를 수용함으로써 자기성장을 돕는 과정이다.

넷째, 게슈탈트 치료는 내담자의 통합(integration)에 중점을 둔다. 게슈탈트 치료에서는 인간의 감정, 사고, 행동, 신체 반응 등 여러 부분의 조화로운 통합을 강조한다. 따라서 이러한 부분들이 조화를 이루도록 하여, 온전하고 통합된 인간으로 성장하도록 돕는다.

다섯째, 게슈탈트 치료는 내담자의 미해결 과제(unfinished business)를 해결하도록 조력한다. 아울러 내담자의 우울, 분노, 억울함 등 해결되지 않은 과거의 감정이 현재에 영향을 미치는 경우, 이러한 감정을 직면하게 하고 해소할 수 있게 한다.

여섯째, 게슈탈트 치료는 내담자가 실존적 삶(existential life)을 살도록 촉진한다. 내담자가 자신의 유기체적 욕구를 외면하지 않고 이것을 온전하게 받아들여서 자신의 잠재적 가능성을 실현하고, 나아가 타인이나 외부 환경을 있는 그대로 인식하며 진실하고 건강한 접촉을 하도록 돕는다.

2) 상담과정

(1) 상담의 단계

게슈탈트 치료는 내담자의 단편적인 문제보다 전체적인 존재로의 인간을 이해하는 것을 중요하게 생각한다. 따라서 지금-여기에 내담자의 감정, 신체, 그리고 환경에 대한 알아차림(awareness)을 중심으로, 이 요소들이 내담자의 삶 속에서 어떻게 상호작용하는지 탐색한다. 게슈탈트 치료의 과정은 일정한 단계나 틀보다는 유동적이고 창의적이다. 특별히 정해진 절차가 없이 관계 형성과 알아차림의 촉진, 창의적 실험과 연습이라는 두 단계로 구분한다.

① 1단계 : 관계 형성과 알아차림의 촉진

게슈탈트 치료는 상담자와 내담자 간 관계 형성에서 시작된다. 상담자는 내담자가 편안하고 안정된 상태에서 상담에 임할 수 있는 환경을 조성해야 한다. 이때 가장 중요한 것은 상담자와 내담자 간 신뢰감의 형성이다. 상담자는 내담자에게 지금-여기(now & here)의 원칙을 소개하고, 내담자가 해결하고자 하는 문제를 탐색한다. 게슈탈트 치료는 과거가 아닌 현재의 경험에 초점을 맞추기 때문에 내담자가 자신의 현재 감정과 욕구를 알아차리도록 유도한다.

게슈탈트 치료에서는 내담자의 모든 문제나 심리적 장애는 기본적으로 알아차림과 접촉의 결여에서 온다고 본다. 따라서 상담자는 내담자가 자신의 감정, 생각, 신체감각 등을 알아차려서 문제를 전경으로 끌어올릴 수 있도록 "지금 이 순간에 무엇을 느끼고 있나요?"와 같은 질문을 자주 사용해야 한다. 이 과정에서 내담자가 특정 감정을 억압하거나 회피할 때, 이를 직면하도록 유도한다. 그리고 내담자가 자신의 선택과 행동에 대한 책임감을 가질 수 있도록 "나는 ~을 해야만 한다." 대신 "나는 ~을 선택했다."라는 말로 바꾸도록 장려하고, 내담자가 말로 표현하는 감정과 신체 언어가 일치하지 않을 때, 그 불일치를 다룬다. 예컨대, 자신의 슬픈 이야기를 웃으면서 말하는 내담자에게 "당신의 이야기와 그 웃음이 다르게 느껴져요."와 같은 피드백을 제공한다.

② 2단계 : 창의적 실험과 연습을 통한 통찰과 실천

게슈탈트 치료에서는 여러 가지 기법을 사용하여 내담자의 감정을 깊이 있게 탐구하고, 이를 경험하도록 함으로써 부정적 감정을 해소하고 균형과 통합을 이룰 수 있도록 돕는다. 창의적 실험과 연습을 통해 내담자는 자신을 더 명확하게 이해하게 되고, 감정적 변화와 행동 변화를 경험하게 된다. 상담자는 내담자가 상담 중 얻은 통찰을 실제 생활에 적용하여 변화된 행동을 연습하도록 조력한다. 통찰과 실천을 통해 내담자의 변화와 통합이 이루어지면, 상담자는 내담자가 상담 전후의 변화를 자각하도록 돕고, 그 변화를 유지하는 방법을 논의한다. 상담이 종료된 후에도 내담자가 자신의 문제를 스스로 해결하고 자립할 수 있는 전략을 함께 탐색하고 상담을 종료한다.

(2) 성격 변화의 5단계

펄스는 게슈탈트 치료를 통해 내담자가 성숙해 가는 과정을 양파 껍질을 벗기는 것에 비유하여 5개의 심리층 개념으로 설명하였다. 펄스가 제시한 성격 변화의 다섯 단계 과정을 살펴보면 다음과 같다.

① 피상층

피상층(cliche layer) 또는 허위층(phony layer) 단계에서 개인은 형식적이고 의례적인 규범에 따라 사람들과 피상적 만남을 한다. 주변 환경과 접촉도 매우 제한적이고 폐쇄적인 경우가 많다. 게슈탈트 치료 초기의 내담자는 아직 상담자와 친밀감이 형성되지 않아서 자신의 표면적이고 허위적인 모습만을 보인다. 내담자는 사회적 가면을 쓰고 있으므로 본격적인 자기개방이 이루어지지 않아서 별다른 심리적 문제가 없어 보일 것이다.

② 공포층

두 번째 단계는 공포층(phobic layer) 또는 연기층(role playing layer)이다. 이 단계에서 개인은 진정한 자기의 고유한 모습으로 살아가지 않고, 주변의 기대에 맞추어 살아간다. 즉, 자기의 역할에 맞는 행동을 연기하면서 산다. 그러나 자기 행동이 역할연기인지 지각하지 못하고 그 모습이 진정한 자기인 것으로 착각한다. 항상 다른 사람의 본보기가 될 정도로 모범적인 사람(모범생 연기), 항상 다른 사람들을 위해 책임을 떠맡고 나서는 사람(지도자 연기), 항상 지도자의 말에 얌전하게 순종하기만 하는 사람(협조자 연기), 항상 지도자에게 반발하는 사람(반란자 연기), 약한 사람을 보면 항상 구원자 역할을 하는 사람(구세주 연기) 등이 전형적인 역할연기의 예라고 할 수 있다.

사람들은 일상생활에서 많은 역할연기를 한다. 부모 역할, 자식 역할, 교사 역할, 학생 역할, 친구 역할, 선배 역할, 후배 역할, 상사 역할, 부하 역할 등 수많은 역할을 하면서 때로는 실제 자신보다 더 선한 척, 실제보다 더 잘난 척, 혹은 실제보다 더 악한 척하기도 한다. 이렇게 역할연기를 하는 가운데 인간은 진정한 자기 자신으로부터 점점 멀어지게 된다. 사람들이 역할연기를 하며 사는 이유는 진정한 자신과 만나는 것에 대한 비현실적 불안이나 두려움 때문이다. 어린 시절에 주변의 기대에 어긋나면 나쁜 일이 발생할 것이라는 경고나 위협을 많이 받고 자란 사람들은 자신의 진정한 욕구에 귀를 기울일 수 없게 된다. 그러나 이러한 비현실적인 불안 때문에 지나치게 역할연기에 의존하는 사람은 진정한 자기 자신을 만나지 못하고 자기실현이 좌절되어, 심한 경우 신경증으로 발전할 수 있다.

③ 교착층

교착층(impasse layer)은 막다른 골목(blind alley)이라고도 부른다. 이 단계의 내담자는 지금껏 해왔던 역할연기를 그만두고 자립하려고 시도하지만, 동시에 심한 불안과 공포를 체험한다. 역할연기를 포기하고 싶지만 아직은 온전한 자립 능력이 부족한 상태이므로 이러지도 저러지도 못하는 딜레마에 빠지는 교착상태가 된다. 내담자는 불안과 공포를 느끼기 때문에 이 단계에 들어서기를 매우 회피한다. 이 단계에서 내담자는 '모든 게 혼란스럽다.', '어떻게 해야 할지 모르겠다.', '쉬고 싶다.' 등의 반응을 하면서 이 단계에 들어서기를 매우 회피한다. 이 단계는 내담자의 최대 고비이므로, 상담자는 내담자가 이 고비를 잘 견딜 수 있도록 격려하고 도와주어야 한다.

④ 내파층

내파층(implosive layer) 단계에 오면 내담자는 이제까지 자신이 억압하고 차단해 왔던 욕구나 감정을 알아차리게 된다. 그러나 이 억압된 욕구나 감정을 외부로 발산하지 못하고 자신의 내부에 폭발시킨다. 이러한 유기체적 에너지들은 오랫동안 차단되어 왔기 때문에 막강한 파괴력을 가지고 있다. 이 파괴적인 에너지가 외부로 발산되면 타인과의 관계가 악화될 것이라는 두려움과 체면 때문에 자신의 내부로 향하여 자기 자신을 공격한다. 이 단계의 내담자는 자신을 비난하고 질책하지만, 때로는 이 파괴적인 에너지가 응축되어 죽음의 공포를 체험하기도 한다.

⑤ 폭발층

폭발층(explosive layer) 단계에 오면 자신의 욕구나 감정을 직접 외부로 표출할 수 있게 된다. 내담자는 자신의 과거 삶에 대해 슬퍼하며 흐느껴 울기도 하고, 억압해 왔던 분노 감정을 표출하면서 고함을 지르거나 땀에 흠뻑 젖어서 격렬한 감정표현을 하고, 어떤 사람은 크게 웃어 재끼기도 한다. 이 단계에 도달하게 되면 내담자는 이전에 억압되고 차단되었던 자신의 미해결 과제를 전경으로 떠올려 해소하고 완결지을 수 있게 된다.

게슈탈트 치료의 과정에서 다섯 가지 신경증 층을 알아차림-접촉 주기에 대비시키면, 피상층과 공포층 단계는 게슈탈트 형성이 잘 안되는 단계이다. 교착층은 게슈탈트 형성은 되었으나 자신의 욕구와 감정을 해소하기 위한 에너지 동원이 잘되지 않는 단계이다. 내파층 단계는 자신의 욕구와 감정을 해소하기 위한 에너지 동원은 되었지만, 이것을 행동으로 옮기는 단계에서 차단되어 게슈탈트가 완성되지 않은 상태이다. 폭발층 단계에 오면 마침내 자신의 미해결 게슈탈트를 순조롭게 해소하고 해결 지을 수 있게 된다.

3) 상담기법

(1) 지금-여기에서 알아차리기

게슈탈트 치료에서는 내담자의 알아차림을 돕기 위해 현상학적 방법을 사용한다. 게슈탈트 치료는 내담자의 알아차림을 촉진하기 위하여 과거나 미래가 아닌 지금-여기(now & here)의 경험에 초점을 맞추도록 격려한다. 이를 위해 내담자의 욕구와 감정, 신체감각, 언어와 행위, 그리고 환경을 알아차릴 수 있도록 다양한 질문을 한다. 이때 '왜(why)'라는 질문 대신에 '무엇(what)'이나 '어떻게(how)'라는 질문을 통해 내담자의 알아차림을 유도하고 격려한다.

① **욕구와 감정 알아차리기**(awareness of needs and emotions)

내담자가 지금 무엇을 원하고 있고 무엇을 느끼는지 알아차리는 것은 매우 중요한 일이다. 내담자의 현재 욕구와 감정의 알아차림을 위하여 상담자는 다음과 같은 질문을 한다. "지금 기분이 어떠세요?", "지금 무엇이 생각나세요?", "지금 어떤 감정을 느끼세요?", "무엇이 당신을 슬프게 하나요?", "지금 당신의 마음에 어떤 욕구가 떠오르나요?", "생각을 멈추고 현재 느낌에 집중해 보세요!", "지금 화가 나 보이시네요?", "'나는 ~을 하고 싶다.'라는 문장을 완성해 보세요." 이때 상담자는 내담자가 자신의 감정을 억제하지 않고 있는 그대로 표현하도록 격려한다.

내담자에게 억압된 미해결 감정이 있는 경우, 머물러 있기(staying with)를 통해 그 감정에 머물러 있게 할 수 있다. 미해결 감정을 억압하거나 회피하는 것보다는 직면하고 머무르게 하는 것이 그것을 해소하는 데 효과적이다. 내담자는 접촉경계 혼란으로 자신의 감정을 회피하는 데 익숙해져 있는 경우가 많다. 상담자는 "잠깐 그 감정을 느껴보세요.", "지금 느끼는 대로 말해 보세요."라고 주문하여 잠시 그 감정에 머물러 있게 한다. 머물러 있기는 내담자가 회피나 방어하지 못하게 하고 자신의 감정을 직면하게 하여 미해결 감정을 완결하도록 돕는다.

② **신체감각 알아차리기**(body awareness)

인간의 정신작용과 신체감각은 서로 불가분의 관계이다. 이 기법은 내담자의 신체감각에 집중하여, 몸이 전달하는 신호와 감정을 알아차리게 하는 과정이다. 내담자의 신체감각 알아차림을 촉신하기 위하여 상담자는 다음과 같은 실문을 한다. "당신의 호흡을 느껴보세요.", "당신의 신체감각을 한번 느껴보세요.", "지금 당신의 손이 무엇을 말하려고 하나요?", "지금 당신의 손에서 무엇을 느끼고 있습니까?", "당신의 눈이 무엇을 표현하려고 하는지 알아차려 보세요.", "지금 당신의 목소리는 어떻게 들리고 있지요?", "지금 당신의 목소리를 주의 깊게 들어보세요." 이때 상담자는 내담자가 자신의 신체감각과 감정의 연결고리를 탐색하고 이를 표현하도록 격려한다.

내담자의 말과 행동이 일치하지 않을 때는 그 불일치를 지적하는 질문을 한다. 예컨대, 내담자가 헤어진 연인에 대해 "나는 이제 아무렇지도 않고 오히려 홀가분해요."라고 말하면서 눈가에 눈물이 맺혀있다면, 상담자는 "눈가에 맺혀있는 눈물이 당신에게 무엇이라고 말하는가요?"와 같이 내담자가 자신의 불일치한 것을 알아차리도록 질문한다. 친구와 갈등을 겪는 내담자가 "어제 그 친구와 화해했어요."라고 하면서 주먹을 꽉 쥐고 있다면, "지금 주먹을 꽉 쥐고 있는데 그 주먹에서 무엇을 느끼고 있습니까?"라는 질문을 한다.

③ 언어와 행위 알아차리기(awareness of language and behavior)

말과 행동에는 인간의 욕구와 감정이 반영되어 있다. 이 기법은 내담자의 언어 습관과 행동 방식을 분석하여, 그 속에 담긴 무의식적 사고나 감정을 알아차리도록 하는 과정이다. 내담자의 언어와 행위의 알아차림을 위하여 상담자는 다음과 같은 질문을 한다. "지금 당신은 자신의 감정을 어떻게 말하고 있나요?", "자기 생각을 어떻게 표현하고 있나요?", "그 행동은 상대방이 어떻게 생각할까요?" 언어와 행위의 알아차림은 내담자의 책임감을 높여준다. 상담자는 내담자의 언어사용 습관을 고쳐주는 방법을 통해 내담자의 알아차림을 높일 수 있다.

첫째, 일인칭 대명사로 바꾸기 : 이인칭(당신; you), 삼인칭(그 · 그녀; he · she) 대명사나 복수 대명사(우리, 그들; we, they)를 일인칭(나; I)으로 바꾸기를 통해 내담자가 자신의 문제에 책임감을 느낄 수 있도록 한다.

둘째, 동사 바꾸기 : '할 수 없다(can't)'를 '하지 않겠다(won't)'로 바꾸기, '해야만 한다(have to)'를 '선택한다(choose to)'로 바꾸기, '필요하다(need)'를 '원한다(want)'로 바꾸기 등을 통해 내담자의 생각과 의지를 각성하게 한다.

셋째, 문장 바꾸기 : '그러나(but)'를 '그리고(and)'로 바꾸기를 통해 무의식 속의 자기 생각을 각성하도록 한다. '그러나' 또는 '하지만'이라는 말을 많이 사용하는 것은 자신의 책임을 회피하려는 시도로 볼 수 있다. "싸우지 않으려고 했습니다. 그러나 싸웠습니다.", "지각하지 않으려고 했습니다. 그러나 지각했습니다." 등은 모순되는 말이다. 이를 "싸우지 않으려고 했습니다. 그리고 싸웠습니다.", "지각하지 않으려고 했습니다. 그리고 지각했습니다."와 같이 '그러나'를 '그리고'로 바꿔서 말하게 하면, 내담자가 자신의 모순된 행동을 알아차릴 수 있다.

넷째, 질문을 서술문으로 바꾸기 : 내담자가 자신의 욕구나 감정을 밝히지 않고 질문만 하는 것도 자기 동기를 감추고 행동의 책임을 상대방에게 떠넘기려는 시도라고 볼 수 있다. 이런 경우, 상담자는 내담자에게 질문을 서술문으로 바꾸어 말하도록 요구함으로써 자신의 감정과 의견에 책임을 지도록 해줄 수 있다. 예컨대, "내가 할 수 있을까요?"라는 의문문을 "나는 할 수 있다."라는 서술문으로 바꿈으로써 행동에 책임을 갖도록 유도한다.

④ **환경 알아차리기**(awareness of environment)

내담자가 자신의 주변 환경에 대해 알아차리도록 하여 환경과의 접촉을 증진할 수 있다. 이 기법은 내담자를 둘러싸고 있는 외부 세계를 인식하는 능력을 개발하는 과정이다. 내담자의 환경 알아차리기를 위하여 상담자는 다음과 같은 질문을 한다. "지금 방 안에 무엇이 보입니까?", "여기 전에 없던 새로운 물건이 있습니까?", "지금 이 방에서 가장 눈에 띄는 것이 무엇인가요?", "다른 사람의 눈을 한번 바라보세요.", "눈을 감고 당신 앞에 있는 사람의 얼굴을 떠올려 보세요." 잠시 후, "눈을 뜨고 그 사람의 얼굴을 자세히 관찰하세요. 어떤 차이가 느껴집니까?"

환경 알아차리기는 내담자와 주변 환경의 상호작용을 파악하여 더 나은 선택을 할 수 있게 한다. 주변 환경이 내담자에게 어떤 영향을 미치는지 알아차리게 하는 질문을 할 수도 있다. 예컨대, 내담자가 항상 불안함을 느끼는 이유를 모를 때, 그가 있는 환경의 소음이나 조명에 대해 질문할 수 있다. 내담자는 너무 시끄럽거나 밝은 조명 아래에서 긴장하게 된다는 사실을 깨닫고, 자신을 편안하게 하는 환경을 조성하려는 방법을 모색할 수 있다.

(2) 직면하기

직면하기(confrontation)는 내담자가 스스로 인식하지 못하거나 회피하고 있는 문제나 감정을 마주하도록 하는 과정이다. 이 기법은 자신의 욕구와 감정을 회피하면서 계속 미해결 과제를 만드는 내담자에게 효과적이다. 또한 자신의 부적응적이고 역기능적인 행동 방식을 알아차리지 못하고 환경과 부정적으로 접촉하는 내담자에게도 효과적인 방법이다.

상담자는 내담자의 말과 행동 사이의 불일치나 모순된 부분을 지적하면서, 스스로 문제를 알아차릴 수 있도록 유도한다. 예컨대, 자신의 슬펐던 경험을 웃으면서 이야기하는 내담자에게 "슬펐던 일을 이야기하면서 얼굴은 웃고 있네요."라고 하거나, "지금 감정이 어떤가요?"라고 질문함으로써 직면할 수 있다. 상담자는 비판이 아닌 알아차림을 돕는 방식으로 피드백을 제공한다. 이 과정에서 내담자는 자신이 회피했던 사고·감정·행동을 직면하고 변화할 기회를 찾게 된다.

(3) 실연하기

실연(enactment)은 어떤 상황을 가정하여 직접 역할연기(role play)를 해보도록 하는 기법이다. 내담자가 자신에게 중요한 인물, 중요했던 과거의 상황이나 장면, 또는 미래에 있을 장면을 실제 상황처럼 상상하면서 그 역할을 하도록 유도한다. 이는 내담자가 자신의 과거 경험이나 미래 행동계획을 설명하는 것보다 직접 행동으로 연기함으로써 미처 인식하지 못했던 자신의 감정이나 행동양식을 발견할 수 있게 한다. 이 기법은 게슈탈트 집단상담에서도 많이 사용한다.

먼저 내담자에게 특정 인물이나 감정이 포함된 상황을 떠올리게 한다. 그리고 내담자가 그 인물이나 상황의 역할을 맡아 표현하도록 유도한다. 감정의 흐름에 따라 내담자가 다른 역할을 오가며 상호작용할 수도 있다. 실연이 끝나면 그 과정에서 느낀 감정을 상담자와 함께 공유하고 분석한다.

(4) 빈 의자 기법

빈 의자 기법(empty chair technique)은 내담자가 가지고 있는 욕구와 감정들을 빈 의자에 투사하게 함으로써 그 감정을 스스로 확실히 체험하고 지각할 수 있도록 한다. 이 기법은 내담자의 마음속에 있는 갈등하는 마음을 대화로 엮어보는 것으로, 일명 '환상 대화법'이라고도 한다. 내담자 마음속의 극단적인 감정이나 상반되는 사고와 실제 상황과 가깝게 대화하게 하는 것으로 직면과 역할연기의 요소를 모두 가지고 있다.

먼저 내담자가 마주 보고 있는 빈 의자에 자신에게 중요한 누군가를 상상하게 한다. 그리고 빈 의자와의 대화를 통해 억눌린 감정이나 갈등을 표현하게 한다.

그리고 내담자와 빈 의자와 자리를 바꾸면서 상황의 양면을 경험할 수 있게 한다. 예컨대, 엄격한 아버지가 빈 의자에 앉아 있다고 상상하고 대화한다. 이 방법은 내담자가 상담자에게 자기 아버지에 대해 직접 설명하는 것보다 훨씬 더 효과적이다. 그 이유는 상담자가 내담자와 아버지의 관계를 실제 상황에 가깝게 탐색할 수 있고, 또한 내담자 아버지의 입장도 함께 이해할 수 있기 때문이다.

빈 의자 기법은 의미 있는 사람과의 대화하는 방법 이외에도 자기 부분들과의 대화, 상상화한 자기 자신과의 대화, 무생물과의 대화도 있다. 자기 부분들과의 대화는 내담자 성격 내면의 양극성과 대화하는 방법이다. 예컨대, 선한 나와 악한 나, 독립적인 나와 의존적인 나, 적극적인 나와 소극적인 나, 도전적인 나와 안전을 추구하는 나, 나의 초자아(superego)와 원초아(id) 등 내담자의 마음속에 있는 갈등을 대화로 엮어보는 방법이다. 이 방법은 내담자가 두 가지 상반된 감정(양가감정)과 생각 사이에서 벗어나지 못할 때 통합을 추진하기 위한 사전작업으로 내담자가 가진 양극성을 분명하게 보여준다. 상상화한 자기 자신과의 대화를 통해 내담자의 억압된 부분이나 개발되지 않은 부분들과의 접촉도 가능하다. 예컨대, 열등감이 높은 내담자가 있다면, 우월한 자기의 모습을 상상화하여 빈 의자에 앉히고 대화하게 한다. 빈 의자 기법은 무생물과의 대화도 가능하다. 예컨대, 게임중독에 빠진 내담자가 있다면, 빈 의자에 컴퓨터나 게임을 앉히고 대화하도록 한다.

(5) 과장하기

과장하기(exaggeration)는 내담자의 말이나 행동을 과장해서 표현해 보도록 하는 기법이다. 행동을 과장하면 그 행동에 숨어있는 감정과 생각이 더 명확하게 드러날 수 있다. 이 기법은 내담자가 자신의 감정이나 행동을 명확하게 알아차리지 못할 때 사용하면 효과적이다.

상담자는 내담자의 반복되게 나타나는 특정 동작이나 언어를 주목한다. 그리고 그 동작이나 표현을 과장해서 표현하도록 요청한다. 예컨대, 내담자가 같은 말을 계속 반복한다면, 그것을 더 반복하게 한다. 내담자가 상담 중에 계속 다리를 떨

서는 발신자와 수신자 중 한쪽 또는 양쪽은 자아상태를 변화시킬 필요가 있다. 그러나 교차적 교류가 항상 부정적인 것만은 아니다. 일반적인 대화나 사교적인 대화에서는 상보적 교류가 가장 바람직하고 유용하지만, 교육이나 치료 장면에서는 교류를 효과적으로 교차시킬 필요가 있으며 그것이 오히려 바람직할 때가 있다.

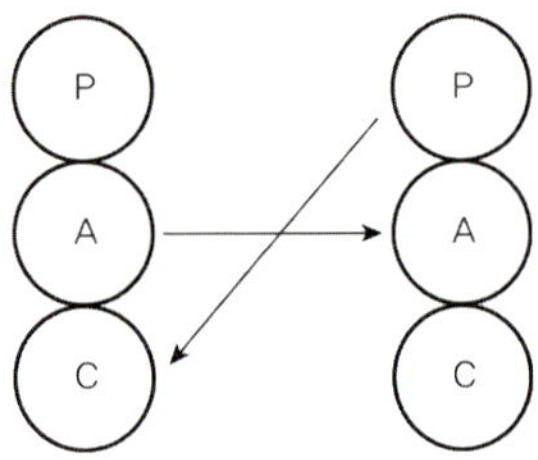

남편 : 여보! 지난주에 입었던 내 하늘색 셔츠 어디 있어요?
아내 : 당신 물건이니 당신이 잘 알잖아요.

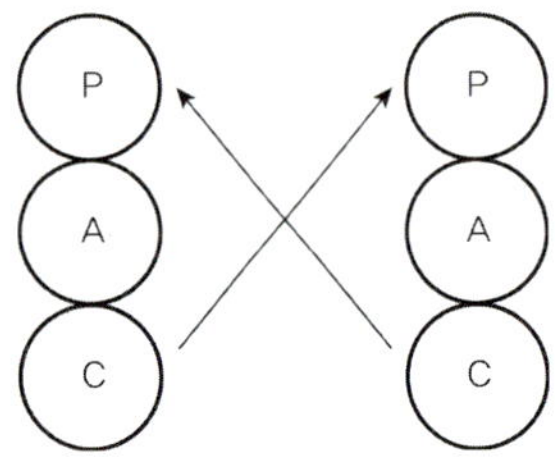

어린 딸 : 엄마! 생선 싫어. 안 먹을 거야.
엄마 : 먹지 마. 이제 요리 안 할 테니 너 먹을 건 직접 해 먹어.

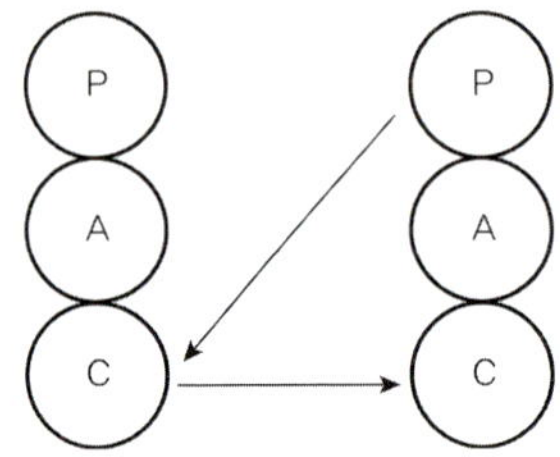

[시험기간에 도서관에서]
친구 1 : 우리 PC방 가서 한 시간만 놀자.
친구 2 : 야! 정신 차려! 놀 것 다 놀고 언제 공부할 거야?

③ 이면적 교류

이면적 교류(ulterior transaction)는 암시적 교류 또는 저의적 교류라고도 부른다. 겉으로 드러나는 표면상의 메시지 외에 이면적인 메시지가 담겨있는 교류로, 표면상으로 대화를 한 이외의 다른 뜻이 숨겨져 전달되는 교류이다. 이면적 교류의 결과는 사회적 수준에서 결정되는 것이 아니라 심리적 수준에서 결정된다.

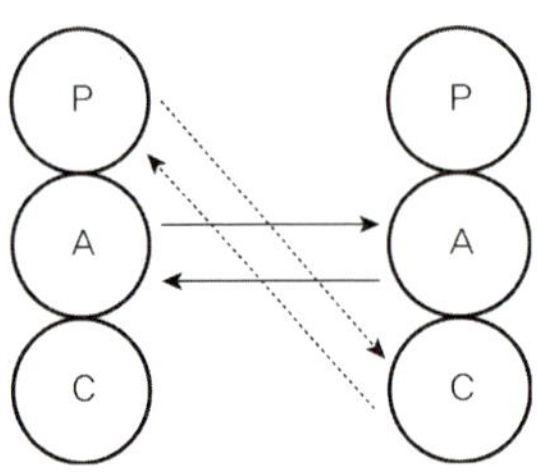

[수업시간에 지각한 학생에게]
교수 : (사회적 수준) 지금이 몇 시지요?
(심리적 수준) 너 또 지각이구나.
학생 : (사회적 수준) 10시 10분입니다.
(심리적 수준) 이번 한 번만 봐주세요.

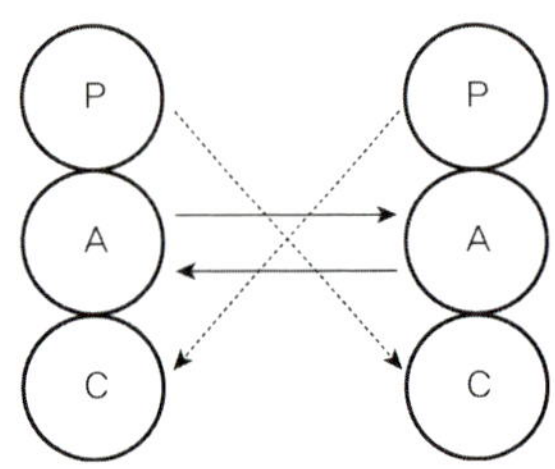

[컴퓨터 게임을 하고 있는 자녀에게]
엄마 : (사회적 수준) 지금 몇 시지?
(심리적 수준) 게임 그만하고 공부 좀 해라.
아들 : (사회적 수준) 9시밖에 안 됐네요.
(심리적 수준) 내가 게임을 한 지 얼마나 됐다고 벌써 야단이세요.

인간관계의 가장 본질적인 매체는 의사소통이다. 교류는 언어적 · 비언어적 의사소통을 바탕으로 하는 자극과 반응으로 이루어진다. 의사소통은 한 사람의 자아상태에서 상대방에게 보내지는 말(언어), 표정, 태도, 몸동작 등의 자극을 통해 상대방에게 전달되고, 이에 대한 상대방의 반응이 되돌아오는 것이다. 교류분석에서 구분하고 있는 세 가지 교류의 유형 중 상대방에게 수용적인 자극을 보내고 기대한 반응을 얻는 상보적 교류가 가장 바람직한 교류이다.

〈표 13-1〉 교류의 유형

종 류	화살표	특 징
상보적 교류	수평선	무갈등 교류
교차적 교류	교차선	갈등 교류
이면적 교류	실선 : 사회적 수준 점선 : 심리적 수준	사회적 수준 : 표면적 메시지 심리적 수준 : 심리적 메시지

2) 자아상태의 기능과 에고그램

(1) 기능적 자아상태

교류분석의 자아상태 모델(ego state model)에서 세 가지 자아상태는 일상생활에서 다음과 같은 기능을 한다. 먼저 어버이 자아상태(P)는 기능에 따라 비판적 어버이(CP : Critical or Controlling Parent)와 양육적 어버이(NP : Nurturing Parent)로 분류된다. 어른 자아상태(A)는 기능이 분리되지 않는다. 어린이 자아상태(C)는 자유로운 어린이(FC : Free Child), 영악한 어린이(LP : Little Professor), 순응하는 어린이(AC : Adapted Child)라는 세 가지 자아상태로 구분된다. 기능적 자아상태를 살펴보면 다음과 같다.

① 비판적 어버이 자아

비판적 어버이(CP)는 부모의 윤리나 도덕 및 가치판단의 기준이 내면화된 어버이 자아로서, 부성적 어버이(FP : Fathering Parent)라고도 한다. 자기나 타인에게 행동의 당위성을 강조하고 가르치는 권위적 특성을 가지며, 자기와 타인의 잘못에 대해 처벌적이고 완고한 기능을 한다. 비판적 어버이 자아가 강한 사람들은 자기 자신이 일인자라는 식이며, 명랑함이나 유머 감각이 없고 주위 사람을 불안하게 한다.

② 양육적 어버이 자아

양육적 어버이(NP)는 부모가 자녀를 사랑하고 돌보는 등 자녀를 양육하는 말이나 행동이 내면화된 어버이 자아로서, 모성적 어버이(MP : Mothering Parent)라고도 한다. 자신 혹은 타인에게 인정 자극(stroke)을 제공하고 보살핌과 양육적 기능을 한다. 양육적 어버이 자아는 원만한 인간관계를 위해 꼭 필요하지만, 지나치면 상대방에게 부담을 주게 되어 자신을 떠나게 만들 수도 있다.

③ 어른 자아

어른 자아는 지금-여기(here & now)의 상황에 적절하게 반응하는 기능을 한다. 개인의 일상생활 적응이나 대인 간 의사소통은 어른 자아의 기능에 달려 있다. 일상에서의 현실 상황판단이나 이해타산, 일의 능률성, 효과적인 정보수집 기능 등은 어른 자아가 하는 기능이다. 어른 자아가 과다하게 기능하면 눈치가 빠른 약삭빠른 성격이 되며, 부족하면 우직하고 눈치 없으며 남에게 잘 속을 수 있는 위험이 있다. 따라서 어른 자아가 기능하는 정도에 따라 그 개인의 성숙도가 결정된다고 해도 과언이 아니다.

④ 자유로운 어린이 자아

자유로운 어린이(FC)는 부모나 어른들의 반응에 영향 없이 내면에서 자연스럽게 일어나는 그대로 자신을 느끼는 대로 기능하는 자아이다. 직관적이고 감정적이며 본능적으로 즐거움을 추구한다. 현실을 고려하지 않고 즉각적인 쾌락을 추구하며 불쾌하거나 고통스러운 것을 피하려고 한다. 자유로운 어린이가 너무 강하면 자신을 잘 통제하지 못하고 경솔한 행동을 하는 경우가 많다.

⑤ 영악한 어린이 자아

영악한 어린이 자아(LP)는 직역하여 '어린이 교수 자아(little professor ego)'라고도 하며, 어른 자아의 축소판이라고 할 수 있다. 내면에 있는 재치 있는 작은 어린이의 모습으로, 창의적이고 직관적이며 탐구적이고 조정적인 기능을 하는 어린이 자아이다. 순간적으로 경험하는 천재적 착상이나 상대의 표정만 보고 그 느낌을 알아내는 능력이 있다. 영악한 어린이 자아는 슬픈 표정을 지어서 타인으로부터 위로를 받으려고도 한다.

⑥ 순응하는 어린이 자아

순응하는 어린이 자아(AC)는 '현실적 어린이 자아' 또는 '적응적 어린이 자아'라고도 하며, 어른들의 칭찬을 받으려고 하는 어린이 자아이다. 순종적이고 의존적이며 규범을 준수하고 권위에 복종하려는 어린이 자아이다. 타인을 지나치게 의식하여 죄의식, 두려움, 부끄러움 등으로 나타나는 순응적 자아의 모습으로 나타나고, 때에 따라 타인에게 화를 내는 행동을 보이는 등 반항적 자아로 나타나기도 한다.

▎그림 13-2 ▎ 기능적 자아상태

(2) 에고그램

에고그램(egogram)은 교류분석을 창시한 번(Berne)의 동료이자 후학인 듀세이(John Dusay, 1972)가 고안한 성격을 측정하는 도구이다. 에고그램은 교류분석 이론의 자아상태 모델을 기반으로 하여 인간의 자아상태 기능 중 영악한 어린이 자아(LP)를 제외하고, 비판적 어버이 자아(CP), 양육적 어버이 자아(NP), 어른 자아

(A), 자유로운 어린이 자아(FC), 순응하는 어린이 자아(AC)의 다섯 가지로 구분하고, 이 기능들이 개인의 성격과 인간관계에서 어떻게 드러나는지를 잘 보여주는 도구이다.

〈표 13-2〉 에고그램 자아상태 지표

구 분	지나치게 높을 때	지나치게 낮을 때
비판적 어버이 자아 (CP, 지배성)	비판적, 지배적, 통제적	관용적, 느슨함, 우유부단
양육적 어버이 자아 (NP, 관용성)	과보호적, 헌신적	방임적, 배려하지 않음, 고독
어른 자아 (A, 논리성)	기계적, 현실적, 계산적	즉흥적, 무계획적, 현실 무시
자유로운 어린이 자아 (FC, 분발성)	개구쟁이, 본능적, 개방적	폐쇄적, 의욕 없음
순응하는 어린이 자아 (AC, 순응성)	자기비하, 의존적	독단적, 자기중심적

에고그램은 개인으로 하여금 자기 인식을 증진하고, 타인과의 바람직한 관계를 유지할 수 있도록 도와주는 도구로 많이 활용되고 있다. 에고그램에서는 한 개인의 내부에 있는 심리적 에너지의 양이 일정하다고 본다. 그런데 다섯 가지의 자아상태는 그 양과 균형상태가 개인마다 달라서 독특한 성격특성으로 나타난다. 에고그램은 다섯 가지 자아상태 기능과 에너지의 양이 그래프로 표시되어 개인이 각 기능을 얼마나 많이 사용하고 균형상태는 어떤지 알 수 있다. 에너지 배분의 균형상태에 편향이 있으면 불균형 상태가 되어 여러 가지 증상이나 이상행동이 나타나게 된다.

〈표 13-3〉 에고그램 주요 자아상태 유형

프로파일	유 형	특 징
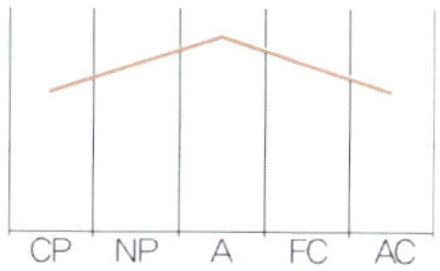	이상형 (∧형)	심리적 에너지의 균형이 잘 잡혀있다. 책임감과 인정이 있고 이성적이고 합리적이며 명랑하고 타인과도 협조를 잘할 수 있는 이상적인 자아상태이다.
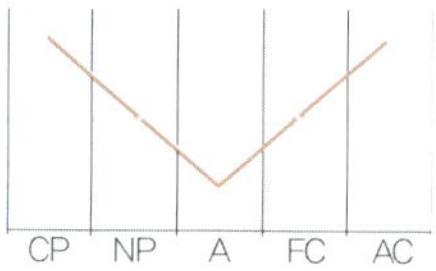	갈등형 (V형)	자신이나 타인에게 당위성과 안전함을 요구하지만 결국 책임감과 사명감에 사로잡혀 있는 엄격한 자신과 타인의 평가에 대한 두려움으로 갈등을 끊임없이 반복한다.
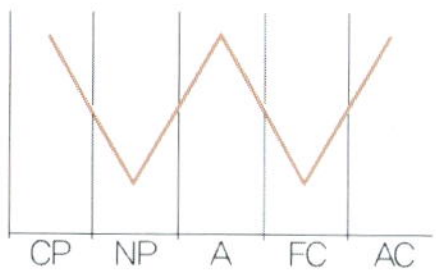	우울형 (W형)	현실에 대한 비판능력은 있지만 적응은 잘하는 편이다. 그러나 내적인 불만과 열등의식이 있어서 삶에 재미가 없을 수 있다. 분노와 자기 저항형이다.
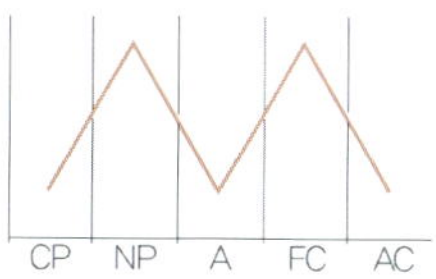	낙천형 (M형)	동정심이 많고 호기심이 강하며 낙천적이지만 생활이 느슨하고 분위기에 잘 이끌리며 신용과 성실성이 부족하다.
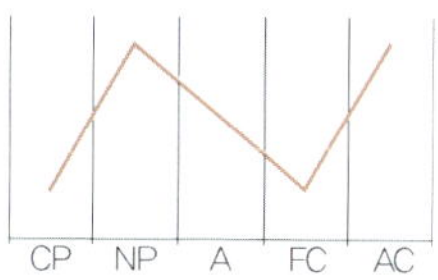	우유부단형 (N형)	타인을 배려하고 관대하며 희생적이지만 적극성이 부족하고 지나치게 순응적이다. 타인에게 희생당하고 이용당할 우려가 있고 스트레스를 내면으로 삭이고 해소하지 못한다.
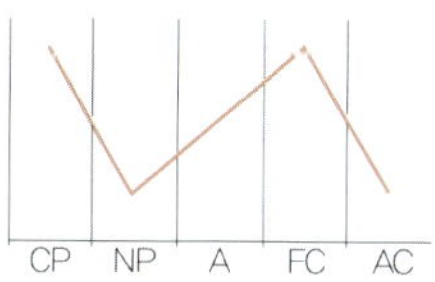	출세지향형 (역N형)	적극적이지만 자기중심적이며 욕심이 많다. 자신은 항상 옳다고 생각하고 자기반성이 부족하다. 유용한 인재가 될 가능성과 죄를 저지를 가능성을 동시에 지닌다.
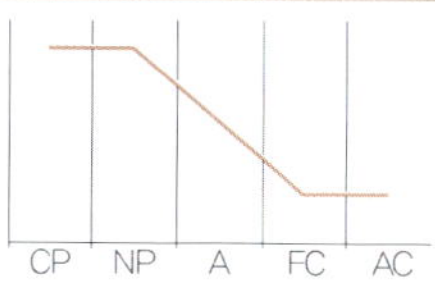	내리막형 (완고형)	자신과 타인에 대하여 모두 엄격하다. 보수적이고 완고하며 상식 밖의 일은 절대 하지 않는 완벽주의자이다. 융통성과 인정이 부족하고 메마른 생활을 한다.
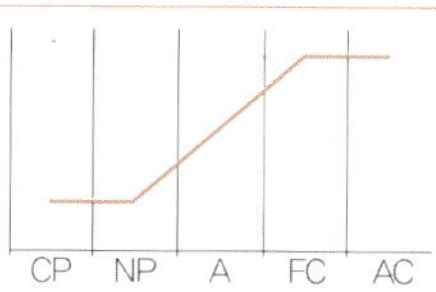	오르막형 (정서불안형)	자유분방하고 호기심이 강하며 창의력이 있으나 책임감이나 독립심이 약하다.

3) 인간의 욕구와 스트로크

(1) 인간의 욕구

교류분석에서는 인간이 다른 사람과 교류하는 이유는 욕구 충족을 위해서라고 본다. 그리고 사회적 관계에서 타인으로부터 받는 인정 자극인 스트로크(stroke)를 통해 이 욕구를 충족할 수 있다고 보았다. 번은 인간의 기본욕구를 자극 갈망, 인정 갈망, 구조 갈망, 입장 갈망의 네 가지로 구분하였다.

① 자극 갈망

유기체는 자극을 추구하고자 하는 기본욕구를 가지고 있다. 인간은 사회적 동물이기 때문에 사회적 관계에서 타인으로부터의 자극, 즉 관심과 접촉을 필요로 한다. 자극 갈망(stimulus hunger)은 다른 사람들로부터 신체적 접촉(skinship)을 받고 싶어 하는 욕구를 의미한다. 어린아이부터 성인에 이르기까지 모든 인간은 타인으로부터 신체적 접촉을 통해 친밀감을 얻고 싶어 하는 욕구가 있다. 아이가 성장하여 점차 성인이 되어 가면서 자극 갈망의 통로는 신체적인 것에서 언어적인 것으로 대치되어 간다. 그러나 접촉과 자극의 욕구는 여전히 남아있다.

② 인정 갈망

인정 갈망(cognition hunger)은 다른 사람들로부터 정서적인 자극을 받거나 주의를 끌게 되기를 원하는 욕구를 의미한다. 인간은 누구나 다른 사람들로부터 인정받기를 원한다. 인정 갈망은 상대방의 존재를 인정해 주는 데 사용되는 언어적·비언어적 표현 등을 포함하는 모든 행동의 총체를 의미한다. 어린 시절에 자극 갈망과 인정 갈망의 욕구에 굶주리게 되면 신체적·정신적 성장과 발달에 문제가 생길 수 있다. 즉, 갈망에 대한 적절한 스트로크를 받지 못하면 성장 후에도 문제를 발생시킬 수 있다. 또한 사람들은 긍정적 스트로크를 받지 못하면 부정적 스트로크라도 받으려고 한다. 그 이유는 스트로크가 전혀 없는 것, 즉 무관심보다는 부정적 스트로크가 더 낫기 때문이다.

③ 구조 갈망

사람들은 자신에게 주어진 시간을 어떻게 보낼 것인지를 찾고 발달시키려는 욕구가 있다. 구조 갈망(structure hunger)이란 스트로크를 극대화할 수 있는 방향으로 시간을 활용하고자 하는 욕구를 말한다. 사람들은 스트로크를 최대한 많이 받기 위한 방향으로 자신의 시간을 구조화한다. 사람들이 사회적으로 시간을 구조화하는 방법은 폐쇄, 의례, 활동, 소일, 게임, 친밀의 여섯 가지로 구분할 수 있다.

첫째, 폐쇄(withdrawal; 철회, 철수, 차단)는 다른 사람들과 인간관계를 하지 않고 혼자서 시간을 보내면서 공상이나 상상을 통해 스트로크를 얻는 시간 구조화 방법이다. 타인으로부터 얻는 스트로크를 포기하고 자기애(narcissism) 속에 숨어서 현실을 도피하거나 다른 사람들과의 관계를 차단하고 혼자서 은둔한다.

둘째, 의례(ritual; 의식, 의례적 행동)는 다른 사람들과 인습적이고 피상적인 행위를 통해 스트로크를 교환하는 시간 구조화 방법이다. 이웃 간 일상적으로 하는 인사, 입학식, 졸업식, 결혼식, 예배나 종교의식, 제사 등과 같은 의례적 행동이나 다양한 의식들이 그 예이다. 의례는 정형화된 시간을 보낼 수 있어서 비록 낮은 수준이지만 안전한 형태의 스트로크를 얻을 수 있다.

셋째, 활동(activity)은 두 사람 이상이 대체로 생산적이고 창조적인 활동을 함께 함으로써 스트로크를 주고받는 시간 구조화 방법이다. 학생들의 조별 과제 수행, 직장에서 동료들과의 과업 수행, 각종 사회활동, 봉사활동이나 동호회 등이 그 예이다.

넷째, 소일(pastime; 여흥)은 특별한 목적 없이 다른 사람과 함께 지내면서 스트로크를 주고받는 방법이다. 친한 친구나 친척들과의 모임, 직장 동료들과 잡담 등이 그 예이다.

다섯째, 게임(game)은 신뢰와 애정이 뒷받침된 진실한 교류가 이루어지지 않은 경우의 시간 구조화 방법이다. 즉, 게임은 겉과 속이 다른 이중적 교류를 하는 것을 말한다.

여섯째, 친밀(intimacy; 친교)은 서로 신뢰하고 우호적인 관계 속에서 솔직하고 개방적인 태도로 자기 생각, 감정, 경험 등에 대하여 함께 나누는 시간 구조화 방법이다. 친밀은 교류분석이 목표로 하는 가장 이상적인 시간 구조화 방법이다. 그러나 사람들은 배신에 대한 두려움 때문에 친밀한 관계의 형성을 피하는 경우도 많다.

④ 입장 갈망

입장 갈망(position hunger)이란 삶의 입장, 즉 생활자세(life position)를 가지려는 욕구이다. 위의 세 가지 심리적 욕구(자극 갈망, 인정 갈망, 구조 갈망)를 기반으로 입장 갈망이 생긴다. 인간은 심리적 자각이 생길 때 개인의 입장이 생기게 되고 삶의 입장을 가지려는 욕구를 가지게 된다. 삶의 입장은 생애 초기에 주로 부모나 양육자의 양육태도에 의해 무조건적이고 무비판적으로 받아들여진 감정이나 인상에 기초하여 형성된다. 인간은 삶의 입장을 바탕으로 자신과 타인에 대한 긍정적 혹은 부정적 생활자세를 형성한다. 구체적인 생활자세의 유형은 뒤에서 설명하기로 한다.

(2) 스트로크

스트로크(stroke)는 다른 사람의 존재를 인정하거나 관심을 표현하는 언어적 또는 비언어적 반응을 의미한다. 우리말로는 '인정 자극' 또는 '어루만짐'이라고도 하는데, 한 인간이 다른 인간에게 주는 관심과 반응을 스트로크라고 한다. 교류분석에서는 인간이 타인과의 교류를 통해 인정받고자 하는 본능적 욕구를 가지는데, 이 욕구를 충족하는 행위가 스트로크라고 본다. 스트로크는 피부 접촉, 표정, 감정, 태도, 언어, 기타 여러 형태의 행동을 통해서 상대방의 존재를 인정하는 모든 행위를 포함한다. 스트로크는 신체적-상징적 스트로크, 긍정적-부정적 스트로크, 조건적-무조건적 스트로크로 구분할 수 있다(권재환 · 권성복, 2022).

① 신체적 스트로크와 상징적 스트로크

신체적 스트로크는 물리적인 접촉을 통한 인정과 관심 표현을 말한다. 포옹, 손잡기, 쓰다듬기, 어깨를 두드리는 행위 등을 포함한다. 상징적 스트로크는 언어적 또는 비언어적 표현을 통한 관심 표현을 의미한다. '고마워.', '수고했어.', '네가 있어서 든든해.' 등과 같은 언어적 표현, 그리고 눈빛, 표정, 미소, 고개 끄덕임 등과 같은 비언어적 표현을 포함한다.

② 긍정적 스트로크와 부정적 스트로크

긍정적 스트로크는 상대방의 존재를 인정하거나 가치를 높이는 긍정적인 관심 표현이다. 긍정적 스트로크는 '나는 네가 좋아!', '정말 잘했어!', '너의 도움 덕분에 일이 잘 풀렸어.' 등과 같은 말이나, 상대방에게 미소를 짓거나 격려하는 손짓 등과 같은 비언어적 표현을 포함한다. 부정적 스트로크는 상대방에게 비판적이거나 부정적인 관심을 전달하지만, 상대방의 존재를 인식하는 스트로크이다. '나는 네가 싫어!', '너는 바보 같구나!', '왜 그렇게밖에 못해?', '너는 항상 실수하는구나!' 등과 같은 말이나, 화난 표정이나 짜증 섞인 한숨 등과 같은 부정적인 비언어적 표현을 포함한다. 부정적 스트로크는 관계에 부정적 영향을 미칠 수 있지만, 무시당하는 것보다는 더 낫게 인식되는 경우가 많다.

③ 조건적 스트로크와 무조건적 스트로크

조건적 스트로크는 특정한 행동이나 성과에 따라 조건부로 주어지는 스트로크이다. '네가 내 말을 잘 들으면 맛있는 거 사줄게.', '시험에서 1등을 하면 외식하자.', '오늘 업무를 잘 마무리했구나.' 등 '네가 ~하면 나도 ~해줄게.'와 같이 어떤 조건을 충족했을 때 주어진다. 무조건적 스트로크는 특정 행동과 관계없이 상대방의 존재 자체를 인정하고 수용하는 스트로크이다. '네가 있어서 정말 행복해.', '너는 참 좋은 사람이야.' 등처럼 '네가 어떠하든 상관없이 나는 너를 ~해.'와 같이 조건 없이 주어진다.

4) 생활자세와 인생각본

사람들은 어린 시절에 부모 또는 양육자의 양육태도에 따라 자신과 타인 및 세상에 대한 기본적인 생활자세(life position)를 형성하게 된다(Berne, 1964). 생활자세는 자기 자신과 타인을 지각하는 데 있어 본질적인 가치를 부여하는 것으로,

생애 초기에 형성된 생활자세는 일생을 걸쳐 지속된다. 그리고 사람들은 자신의 생활자세에 맞추어 인생각본(script)을 형성해 나간다.

(1) 생활자세

어린 시절에 긍정적인 양육을 받으면서 자란 사람은 자신이 가치 있고 충분히 사랑받을 만한 사람이라는 생각을 하게 되어 인간관계에서도 타인을 신뢰하고 존중하는 태도를 형성하는 등 긍정적인 생활자세를 형성해 나간다. 반면 생애 초기에 부정적인 양육이나 방임을 받고 자란 사람은 자신을 가치 없는 존재로 인식하게 되고 타인에 대해서도 부정적 인식을 가지는 등 부정적인 생활자세를 형성해 나간다.

어떤 생활자세를 형성하는 데 영향을 미친 경험 그 자체는 지워버릴 수 없다. 그러나 부정적인 생활자세는 새로운 생활자세로 바꿀 수 있다. 자신의 생활자세가 어느 것인지를 알고 문제점을 이해한다면, 그 태도에서 벗어나서 긍정적인 생활자세로 바꿔야겠다는 결심을 하고 그것을 실행할 수 있다. 자신과 타인에 대한 긍정적 생활자세와 부정적 생활자세를 조합하면 자기긍정-타인긍정, 자기긍정-타인부정, 자기부정-타인긍정, 자기부정-타인부정이라는 네 가지 생활자세가 나온다(Berne, 1964; Harris, 1971). 자기긍정-타인긍정을 제외한 나머지 세 가지 생활자세는 부적응적이다(Harris, 1969).

① 자기긍정-타인긍정

자기긍정-타인긍정(I'm OK, You're OK)은 자신과 타인을 모두 긍정적인 존재로 보는 생활자세이다. 이는 자기 자신을 소중한 사람이라고 생각하고 존중하며, 타인과도 평등하고 바람직한 관계를 형성하는 건강한 생활자세이다. 자기긍정-타인긍정의 생활자세를 가진 사람은 신뢰, 협력, 공존, 희망, 낙관 등으로 표현되는 건강한 인생관의 소유자이다.

② 자기긍정-타인부정

자기긍정-타인부정(I'm OK, You're not OK)은 자신은 긍정적으로 보지만 타인을 부정적으로 보는 생활자세이다. 생애 초기에 양육자로부터 오랜 시간 동안 심한 신체적 학대나 지독한 처벌을 받은 어린아이는 자신이 의지할 곳이 없고 자기를 도와줄 사람이 아무도 없다는 생각을 가지는 대신에 자기 자신에게 의지하고 위안을 얻고자 한다. 이런 태도가 고착되면 항상 자신이 옳고 타인은 그르며, 모든 책임을 타인에게 돌리고 강박증적 경향을 보인다. 그 결과, 강한 자기애로 인해 독선, 배타, 비난, 증오 등으로 표현할 수 있는 심각한 이기주의적 경향으로 나아가게 된다. 겉으로는 자신을 신뢰하고 긍정적인 존재로 보는 것 같지만, 속으로는 슬프고 불행감을 느끼며 세상에 대해 방어적인 자세를 취한다. 허세가 심하고 공격적이어서 인간관계에서 어려움이 생기면 타인을 제거하려는 경향을 보인다.

③ 자기부정-타인긍정

자기부정-타인긍정(I'm not OK, You're OK)은 자신을 부정적으로 보고, 타인을 긍정적으로 보는 생활자세이다. 생애 초기에 어린아이는 자신의 욕구 충족을 위해 타인에게 의존하게 되는데, 이때 타인은 자유롭고 자기 생각대로 행동할 수 있는 존재지만 자신은 열등하다고 생각하게 된다. 그런데 성장하면서 자기 행동에 실패가 반복되고 타인으로부터 신체적·정신적 스트로크를 만족스럽게 받지 못하면 성장한 후에도 이와 같은 생활자세가 계속 이어질 수 있다. 이러한 생활자세는 자신을 가치 없고 무기력한 존재로 여기고, 타인 앞에서는 위축이 되거나 벗어나려고 하며, 자기보다 강한 사람에게 의존하려는 태도를 보인다. 주로 우울한 사람들이 가지고 있는 생활자세이다.

④ 자기부정-타인부정

자기부정-타인부정(I'm not OK, You're not OK)은 자신과 타인을 모두 부정적으로 보는 생활자세이다. 생애 초기에 긍정적인 양육을 받지 못하는 경우 자신과 타인 모두 가치가 없다고 생각하고 열등감과 무력감 속에서 살아간다. 이러한 생활자세는 자기 삶 자체를 무의미하고 절망적이라고 생각하기 때문에 인생의 목표도 없고 타인과 세상에 대해 분노와 적의를 품고 살아간다. 불신, 포기, 절망 등으로 표현된다.

(2) 인생각본

교류분석에서는 성격의 형성 과정을 인생각본(life-script)이라는 용어를 통해 설명한다. 인생각본이란 어린 시절에 작성되어 부모에 의해 강화되고, 경험하는 사건들을 통해 정당화되어서 결국 삶의 한 방법으로 선택한 개인의 인생계획을 의미한다(Berne, 1972). 인생각본은 개인이 인생을 살아가는 데 하나의 기본 틀로 작용하여 이 각본에 따라 자신의 삶을 만들어 간다. 즉, 인생각본은 한 개인이 자기 일생을 살아갈 인생계획이다. 인생각본은 개인이 스스로 만드는 것이 아니라 생애 초기에 어린이 자아상태(C)에서 내린 초기결정(early decision)을 바탕으로 형성된다. 수많은 초기결정을 통해 생활자세가 형성되고, 이것이 결국 인생각본으로 발전하게 되어 개인의 생활 양상으로 나타난다.

인생각본은 무의식적인 것이므로 개인이 의식하지 못하지만, 자기가 만든 인생각본에 따라 세상을 살아가게 되고, 개인의 성격 형성, 대인관계, 세상을 바라보는 관점 등에 결정적인 영향을 미친다. 인생각본은 타인과의 상호작용이나 살면서 하게 되는 다양한 경험에 의해 강화되기도 하고 수정되기도 한다. 그러나 맨 처음 작성된 인생각본은 나중에 만들어지는 인생각본의 기초가 되기 때문에 강력한 새로운 경험을 반복적으로 하지 않는 한 쉽게 바뀌지 않는다. 인생각본은 다음과 같이 세 가지 각본 내용과 여섯 가지 각본 과정으로 구성된다.

① 각본 내용

각본 내용(script content)은 크게 승리자 각본, 비승리자 각본, 패배자 각본으로 나눌 수 있다. 여기서 승리자(winner)는 자신의 목표를 달성하는 사람이다. 승리자 각본(winner's script)은 인생의 목표를 스스로 정하고 최선을 다해 성취하며 양육적 어버이 자아(NP) 기능이 강하게 나타난다. 다음으로 비승리자(non-winner)는 승리자와 패배자의 중간에 놓인 사람이다. 비승리자 각본을 가진 사람은 패배자와 같이 삶을 포기하고 살지는 않지만 그렇다고 승리자와 같이 높은 목표를 가지고 있지도 않아서 선도자(leader)로 살기보다 추종자(follower)로 사는 데 만족한다. 비판적 어버이 자아(CP)의 지시에 충실하며, 인생의 목표도 다른 사람과 비슷한 수준에 도달하면 만족한다. 패배자(loser)는 자신의 목표를 달성하지 못한 사람을 의미한다. 부모의 금지령(injunction)에 의해 지배받는 각본으로, 인생의 목표는 달성하지 못하는 것으로 생각하고 과거의 실패에 얽매이며 일이 잘못되면 다른 사람에게 책임을 전가한다.

패배자 각본은 결말의 심각성에 따라 1급에서 3급까지로 나눌 수 있다. 1급 패배자는 경미한 실패나 상실을 경험하며, 학생의 경우 다양한 학교 부적응을 나타낸다. 2급 패배자는 직장에서의 해고, 우울증, 학교 정학 또는 퇴학 등 다른 사람들에게 드러내기 부끄러운 수준의 문제를 나타낸다. 3급 패배자는 사망, 심각한 상해나 질병, 법정 구속, 자살 등과 같은 심각한 문제를 나타낸다.

② 각본 과정

위에서 살펴본 바와 같이 각본 내용은 승리자 각본, 비승리자 각본, 패배자 각본의 세 가지로 구분되지만, 개개인의 구체적인 각본 내용은 사람마다 모두 다를 수 있다. 그런데 사람들은 각자 자신의 인생각본에 따라 살아가는 과정에서 일정한 방식을 가지고 있다. 이러한 방식은 각본 과정(script process)을 통해 나타난다. 각본 과정은 인생각본에 따라 살아가는 방식을 의미하는데, 전형적인 각본 과정으로는 까지 각본, 그 후 각본, 결코 각본, 항상 각본, 거의 각본, 텅 빈 각본 등 여섯 가지가 있다.

첫째, 까지(until) 각본은 개인이 어떤 조건이 충족될 때까지 행복하거나 성공할 수 없다고 믿는 각본이다. '학업을 마치기 전까지는…', '직장을 갖기 전까지는…', '내 집 마련을 하기 전까지는…' 등과 같이 특정 시점 전까지는 원하는 인생을 사는 것을 유보하는 사람들의 각본 과정이다. 예컨대, 중년 부부가 "자식을 다 키운 후에 해외여행을 해야지."라고 생각하는 것, 취업 준비생이 "취직하기 전까지 나는 진정 행복할 수 없어." 등과 같이 특정 목표에 도달하기 전까지 자신을 불행하게 만들거나 제한한다. 이 각본을 가진 사람은 현재를 즐기지 못하고 끊임없이 미래의 목표에 집착한다. 목표를 달성해도 또 다른 조건을 설정하며 불만족이 이어질 수 있다.

둘째, 그 후(after) 각본은 인생 어느 시점 이후에 좋지 않은 일이 일어날 것이라는 믿음을 가진 각본이다. 예컨대, "결혼하고 나면 구속뿐이야.", "아이를 낳고 나면 내 꿈을 포기해야 해.", "졸업하고 사회에 나가면 고생뿐이야." 등과 같이 특정 시점 이후의 삶을 부정적이고 암울하게 생각하는 사람들의 각본 과정이다. 이 각본을 가진 사람은 특정 사건 후에 불행이 올 것이라고 예상하며 자기 자신을 제한한다. 이로 인해 중요한 결정을 내리는 데 두려움을 가진다.

셋째, 결코(never) 각본은 자신이 어떤 일을 절대 이루지 못할 것이라고 믿는 각본이다. 예컨대, "나는 결코 사랑받을 수 없어.", "나는 절대 성공하지 못할 거야.", "내 처지에 그런 일이 있겠는가?", "내가 가장 원하는 것은 결코 가질 수 없을 거야." 등과 같이 자신이 원하는 일은 결코 이루어지지 못할 것이라는 생각을 하는 사람들의 각본 과정이다. 이 각본은 자기존중감과 관련된 문제를 유발할 수 있다. 이 각본을 가진 사람은 자기 자신을 부정적으로 바라보고, 자신의 가능성 자체를 차단한다. 당면한 과업이 있어도 도전에 대한 두려움으로 인해 미리 좌절하여 시도조차 하지 않는 경우가 많다.

넷째, 항상(always) 각본은 특정한 사건이나 경험이 항상 반복될 것이라는 생각을 하는 각본이다. 예컨대, "나는 항상 실패해.", "나는 늘 재수가 없어.", "사람들은 항상 나를 무시해.", "왜 나에게는 항상 이런 일만 일어나는지 모르겠어." 등과 같이 불평이나 넋두리하면서도 변화할 생각을 하지 않고 사는 사람들의 각본 과정이다. 이 각본은 부정적 경험을 반복하게 만들며, 새로운 변화의 시도를 방해한다. 이 각본을 가진 사람은 과거에 일어났던 일이 계속 이어질 것이라고 믿는 자기충족적 예언(self-fulfilling prophecy)에 빠지며, 고정된 삶 속에 갇히게 된다.

다섯째, 거의(almost) 각본은 어떤 일을 거의 해놓고 직전에 포기하거나, 성공을 앞두고 계속해서 실패를 되풀이하는 각본이다. 예컨대, "시험에 거의 합격할 뻔했는데 결국 떨어졌어.", "이번 계약은 거의 성사되었는데 막판에 깨져버렸어." 등과 같이 목표에 거의 도달하지만 마지막 순간에 실패하는 경험을 반복한다. 이 각본은 성공 직전에 자기 자신을 방해하는 경향을 보인다. 이 각본을 가진 사람은 큰 기회를 잡을 수 있는 순간에 불안을 느끼고 무의식적으로 자멸적 행동을 한다.

여섯째, 텅 빈(open-ended) 각본은 뚜렷한 결말이 없는 각본을 의미한다. 연극 각본의 마지막 부분이 없어진 것과 같이, 특정 시점 이후의 삶의 계획이 텅 비어 있어서 무엇을 해야 할지 모르는 사람들의 각본 과정이다. 예컨대, "앞으로 어떻게 될지 모르겠어.", "내 인생의 끝을 상상할 수 없어." 등과 같이 미래에 대한 명확한 계획이나 목표가 없으며, 삶의 방향이 불분명하다. 자식들이 출가한 후 빈둥지 증후군을 느끼는 부모, 평생 다니던 직장에서 은퇴 후에 해야 할 일을 찾지 못하여 우울감에 빠진 사람도 텅 빈 각본을 가진 사람들의 예이다. 이 각본을 가진 사람은 주도적으로 목표를 설정하거나 미래를 계획하지 못한다. 이로 인해 우유부단함과 무기력에 빠질 수 있다.

(3) 인생각본에 따른 문제

인생각본에 따라 살다보면 여러 가지 문제에 직면하게 된다. 사람들은 문제에 직면했을 때 대개 두 가지 방법으로 대처한다. 첫째는 개인의 어른 자아상태(A)에서 현실상황에 맞게 적절하게 대처하는 것이고, 둘째는 부정적인 어버이 자아상태(P)의 편견을 따르거나, 또는 어린이 자아상태(C)에서 인생각본에 따라 반응하는 것이다. 교류분석 이론에 나오는 인생각본에 따라 나타날 수 있는 대표적인 문제로 평가절하와 재결정이 있다.

① 평가절하

교류분석에서는 문제해결에 필요한 정보를 자기도 모르게 무시하는 현상을 평가절하(discount)라고 한다. 평가절하란 자신이나 타인 또는 세상을 지각할 때 자기 자신의 각본에 맞추기 위해 현실의 특정 측면을 보지 못하는 것 현상이다. 평가절하는 내면에서 일어나는 일이기 때문에 직접 관찰할 수는 없지만 문제상황에 아무 조치도 하지 않고 방치하거나, 과잉 적응하거나, 짜증을 내거나, 폭력을 행사하는 등의 행동을 통해 간접적으로 알 수 있다. 평가절하의 종류는 문제의 존재에 대한 평가절하, 문제의 중요성에 대한 평가절하, 문제의 해결 가능성에 대한 평가절하, 자기 능력과 책임에 대한 평가절하가 있다.

② 재결정

인간은 생애 초기에 삶에 대한 초기결정을 내린다. 이 초기결정이 생활자세의 토대가 되고 이에 근거한 인생각본을 가지고 살아간다. 그런데 자신의 초기결정이 비현실적이거나 불합리하다는 것을 깨닫게 되면 자신에게 더 유익한 방향으로 새로운 결정을 내리게 된다. 이를 교류분석에서는 재결정(redefining) 혹은 재정의라고 부른다. 어른 자아상태(A)에서 현실에 맞는 재결정은 합리적일 수 있지만, 어버이 자아상태(P)의 편견이나 어린이 자아상태(C)의 각본을 맞추기 위해 현실을 왜곡하는 재결정은 부정적이다. 예컨대, 어린 시절에 "사람들의 말을 함부로 믿어서는 안 된다."라는 말을 많이 듣고 자라면, 어버이 자아상태(P)의 편견으로 인해 다른 사람의 말을 믿지 않으려고 한다.

5) 각본 매트릭스

각본 매트릭스(script matrix)란 어린 시절 부모와의 상호작용 속에서 형성되는 인생각본의 형성 과정을 시각적으로 표현한 것이다. 각본 매트릭스는 교류분석학자인 스타이너(Steiner, 1974)가 생애 초기에 부모나 의미 있는 타인들로부터 전달되는 각본 메시지가 자녀의 각본 형성에 영향을 미치는 과정을 분석하기 위하여 개발한 것이다. 각본 매트릭스는 한 개인이 어떤 방식으로 자신과 타인에 대한 신념과 행동 방식을 배우는지, 그리고 생애 초기에 형성된 인생각본이 개인이 성장한 뒤에도 어린 시절에서 사용했던 삶의 전략들에서 벗어나지 못하는지에 대한 이유를 설명한다.

각본 매트릭스에서는 부모가 자녀에게 전하는 각본 메시지를 다음과 같이 구분한다. 먼저 부모의 어린이 자아(C)에서 자녀의 어린이 자아(C)로 전달되는 메시지를 '허용'과 '금지령'으로 구분한다. 부모의 어른 자아(A)에서 자녀의 어른 자아(A)로 전달되는 메시지를 '프로그램'이라고 하고, 부모의 어버이 자아(P)에서 자녀의 어버이 자아(P)로 전달되는 메시지를 '대항금지령'이라고 한다. 이 메시지 중 '금지령'과 '대항금지령'이 자녀의 성장과 발달에 문제가 된다.

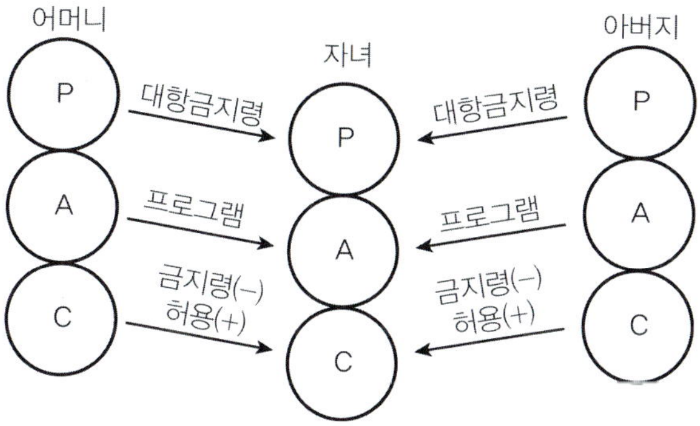

┃그림 13-3┃ 각본 매트릭스

(1) 금지령

부모의 어린이 자아(C)에서 자녀의 어린이 자아(C)로 전달되는 메시지가 긍정적인 스트로크를 보내면 허용(permission)이라고 하고, 부정적인 스트로크를 보내면 금지령(injunction)이라고 한다. 자녀는 부정적인 스트로크를 금지령으로 지각하여 부정적인 초기결정을 하게 된다. 부정적인 초기결정의 토대가 되는 금지령들은 대개 '하지 마라(don't)'의 메시지를 담고 있다. 자녀가 금지령을 따를 것인가 말 것인가는 자신이 결정한다. 그리고 어떤 금지령을 수용하게 되면 그것이 그 사람 성격 구조의 일부분이 되어버린다. 굴딩과 굴딩(Goulding & Goulding, 1979)은 전형적인 열두 가지 금지령을 제시하였다.

① 존재하지 말라

존재하지 말라(don't exist(be))는 자녀의 출생을 바라지 않았던 부모가 자녀에게 전달하는 메시지이다. "너를 낳지 말았어야 했는데…", "너만 아니었다면 내가 학업을 계속할 수 있었을 텐데…" 등과 같은 언어적 또는 비언어적 메시지는 부모가 자녀를 크게 원망하는 마음이 없다 하더라도, 자녀는 이를 "네가 없었다면 내가 더 행복했을 텐데…"라는 의미로 이해하게 된다. 이 금지령은 자녀에게 슬픔과 절망감을 가지게 하여 "죽는 한이 있더라도 나를 사랑하도록 만들 것이다." 또는 "뜻대로 되지 않으면 죽을 것이다."라는 초기결정을 할 가능성을 높인다. 금지령 중 가장 치명적이다.

② 가까이 오지 말라

가까이 오지 말라(don't be close)는 신체적 접촉을 싫어하는 부모들에게 흔한 금지령이다. 자신이 너무 바빠서 자녀와 놀아주지 못하는 부모에게서도 볼 수 있는 금지령이다. 이때 자녀는 "사람을 가까이하면 떠나버릴 것이기 때문에 가까이 가지 않을 것이다.", "나는 아무도 믿지 않을 것이다." 등의 초기결정을 할 가능성이 높다.

③ 자라지 말라

자라지 말라(don't grow up)는 자녀가 자신의 슬하에서 벗어나는 것을 원하지 않거나 자녀가 독립하여 부모를 떠날 것을 두려워하는 부모들에게 흔히 나타나는 금지령이다. 이 금지령은 '떠나지 말라(don't leave me)'라는 메시지로 전달되기도 한다. 이때 자녀는 "그래! 계속 아이로 머물러 있자.", "나는 부모에게 사랑을 받기 위해 작고 무기력한 아이로 남을 것이다." 등과 같은 초기결정을 하여 중년이 넘도록 독립하지 않고 부모와 함께 지낼 가능성이 높다.

④ 아이처럼 굴지 말라

아이처럼 굴지 말라(don't be a child)는 어린 시절에 아이처럼 행동하지 못하도록 제지를 받았거나 아이처럼 행동할 때 위협을 느낀 경험이 있는 부모에게 흔히 볼 수 있는 금지령이다. 이때 자녀는 "나는 항상 성숙하고, 아이 같은 짓은 하지 않을 것이다." 또는 "남을 먼저 돌보고, 내게 필요한 것은 청하지 않을 것이다." 등의 초기결정을 할 가능성이 높다.

⑤ 아무것도 하지 말라

아무것도 하지 말라(don't do anything)는 자녀가 위험에 처할까 두렵거나 겁이 많은 부모에게 흔한 금지령이다. 이때 자녀는 "나 혼자 결정해선 안 된다.", "사람들이 시키는 대로 하면 된다." 또는 "다시는 나 혼자 결정하지 않을 거야." 등의 초기결정을 할 가능성이 높다.

⑥ 네가 아니었으면

네가 아니었으면(don't be you)은 "네가 아들이었으면 좋았을 텐데…", "네가 딸이었으면 좋았을 텐데…" 등과 같이 아들을 원하는데 딸이 태어났거나, 딸을 원하는데 아들이 태어났을 때 흔히 나타나는 금지령이다. 이때 자녀는 "내가 딸(혹은 아들)로 태어난 것이 부끄럽다.", "남자(혹은 여자)처럼 살자." 등의 초기결정을 할 수 있다. 이 금지령은 "네가 다른 아이였으면…"이라는 금지령으로 변형되기도 한다. 이 메시지는 "내가 어떤 사람이 되거나 어떤 일을 해도 마음에 들지 않을 거야." 라는 초기결정을 하게 될 가능성이 높다.

⑦ 성공하지 말라

성공하지 말라(don't make it)는 자녀의 성공이나 유능함을 질투하는 부모가 어린이 자아상태(C)에서 자녀에게 보내는 금지령이다. 이런 부모는 겉으로는 성공하라고 말하면서 무의식에서는 성공하지 말라는 금지령을 주기 쉽다. 이때 자녀는 "부모님이 옳아. 나는 제대로 할 줄 아는 것이 없어.", "나는 부모님에 비하면 유능하지 않아."라는 초기결정을 하여 충분히 성공할 수 있는 일도 실패를 자초한다.

⑧ 중요한 인물이 되지 말라

중요한 인물이 되지 말라(don't be important)는 "너는 모르니까 가만히 있어.", "너는 어리니까 나서지 마." 등과 같이 자녀를 무시하는 부모가 보내는 금지령이다. 이 금지령을 따르는 사람은 다른 사람들 앞에 나서야 할 때 자신이 해야 할 말을 잊어버리거나 나서지 못한다. 직장이나 조직 내에서 다른 사람이 시키는 일은 잘해도 성공이나 승진 기회를 회피하려고 한다.

⑨ 소속되지 말라

소속되지 말라(don't belong)는 자녀에게 "너는 다른 아이들과 다르다.", "너는 유난히 까탈스럽다.", "너는 유별나다." 등의 메시지를 주는 부모에게 나타나는 금지령이다. 이 금지령을 받은 사람은 "아무도 나를 좋아하지 않을 것이다.", "어느 곳에서도 편할 수 없을 것이다."라는 초기결정을 하기 쉽다. 이런 사람은 고독감과 고립감을 느끼고 비사교적인 사람이 될 가능성이 높다.

⑩ 건강하지 말라

건강하지 말라(don't be well)는 평소에는 자녀에게 관심을 보이지 않다가 자녀가 아파 누워있을 때만 돌봐주는 부모는 자신도 모르게 "건강해서는 안 된다."라는 금지령을 보내게 된다. 이때 자녀는 "내가 관심을 얻으려면 아파야 해."라는 결정을 할 수 있다. 이 결정을 한 사람은 인간관계나 직장에서 어려움에 직면하면 아파서 드러눕는 각본 전략을 사용할 가능성이 높다.

⑪ 생각하지 말라

생각하지 말라(don't think)는 자녀의 생각을 하찮게 여기고 무시하는 부모에게 나타나는 금지령이다. "네가 뭘 알아?", "내가 알아서 해줄게." 등과 같은 메시지를 받고 자란 사람은 문제에 봉착하면 혼란을 느끼고 부정적 감정에서 사로잡히게 되어 문제해결 전략을 발달시키지 못한다.

⑫ 감정을 느끼지 말라

감정을 느끼지 말라(don't feel)는 "쓸데없이 울지 말고 공부해.", "뭐가 아파? 울지 마.", "그까짓 게 뭐가 무서워?" 등과 같이 자녀의 감정 표현을 억압하는 부모에게 나타나는 금지령이다. 이 금지령을 받고 자란 사람은 감정을 느껴서는 안 된다는 초기결정을 내리고, 자신의 감정을 숨기거나 감정 표현의 어려움을 느끼게 된다.

(2) 대항금지령

대항금지령(counterinjunction)은 부모의 어버이 자아상태(P)에서 자녀의 어버이 자아상태(P)로 전달되는 메시지이다. 대항금지령은 자녀가 잘되기를 바라는 부모의 마음에서 자녀가 지켜야 할 명령들이다. 대항금지령은 주로 '해야 한다(shoulds, oughts)' 또는 '하라(dos)'는 명령이나 세상에 대한 정의들로 구성된다. 대항금지령은 대개 부모의 긍정적인 생각이나 감정을 표현한 것이지만, 자녀들이 이에 따르기 거의 불가능한 메시지들이다.

대표적인 대항금지명령은 다음과 같다. "완전하라, 완벽하게 하라(be perfect).",

"강해져라(be strong).", "열심히 하라(be hard, try hard).", "기쁘게 하라(please people).", "서두르라(hurry up)." 이 다섯 가지 메시지는 동서고금을 막론하고 나타나는 대항금지령들이다. 동양 문화권에서 많이 나타나는 대항금지령은 다음과 같다. "내가 너에게 기대하는 것을 하라(do what I expect of you).", "조심하라(be careful).", "공손하라(be polite)."

대항금지령에 맞춰 자녀가 내리는 결정들을 대항각본(counterscript)이라고 한다. 대항각본을 적절하게 사용하면 일상생활의 적응에 도움이 된다. 그러나 대항금지령을 충동적으로 따르면 심리적·신체적 증상이 형성된다. 이러한 대항금지령을 충동적으로 따르는 것을 드라이버 메시지(driver message)라고 부른다. 대항금지령은 개인에게 높은 기대와 의무를 부과하는 메시지이므로, 기존의 금지령과 충돌하면서 내적 갈등을 유발한다. 예컨대, 자녀가 "너는 완벽해야 해.", "너는 절대 실패하면 안 돼."라는 대항금지령을 받으면 끊임없이 노력해서 완벽을 추구하고 실패하면 안 된다는 부담감을 가지게 된다. 그러나 이와 동시에 자녀는 무의식적으로 "나는 절대로 잘할 수 없어."라는 금지령을 가지고 있을 수 있다. 이때 자녀는 완벽을 추구하지만, 항상 불안과 좌절을 경험하게 된다. 이와 같이 대항금지령은 높은 목표와 의무감을 부여하고, 종종 무리한 요구가 되어 심리적 압박으로 인한 불안과 무기력에 빠지거나, 심한 경우에는 자기부정과 갈등, 자기 파괴적 행동을 반복할 수 있다.

6) 게임과 라켓 감정

(1) 게임

교류분석에서는 대인관계에서 쌍방 간에 명백한 희생이 예상되는 이면적 교류를 하는 것을 게임(game)이라고 부른다. 즉, 게임은 내면의 감정대립을 은폐하고 상대방과 숨겨진 동기를 가진 이면적 교류를 반복하여 결국은 불쾌 감정을 유발하는 심리적 게임을 말한다. 사람들이 불쾌한 감정을 느끼면서도 게임을 반복하는 이유는 자신이 원하는 스트로크를 얻기 위하거나 자신의 인생각본을 따르기 위함이다. 게임은 자신도 모르게 무의식적으로 일어나기 때문에 자기가 게임을 하고 있는지 알아차리기 어렵다. 어떤 종류의 게임이든 게임을 하는 사람들은 박해자, 희생자, 구원자 세 가지 중 한 역할을 맡는다.

박해자(persecutor)는 타인을 비난하거나 공격하며, 권위적이고 통제적인 태도를 보인다. 예컨대, "너 때문에 일이 이 모양이야!"와 같은 말을 통해 상대방을 not-OK로 보고 무시하고 억누른다. 즉, 박해자는 다른 사람을 비난함으로써 자신이 옳고 우월하다는 느낌을 유지한다. 이러한 공격적인 태도는 대인관계를 훼손하고 문제를 악화시킨다.

희생자(victim)는 자기 자신을 무기력한 존재로 여기고 문제해결능력이 없다고 생각한다. 예컨대, "난 아무것도 할 수 없어."와 같이 자신을 not-OK로 보고 자기 자신을 무력한 존재로 여긴다. 희생자는 다른 사람에게 도움을 받거나 주변 사람들의 관심을 끌고자 하는 의도를 가진다. 이러한 무기력하고 수동적인 태도는 문제를 해결하지 못하고, 오히려 상황을 악화시킨다.

구원자(rescuer)는 희생자를 도와주려는 입장이지만 상대방을 not-OK로 보고 무력한 존재로 취급한다. 예컨대, "넌 혼자 못해. 내가 널 도와줄게."와 같이 타인을 도우면서 자신의 가치를 증명하고 인정받으려 한다. 구원자는 지나치게 필요 이상의 도움을 제공하여 희생자가 스스로 문제를 해결할 기회를 박탈하며, 의존적인 관계를 만든다.

박해자와 구원자는 목적은 다르지만 상대방을 not-OK로 보고, 희생자는 자기를 not-OK로 본다. 세 가지 역할은 고정되지 않고 상황에 따라 역할이 바뀔 수 있다. 사람들은 무의식적으로 역할을 바꿔가며 서로를 조종하면서 갈등을 반복한다. 예컨대, 박해자가 희생자를 가해하면, 희생자는 "왜 나한테 이런 일이 생기지?"라고 호소한다. 이때 구원자는 "내가 도와줄게."라고 하며 개입한다. 하지만 박해자가 희생자 탓을 하거나 구원자를 비난하면서 문제를 심화시킨다. 이 과정에서 역할이 변화할 수도 있다. 구원자는 나중에 박해자가 되거나, 희생자는 구원자를 원망하며 상황을 더욱 악화시킨다. 어떤 게임이든 결국은 불쾌 감정이 유발되고, 이 감정이 누적되면 다음에 설명할 라켓(racket) 감정으로 발전하게 된다.

(2) 라켓 감정

교류분석에서는 만성적인 불쾌 감정을 라켓(racket)이라고 부른다. 어린아이들은 부모나 양육자의 사랑과 인정을 받기 위해 허용되지 않는 감정은 억압하고, 허용되는 감정만을 표현하려고 한다. 즉, 스트로크를 받기 위해 자신의 진정한 감정 대신 허용되는 감정만 드러내는 것을 라켓 감정(racket feeling)이라고 한다. 아이는 성장하고 난 후에도 자신의 인생각본에 따라 살면서 지금-여기(now & here)에서 느껴야 할 진정한 감정은 숨기고 어릴 때 허용되었던 감정만을 나타낸다. 물론 이러한 결정은 자기도 모르게 내린다. 그 결과, 불쾌 감정은 누적되어 만성이 되어버린다. 라켓 감정은 개인의 초기결정이나 생활자세 및 인생각본에 영향을 미친다.

라켓 감정을 경험할 때, 이것을 표현하지 않고 자기 내면에 저장하는 것을 교류분석에서는 스탬프(stamp)를 모은다고 부른다. 이렇게 모인 스탬프들은 어떤 기회에 어떻게든 표출이 되는데, 이것을 스탬프의 현금화라고 한다. 스탬프의 현금화란 모아놓은 스탬프에 상응하는 정도의 공격 또는 앙갚음이나 복수를 하는 것을 말한다. '자기긍정-타인긍정'의 생활자세를 가지고 사는 사람들은 대개 스탬프를 모으지 않는다. 이들은 자신을 변명할 필요를 느끼지 않기 때문이다. 그러나 부정적인 생활자세를 가진 사람들은 스탬프를 모으고 특정 시점에서 이것을 현금화한다. 예컨대, 어떤 사람이 직장에서 여러 해 동안 분노의 스탬프를 차곡차곡 모았다가 어떤 시점에 한꺼번에 돌이킬 수 없을 정도로 감정을 폭발하여 해고당하기도 한다.

이처럼 스탬프는 만성적인 불쾌 감정인 라켓과 밀접한 관련이 있다. 누적된 스탬프가 라켓을 형성하기 때문이다. 스탬프가 많이 쌓이면 결국 폭발하거나 불필요한 갈등으로 이어지므로 스탬프가 쌓이지 않도록 자신의 감정을 인식하고 적절히 표현하는 것이 중요하다. 그렇다고 모든 스탬프가 반드시 라켓을 형성하는 것은 아니다. 개인의 어른 자아(A)가 건강하고 제대로 기능하면 라켓으로 연결되지는 않는다.

3. 상담의 실제

1) 상담목표

교류분석적 상담은 개인이 자신의 감정과 행동을 이해하고 다른 사람들과의 의사소통을 개선함으로써 더 건강한 삶을 추구하도록 돕는 데 목표를 둔다. 교류분석적 상담의 궁극적인 목적은 내담자의 자율성 획득이다. 자율성은 현재 자신의 세계에 대한 올바른 이해, 금지령이나 게임에 의존하지 않는 자발적 표현, 다른 사람과 친밀감을 위한 수용능력의 회복을 통하여 실현될 수 있다. 번(Berne, 1972)은 자율적 인간이란 알아차림, 자발성, 친밀감이 삼위일체가 되어 기능하고, 동시에 이를 실천하는 사람이라고 하였다. 즉, 자율적 인간은 과거의 경험들이 개인의 성격 발달에 어떻게 얼마만큼의 영향을 미쳤는지에 상관없이 현재 자기 행동과 생활양식을 보다 적절한 것으로 다시 선택하여 재결정(redefining)할 수 있는 인간을 의미한다.

알아차림(awareness)은 자신의 자아상태 구조와 기능을 이해하는 것이다. 알아차림은 자신의 어른 자아가 다른 자아의 오염에서 벗어나 정상적으로 기능하는지 깨닫게 한다. 자발성(spontaneity)은 여러 자아상태에서 오는 자신의 감정을 선택하고 이를 표현할 수 있는 자유를 의미한다. 즉, 자발성은 어린 시절의 초기결정으로 인한 강박관념이나 심리적 게임에서 벗어나는 것을 말한다. 친밀감(intimacy)은 지금-여기에서 다른 자아로 오염되지 않은 어린이 자아의 자유를 의미한다. 즉, 친밀감은 다른 사람들과의 친숙한 관계와 사랑을 나눌 수 있는 능력을 말한다.

교류분석적 상담의 구체적인 상담목표는 다음과 같이 정리할 수 있다. 첫째, 교류분석적 상담은 세 가지 자아상태의 건전한 발달을 돕는 데 목표를 둔다. 즉, 어른 자아의 정상적인 기능이 어버이 자아나 어린이 자아의 부정적 영향으로부터 자유롭도록 돕는다. 둘째, 다른 사람들과 사회적 관계에서 상보적 교류를 할 수 있도록 돕는다. 내담자의 비효율적이거나 부정적인 의사소통을 인식하게 하여 갈등을 유발할 수 있는 교차적 교류나 이면적 교류를 지양하고 친밀한 인간관계를 맺을 수 있도록 한다. 셋째, 자기긍정-타인긍정의 생활자세를 선택하고, 긍정적이고 생산적인 인생각본으로 대체하도록 돕는다. 이를 바탕으로 자율성을 회복하여 독립적이고 창조적인 삶을 살도록 돕는다.

2) 상담과정

(1) 관계 형성과 상담 계약

내담자와 친밀한 관계 형성을 한 후, 내담자에 대한 초기평가(initial assessment) 및 계약 설정(contracting)을 한다. 상담 계약은 상담의 목표, 단계, 상담의 조건 등에 대해서 규정짓는 상담자와 내담자 간의 합의이다. 계약은 상담자와 내담자의 어른 자아끼리 한다. 그리고 상담자와 내담자 두 사람이 모두 수용할 수 있는 상담목표를 설정한다. 계약은 상담자와 내담자 간의 상호 동의를 기초로 하여 서면으로 작성한다. 계약의 내용에는 계약 당사자, 상담의 목표와 예상하는 성과, 상담 시간, 함께해 나갈 일, 상담의 도움 정도 등에 대하여 간결하면서도 쉬운 말로 기술되어야 한다. 상담목표는 "나는 ~을 변화시키려고 한다.", "내가 해결해야 할 문제는 ~이다.", "나는 ~을 중지하고 그 대신 ~을 하려고 한다." 등과 같이 현실적으로 실행 가능한 목표를 설정한다. 그리고 상담자와 내담자의 책임 사항에 대해서도 진술하여 계약을 통해 내담자가 스스로 변화에 대한 동기와 책임감을 느끼도록 한다.

(2) 상담의 단계

교류분석 상담은 내담자의 여러 측면을 분석하여 새로운 인생각본을 만들도록 조력하는 과정이다. 상담의 단계는 자아상태 분석, 교류분석, 각본분석, 게임분석, 재결정, 통합과 실천, 종결의 순으로 진행된다. 여기에서 자아상태의 구조분석, 교류분석, 각본분석, 게임분석이 상담기법이다. 여기서는 각 단계의 의미만 간략하게 살펴본 후, 구체적인 기법은 상담기법 부분에서 다루고자 한다.

〈표 13-4〉 교류분석의 단계

단계	단계명	주요 내용
1단계	자아상태 분석 (ego state analysis)	내담자의 자아상태가 사고·감정·행동에 어떤 영향을 미치고 있는지, 특정 상황에서 주로 어떤 자아상태를 사용하는지, 그것이 어떤 문제를 유발하는지 분석한다.
2단계	교류분석 (transaction analysis)	내담자의 일반적인 의사소통 패턴을 분석한다. 이를 통해 내담자의 부정적 교류나 반복적인 게임을 찾아내고, 더 건강한 대화 방식을 모색한다.
3단계	각본분석 (script analysis)	내담자가 어떤 인생각본을 구성하고 있는지, 그 각본이 현재의 문제에 어떻게 영향을 미치고 있는지 분석한다. 필요에 따라 내담자가 더 건강하고 긍정적인 인생각본을 구성할 수 있도록 돕는다.
4단계	게임분석 (game analysis)	내담자가 무의식적으로 반복하는 부정적인 교류 패턴을 분석하고, 내담자가 게임에서 벗어나는 방법을 모색한다. 또한 내담자가 반복적으로 빠지는 라켓 감정을 분석하고, 부정적 패턴을 수정한다.
5단계	재결정 (redecision)	내담자의 과거 결정을 재검토하고, 새로운 결정을 통해 더 나은 삶의 방향을 설정하도록 돕는다. 재결정을 위해서는 특히 각본분석 과정이 중요하며, 이를 바탕으로 행동과 삶의 방향을 적극적으로 변화시키도록 돕는다.
6단계	통합과 실천 (integration and practice)	상담에서 배운 것들을 일상생활에 적용하고 통합할 수 있도록 한다. 상담자는 내담자가 새로운 교류 패턴, 자아상태 활용, 긍정적인 인생각본을 실제 생활에서 실천할 수 있도록 조력한다.
7단계	종결 (termination)	상담과정의 변화와 효과를 평가하고, 내담자가 독립적으로 문제를 해결할 수 있는 능력을 강화한다.

3) 상담기법

(1) 상담의 기본원칙

교류분석적 상담은 일반인을 대상으로 대인관계나 의사소통을 주제로 하는 집단상담 또는 코칭 장면에서는 다섯 가지 자아상태의 기능과 상호작용에 초점을 두는 데 비해, 상담 및 심리치료 장면에서는 비판적 어버이 자아(CP)의 역기능 해체와 어른 자아(A)의 기능을 강화하는 것에 중점을 둔다. 교류분석적 상담은 효과적인 상담 분위기 조성을 위해 허용, 보호, 역량이라는 3대 원칙(3P)을 강조한다.

첫째, 허용(Permission)은 내담자의 금지령을 상담자가 허용해 주는 것을 말한다. 내담자는 대부분 어린 시절 부모로부터 받은 부정적인 금지령에 따라 살아왔을 가능성이 높다. 이러한 금지령 때문에 상담 장면에서도 내담자의 행동이 제약을 받을 수 있다. 허용은 상담자가 그동안 내담자를 억누르고 있었던 비판적 어버이 자아(CP)의 금지령을 어겨도 괜찮다고 허가하는 것이다.

둘째, 보호(Protection)는 상담자가 내담자를 보호할 것이라는 약속을 하는 것이다. 내담자가 비판적 어버이 자아(CP)의 금지령을 버리고 어른 자아(A)를 사용하도록 허용을 받게 되면, 내담자의 어린이 자아(C)는 두려움을 느낄 수도 있다. 예컨대, 사람들 앞에서는 무조건 공손하지 않으면 무서운 벌을 받게 된다는 금지령 안에서 살았던 내담자는 상담자 앞에서도 경직되어 편안하게 이야기하기 어렵다. 이때 상담자가 내담자의 어린이 자아(C)를 보호하겠다고 약속하고, 어떤 말도 편안하게 하도록 분위기를 조성하면 비판적 어버이 자아(CP)의 위협을 방어하는 효과가 있다.

셋째, 역량(Potency)은 적절한 시기에 적절한 상담기법과 기술을 사용할 수 있는 상담자의 능력을 말한다. 상담자는 내담자가 더 이상 비판적 어버이 자아(CP)의 가혹한 목소리로 고통받지 않도록 자신의 전문성과 역량을 발휘할 것이라고 약속한다. 내담자의 변화를 위해 최선을 다할 것이라는 상담자의 약속은 내담자의 비판적 어버이 자아(CP)를 상담자가 압도할 수 있음을 이해시키는 효과가 있다.

교류분석적 상담은 위의 세 가지 원칙에 바탕을 두고 다양한 기법을 활용하여 상담을 진행한다. 교류분석적 상담은 집단상담에서 발전되어 주로 집단상담에서 사용하는 기법을 많이 활용한다. 상담과정에서 다른 상담이론에서도 많이 활용하는 질문(interrogation), 명료화(specification), 직면(confrontation), 설명(explanation), 예증(실제 사례; illustration), 확인(confirmation), 해석(interpretation), 결정화(crystallization) 등의 기법을 활용한다.

받고 있는지 확인시킨다. 넷째, 내담자의 문제행동과 관련된 교류를 찾아내어 분석하도록 한다. 특히 내담자의 교차적 교류나 이면적 교류가 있는지 찾아내고, 자아상태의 혼합과 배타에 의한 교류에 초점을 두고 분석한다. 다섯째, 교류분석 결과를 바탕으로 내담자의 교류 유형을 변화시킨다. 내담자의 혼합과 배타를 해체하고, 내담자의 문제행동과 관련된 상황에 적절한 자아상태의 기능을 찾아서 그 기능을 극대화할 수 있는 교류를 하도록 돕는다.

(4) 각본분석

각본분석(script analysis)은 내담자의 문제와 관련된 생활자세와 인생각본을 찾아서 건강한 삶에 방해가 되는 잘못된 각본을 수정하고 변화시켜서 새로운 결정을 하도록 조력하는 과정이다. 인생각본은 어린 시절 초기결정에 기초한 삶의 계획을 기반으로 형성된다. 그리고 인간은 거의 무의식 수준에서 이 인생각본에 따라 살아간다. 따라서 각본분석은 내담자의 문제와 관련된 인생각본을 분석하여 그동안 내담자가 정당화하면서 따랐던 삶의 방식을 변화시키는 데 목적을 둔다. 내담자가 자신의 인생각본을 깨닫게 되면 이를 변화시키고자 하는 동기가 형성된다.

각본분석은 다음의 내용을 포함한다. 첫째, 내담자의 금지령 및 초기결정을 분석하게 한다. 어린 시절 부모나 형제자매 등의 가족관계에서 받은 스트로크, 금지령, 갈등 장면, 그리고 초기결정 등을 파악하여 탐색하고 기록하게 한다. 이는 내담자 초기결정의 변화 가능성을 발견하는 데 목적이 있다. 둘째, 내담자의 생활자세를 분석하게 한다. 내담자의 생활자세를 어린 시절에 받았던 스트로크나 초기결정과 관련지어 분석한다. 셋째, 내담자의 인생각본을 분석하게 한다. 내담자의 인생각본이 어떻게 형성되었고, 현재 문제와 어떤 관련이 있는지 확인한다.

(5) 게임분석

게임분석(game analysis)은 내담자가 반복적으로 빠지는 게임 패턴을 탐색하여 이를 분석하는 과정이다. 내담자의 대인관계와 의사소통을 방해하는 게임을 중지시키기 위하여 게임에서 내담자가 얻는 것이 없음을 분석 및 확인한다. 특히 내담자의 교류 유형 중 이면적 교류를 분석하고, 게임을 하는 과정에서 내담자가 무의식적으로 어떤 역할(박해자, 희생자, 구원자)을 강화하고 있는지 파악하여 게임을 해제하도록 돕는다.

게임분석의 과정에서 내담자의 라켓 감정(racket feeling)을 다룬다. 앞에서 살펴봤던 바와 같이 라켓 감정은 자신의 진정한 감정은 숨기고 어릴 때 허용되었던 감정만을 만성적으로 나타내는 것이다. 사람들은 어떤 게임을 하든 그 결말에는 라켓 감정을 느끼게 된다. 따라서 내담자의 라켓 감정이 게임, 초기결정과 생활자세, 그리고 인생각본과 어떤 관련이 있는지 탐색하고 분석하여 이를 해소하도록 돕는다. 내담자가 그동안 반복적으로 경험했던 라켓 감정을 인식하게 되면, 억눌렸던 감정을 해소하고 자신의 진정한 감정을 느끼고 표현할 수 있게 되어 더 나은 대인관계를 형성할 수 있게 된다. 이때 상담자는 내담자에게 긍정적 스트로크를 충분히 제공하여 라켓이나 게임을 통해 얻으려는 스트로크와 대치시켜야 한다.

참고문헌

교육부(2016). **인성교육 5개년 종합계획**(2016~2020). 세종 : 교육부.

교육부(2020). **제2차 인성교육 종합계획**(2021~2025). 세종 : 교육부.

권대훈(2009). **교육심리학의 이론과 실제**(제2판). 서울 : 학지사.

권석만(2012). **현대 심리치료와 상담이론 -마음의 치유와 성장으로 가는 길-**. 서울 : 학지사.

권재환(2022). **인간발달론**. 광주 : 지성계.

권재환 · 권성복(2022). **성격과 인간관계의 심리**. 서울 : 수문사.

권재환 · 김경희 · 오만록 · 이명주 · 이성주 · 최영표(2010). **교육의 이해**. 서울 : 학지사.

김계현 · 김동일 · 김봉환 · 김창대 · 김혜숙 · 남상인 · 천성문(2020). **학교상담과 생활지도**(제3판). 서울 : 학지사.

노안영(2005). **상담심리학의 이론과 실제**. 서울 : 학지사.

노안영 · 강영신(2018). **인간 이해 및 성장을 위한 성격심리학**(제2판). 서울 : 학지사.

박현경(2018). 에니어그램과 4차 산업혁명 -4차 산업혁명 시대에 요구되는 인재상으로서의 에니어그램 시스템의 지향과 역할-. **에니어그램연구, 15**(2), 7-38.

설은정 · 정옥분(2012). 부모의 양육행동이 아동의 다문화 수용성에 미치는 영향. **인간발달연구, 19**(2), 91-114.

오만록(2017). **생활지도 · 상담 이론과 실제**. 경기 : 정민사.

오성배(2006). 한국 사회의 소수 민족(ethnic minority), '코시안'(Kosian) 아동의 사례를 통한 다문화 교육의 방향 탐색. **교육사회학연구, 16**(4), 137-157.

원효진 · 박선향(2018). 에니어그램 성격유형별 간호대학생의 의사소통능력이 대학생활적응에 미치는 영향. **보건과 복지, 20**(4), 159-177.

윤운성(2004). **한국형 에니어그램 검사의 해석과 활용**. 서울 : 한국에니어그램교육연구소.

윤운성(2007). **에니어그램과 인간관계**. 서울 : 한국에니어그램교육연구소.

윤정일 · 김민성 · 윤순경 · 박민정(2007). 인간 능력으로서의 역량에 대한 고찰 : 역량의 특성과 차원. **교육학연구, 45**(3), 233-260.

이선희 · 권재환(2018). 청소년이 지각한 부모양육태도와 다문화수용성의 관계에서 대인관계능력과 이타성의 중다매개효과. **아시아교육연구, 19**(4), 969-993.

이순덕 · 권재환 · 강지혜 · 권충훈 · 김대명 · 임 배 · 임영희(2023). **교육학개론**. 서울 : 북앤정.

이주희 · 권재환 · 박은민 · 박희현 · 안효자 · 오명자 · 이숙자 · 임현선(2012). **심리학의 이해**

(제2판). 경기 : 공동체.

임수진・정 민・김천수・강영신・김경은・김동원・박은민・박주영・박희석・최희철(2023). **상담심리학**. 서울 : 북앤정.

정창우(2015). **인성교육의 이해와 실천**. 경기 : 교육과학사.

추병완(2000). **열린 도덕과 교육론**. 서울 : 하우.

현주・장명림・정광희・한미영・류덕엽・한혜성(2014). **초・중등학생 인성교육 활성화 방안 연구(Ⅱ)** : 초등교원 인성교육 연수자료 개발. 한국교육개발원 연구보고 RR 2014-02.

홍경자(2001). **자기이해와 자기지도력을 돕는 상담의 과정**. 서울 : 학지사.

홍정미(2009). **다문화가정 자녀의 학교생활 적응에 영향을 미치는 생태체계 변인**. 숙명여자대학교 대학원 박사학위논문.

Allport, G. W.(1961). *Pattern and growth in personality*. New York : Holt, Rinehart and Winston.

Arlow, J. A.(2005). Psychoanalysis. In R. J. Corsini & D. Wedding(Eds.), *Current Psychotherapies*(7th ed.). Belmont, CA : Brooks/Cole.

Bandura, A.(1971). *Psychological modeling : conflicting theories*. Chicago : Aldine・Atherton.

Bandura, A. Ross, D., & Ross, S. A.(1961). Transmission of aggression through the imitation of aggressive models. *Journal of Abnormal and Social Psychology, 63*(3), 575-582.

Berne. E.(1961). *Transactional Analysis in Psychotherapy*. New York : Grove Press.

Berne. E.(1964). *Games people play*. New York : Grove Press.

Berne. E.(1966). *Principles of Group Treatment*. New York : Oxford University Press.

Berne. E.(1972). *What do you say after you say hello?*. New York : Grove Press.

Biestek, F. P.(1957). *The Casework Relationship*. Chicago : Loyola University Press.

Blasi, A.(2005). Moral character: A psychological approach. In Lapsley, D. K., & Power, F. C.(Eds.), *Character Psychology and Character Education*. Notre Dame : University of Notre Dame Press.

Carver, C. S., & Scheier, M. F.(2016). *Perspectives on personality*(4th ed.). New York : Pearson.

Clarkson, P.(1992). *Transactional Analysis Psychotherapy : An Integrated Approach*. London : Routledge.

Dusay, J. M.(1972). Egograms and the constancy hypothesis. *Transactional Analysis Journal, 2*(3), 37-41.

Funder, D. C.(2010). *The personality puzzle*(5th ed.). New York : Norton.

Gibson, E. J., & Walk, R. D.(1960). Visual Cliff. *Scientific American, 202*(4), 64-71.

Goldberg, L. R.(1981). Language and Individual Differences. The Search of Universals in Personality Lexicons. In L. Wheeler(Eds.), *Review of Personality and Social*

Psychology(pp. 141-165). Beverly Hills : Sage.

Goulding, R. L., & Goulding, M. M.(1979). *Changing Lives Through Redecision Therapy*. New York : Brunner-Mazel.

Harris, T. A.(1969). *I'm OK, You're OK. : A Practical Guide to Transactional Analysis*. New York : Harper & Row.

Harris, T. A.(1971). *I'm OK You're OK*. New York : Harper & Row.

Kanfer, F. H., & Schefft, B. K.(1988). *Guiding the process of therapeutic change*. Champaign, IL : Research Press.

Milgram, S.(1961). *Dynamics of obedience*. Washington : National Science Foundation.

Myrick, R. D.(2002). *Developmental Guidance and Counseling : A Practical Approach*(4th ed.). Minneapolis, MN : Educational Media Corp.

Nelson-Jones, R.(2006). *The theory and practice of counseling*(4th ed.). London : SAGE publication.

Ozer, D. J., & Benet-Martinez, V.(2006). Personality and the Prediction of Consequential Outcomes. *Annual Review of Psychology, 57*, 401-421.

Perls, F. S.(1969). *Ego hunger and aggression. [Das Ich, der Hinger und die Aggression]*. New York : Vintage Books.(Original work published 1947).

Perry, A. K.(1996). *Leading with skill and soul : Using the enneagram and the Brent personality assessment system*(Ed.). Seattle University.

Peterson, C., & Seligman, M.(2004). *Character strengths and virtues : A handbook and classification*. New York : Oxford University Press.

Polster, E., & Polster, M.(1973). *Gestalt therapy integrated*. New York : Brunner/Mazel.

Powers, W. T.(1973). *Behavior : The control of perception*. Chicago : Aldine Publishing Company.

Rogers, C. R.(1951). *Client-centered therapy : its current practice, implications, and theory*. Houghton Mifflin.

Rogers, C. R.(1959). A theory of therapy, personality and interpersonal relationships as developed in the client-centered framework. In S. Koch(Ed.), *Psycholog y: A Study of a Science*. Vol III. Formulations of the Person in the Social Context. New York : McGraw Hill.

Rychen, D. S., & Salganik, L. H.(2003). A holistic model of compentence. In D. S. Rychen & L. H. Salganik(Eds.), *Key compentencies for a successful life and a well-functioning society*.(pp. 41-62) Cambiidge, MA : Hogrefe & Huber Publisher.

Sacks, J. M., & Levy, S.(1950). The Sentence Completion Test. In L. E. Abt & L. Bellak(Eds.), *Projective psychology : Clinical approaches to the total personality*(pp. 357-402). New York : Knopf.

Steiner, C.(1974). *Scripts People Live : Transactional Analysis of Life Scripts.* New York : Grove Press.

Strong, S, R.(1968). Counseling : An interpersonal influence process. *Journal of Counseling Psychology, 15,* 215-224.

Super, D. E., Starishesky, R., Matlin, N., & Jordaan, J. P.(1963). *Career development : Self-concept theory.* New York : College Entrance Examination Board.

Wubbolding, R. E.(1991). *Using reality therapy.* New York : Harper & Row. 김인자 역(2008). **현실요법의 적용**. 서울 : 한국심리상담연구소.

Zinker, J.(1977). *Creative process in Gestalt therapy.* New York : Brunner/Mazel.

찾아보기

인명

내용

저/자/약/력

■ **권재환(Kwon Jaehwan)**

동신대학교 교육대학원 교수
중앙대학교 문과대학 심리학과 졸업, 문학사
연세대학교 교육대학원 상담교육학 전공, 교육학석사
전남대학교 대학원 교육학과 생활지도 및 상담 전공, 교육학박사

저 · 역서
학생상담 길라잡이, 교육의 이해, 심리학의 이해, 알기 쉬운 교직실무, 청소년교육론, 평생교육방법론, 논리적 말하기, 창의적 글쓰기, 성격심리학, 자기계발 Ⅰ Ⅱ, 자기계발 Ⅲ Ⅳ, 자기계발 Ⅴ Ⅵ, 성격과 의사소통, 성격과 인간관계의 심리, 인간발달론, 교육학개론 등

생활지도와 상담

|저자| 권재환

|1판 1쇄| 발행 2025년 1월 31일

|발행인| 김동훈
|발행처| **공동체**

|주소| 경기도 고양시 일산동구 호수로 358-39, 동문타워 1차 905호(백석동)
|전화| 031)814-3000(대표)
|팩스| 031)814-3100
|홈페이지| http://www.compub.co.kr
|전자우편| compub@naver.com
|출판등록| 2005년 10월 6일
|등록번호| 제396-2005-36호

|ISBN| 979-11-6725-842-7
정가 21,000원